# 阅卷组长欣赏的

# 小考满分作文大全


主　编：慧　琴

编　委：（署名不分前后）

李慧琴　费伟伟　申浩利　秦艳红　卢秀峰　宣秀清　贺永辉　李金芳
邢国华　潘亚军　王艳梅　张玉侠　薛志强　于廷利　牛玉茹　赵爱华
李君月　孟红燕　赵建友　刘英伟　印东侠　安素芝　郭爱芳　赵静湄
张春霞





江苏凤凰美术出版社
全国百佳图书出版单位

# 满分佳作选自考场真卷，真实、典范

# 按照欣赏角度归类佳作，科学、详尽

考场作文，不取决于题目，而取决于思维品质。我们倡导用“作文思维观”突破“作文常识观”。

原北京高考语文阅卷专家组专家王大绩先生为本书题词

## 本书的特色和优点

**一、精选佳作范本**

本书所选满分及高分佳作，均由阅卷老师在阅卷现场精心遴选，是考生了解阅卷老师的喜好，从而有针对性地进行写作训练，获得高分的不二之选。

**二、打造作文母版**

精细的旁批、点评，详细剖析佳作在结构、语言、写作手法等方面的特点，让每一篇满分及高分佳作都能成为供考生借鉴的作文母版。

**三、梳理写作思路**

每个欣赏点开篇均提供形象、直观的欣赏点图解，帮助学生发散思维，开阔眼界，形成有特色的思想认识，从而写出精彩佳作。

**四、全新素材集锦**

旁批中添加“时代名言”“经典素材”等内容，是佳作内容的拓展延伸，帮助学生充实作文材料库，让写作水平更上一层楼。

# 思路导图展示写作思路，直观、高效

# 精彩素材充实写作储备，新颖、实用

阅卷场的夺冠作文，异彩纷呈，学习借鉴，你也能写出亮眼的美文佳作。

慧琴

主编寄语

本书主编，多次参加中高考阅卷的语文名师慧琴先生为本书题字

栏目图解

**真卷作文**

满分作文，全部出自阅卷现场，由阅卷组长权威精选，真实反映考生水准，更为考试作文扬帆导航。

## 至爱亲情

2017年通化卷·“至爱亲情”·命题作文·一考生

妈妈，您是我的什么人？您仅仅是我的妈妈吗？不，妈妈，我要自豪地告诉您，这个答案是丰富多彩的！

妈妈，您是赋予我生命的人。是您十月怀胎让我呱呱坠地，让我认识了这个五彩缤纷的大千世界。为了让我平安、健康地来到这个世界，您吃不好，睡不安，忍受了许多痛苦和折磨。尽管如此，我有时还在您肚子里撒娇踢腾，您都默默地忍受下来了。这是多么纯朴、伟大的母爱啊！

妈妈，您是我的启蒙老师。是您最先教我学会了叫爸爸、妈妈，是您最先让我认识了太阳、月亮，是您最先让我知道了一加一等于二……为了尽早地开发我的音乐细胞，您给我买的一盒盒磁带、一张张光碟摞得很高很高，到现在您还保存着我小时候录制的歌声稚嫩的光盘。多少个夜晚，

设问开头，设置悬念。

写妈妈的生育之恩。

名人名言

人的嘴唇所能发出的最甜美的字眼，就是母亲；最美好的呼唤，就是妈妈。

——纪伯伦

**夺分亮点**

用旁批形式，对满分文中的每个亮点，进行精细解剖，让满分手法一目了然，便于学生快速学得满分文的构思技巧。

**新料集锦**

根据满分文中的观点、素材，引入全新的时代声音和时代事例，积累最新的思想观点和第一手素材。

**图解思路**

把满分文的思路、写法进行精彩图解，直观呈现夺分技巧、思维过程，使学生轻松领会写作要领。

**满分思路**

**开头**：设问开头，引出下文。

**中间**：从三方面具体描写妈妈对“我”的恩情。
1. 妈妈是赋予“我”生命的人。
2. 妈妈是“我”的启蒙老师。
3. 妈妈是“我”患难与共的亲密朋友。

**结尾**：总结全文，回答开头的问题——您是我最值得骄傲的妈妈。

**图书在版编目（CIP）数据**

欣赏的小考满分作文 / 慧琴主编 . -- 南京 : 江苏凤凰美术出版社 , 2017.7

（阅卷组长）

ISBN 978-7-5580-2879-3

Ⅰ . ①欣… Ⅱ . ①慧… Ⅲ . ①作文课—小学—升学参考资料 Ⅳ . ① G624.243

中国版本图书馆 CIP 数据核字（2017）第 160320 号

**责任编辑** 曹昌虹
**封面设计** 异一设计
**责任监印** 蒋 璟

| | |
|---|---|
| **书　　名** | 欣赏的小考满分作文 |
| **主　　编** | 慧　琴 |
| **出版发行** | 江苏凤凰美术出版社（南京市中央路 165 号 邮编：210009）<br>北京凤凰千高原文化传播有限公司 |
| **出版社网址** | http://www.jsmscbs.com.cn |
| **印　　刷** | 北京博艺印刷包装有限公司 |
| **开　　本** | 700mm × 1000mm　1/16 |
| **印　　张** | 21 |
| **版　　次** | 2017 年 7 月第 1 版　2017 年 7 月第 1 次印刷 |
| **标准书号** | ISBN　978-7-5580-2879-3 |
| **定　　价** | 33.80 元 |

营销部电话：010-64215835-801

# 目录 CONTENTS

# 欣赏点 1：自我展示

# 展示活生生的“我”

## 小考真题

“梦想皆有神助！伊姆雷成为第一位证明人。预言家说，还会有第二位，就藏在有梦想的人中间。”你想成为这“第二位”有梦想的人吗？

请以“我的梦想”为题，写一篇400字左右的作文，要求内容具体，中心明确，写出自己的真情实感。

——2017年山东济宁卷

## 审题指导

梦想，是一个常说常新的话题，特别是国家领导人提出“中国梦”以来，全国各地纷纷作出响应，相继推出了行业梦与各地的地方梦，掀起了梦想热潮。中国梦，把国家利益、民族利益和每个人的具体利益紧紧联系在一起。因此，该考题契合了社会的热点，富有时代性。作为即将升入初中的小学毕业生，正处于开始树立人生理想的时期，对未来充满了美好的憧憬，这一命题很容易激发他们的想象力、创造力和对未来的追求，足以让考生在考场上尽情挥洒。

试题设置的导语出自《梦想皆有神助》一文，这种富有哲理性的导语易于激发学生树立梦想，产生强烈的表达欲望，在梦想中体验“皆有神助”的快乐，品尝梦想变为现实的甜蜜。这样的命题，对培养学生良好的核心素养起到积极的作用。

**1.审题目**

审题时要抓住关键词“梦想”。“梦想”，就是梦中怀想，有时等于理想，它是对未来的一种期望。梦想就是一种让你感到坚持就是幸福的东西，甚至可以将其视为一种信仰。考题的“梦想”之前的限制词“我”，说明只能写“我的梦想”，不能写别人的梦想。

**2.审内容**

从内容上看，“我的梦想”，意在引导考生关注自身成长与未来的社会需求之间的关系，激发想象力和创造力。在选材上，考生要紧密结合自己的兴趣爱好以及日常的所作所为畅谈自己的梦想。梦想不能写多，生动、具体地描绘出一个就行。考生要通过写这个梦想，表达自己报效祖国的信心和决心，实现自己的个人价值的渴望，或在追逐梦想中悟出的深刻道理……这样才能做到“中心明确”。

**3.审文体**

至于文体，可以通过“梦境”的形式，写一篇想象作文，具体描绘“我”有一个什么样的梦想。还可以在分析自身优势的基础上，谈自己的梦想是什么（即“是什么”），这个梦想是怎么产生的（即“为什么”），为实现这个梦想自己目前正在做或打算做些什么（即“怎么样”）。总之，只要不跑题，能做到内容具体、中心明确、感情真实就行。

## 立意图解

| 立意 | 解说 |
| --- | --- |
| 关注科技——“我”的强国梦 | “科学技术是第一生产力。”科技可以强国，我国已成为世界第二大经济体。建设科技强国就需要培养一支“高精尖缺”的人才队伍。“我的梦想”，考生可以选择当一名宇航员、当一名科学家、当一名工程师等。当上宇航员，探索太空中的奥秘；当上科学家，为人类提供更多、更好的发明；当上工程师，为人们设计、制造新颖、实用的产品。 |
| 关注教育——“我”的老师梦 | “教师是太阳底下最光辉的事业。”我们小学生从小受到老师的谆谆教导，感受到他们慈母严父般的师爱，所以好多同学都向往当一名老师。“我的老师梦”，可以写自己梦想到哪儿当老师，怎样当老师，当老师给自己带来了哪些快乐。注意合理展开想象，要写出当上老师的具体情形，不要泛泛地写假如“我”当上老师会怎样，这样写容易使人感到枯燥。 |
| 关注生态——“我”的环保梦 | “保护生态环境就是保护生产力，改善生态环境就是发展生产力。”中国不能走“先污染后治理”的老路，必须走“绿水青山就是金山银山”的发展之路、创新之路。既要发展经济，又要保护生态环境，促使我们选择“我的环保梦”这样一个内容来写。考生写的时候，可以先写自己了解到的地球污染的触目惊心的惨状，再具体写假如自己当上“环保主义者”将做些什么。总之，字里行间要表现出对梦想的憧憬。 |

续表

| 立意 | 解说 |
| --- | --- |
| 关注文化——“我”的作家梦 | 中国自从出了第一个诺贝尔文学奖得主莫言之后，许多青少年朋友都想要像莫言一样做一个“会讲故事的人”。当一名作家，可以拯救人类的灵魂，引导祖国先进文化的发展方向。要写好“我的作家梦”，考生可以先交代一下自己的这个梦想产生的原因，如受到所看的文学作品的影响，受到家人的影响。然后写要实现这个梦想，自己从现在起准备做些什么。考生要注意在文章的开头、结尾，用上一些诗情画意的排比句，这样可以集中表达自己为梦想而努力的强烈感情。 |

## 欣赏点作文

### 我的梦想

济宁考生

在我的内心深处，有一颗小小的种子，已经埋藏很久了，等待着我用辛勤的汗水来浇灌。没有水的滋润，种子无法发芽；没有山崖，老鹰无法安家。人也是一样，没有美好的梦想，就不算伟大。

用比喻引入“梦想”，充满了浪漫色彩。

埋藏在我心中的梦想，就是当一名作家。

当一名作家，这是我能想到的最切合实际的梦想。每当我拿起笔，编织人生的每一篇作文时，就会感到很畅快。那一个个优美的句子，那一个个跌宕起伏的情节，像决了堤的海水一样从脑海中喷涌出来。

围绕总起句，写出梦想切合实际的原因。整齐的句式，比喻的手法，显得很有气势。

我梦想成为一名作家，一个原因是欣赏到那么多大文豪的脍炙人口的经典作品和深藏不露的另一番韵味，心中就不免羡慕和敬佩。徐志摩的《再别康桥》，朱自清的《匆匆》，那意味深长的语言，那隽永清新的风格，让我如沐春风。我小小的心不禁蠢蠢欲动，也梦想着能写出这么优美的作品，让所有人能够看到。

点明成为作家的原因之一——想写出优美的作品。

事例经典，四字词语用得恰到好处，使文章内容具体、生动。

我梦想成为一名作家，还有一个原因就是受了母亲的影响。母亲年轻时是个意气风发、踌躇满志的女孩，她那时的理想就是当一名作家。那个年代，因为家中兄弟姐妹多，姥姥就只供两个舅舅读大学，而妈妈和几个姨妈小学毕业

点明成为作家的原因之二——为了帮妈妈完成梦，突显孝顺。

后就没再上学。妈妈这个美好的梦想也随之化为泡影。看得出，在妈妈的内心，是想让我继承她的梦想的，但她却从未开口向我提过要求，因为她不想勉强我。但从她闲聊中那充满激情的话语里，从她那企盼向往的眼神中，我分明看得出她从未放弃过这个梦想，我不想让她失望。所以，我会努力，不仅为了妈妈，也为了自己。

> 句式对仗工整，增强了文章的表现力。

要想写一手好文章，我觉得首先要视野开阔，多阅读一些文质兼美的文章，积累尽可能多的知识，把领悟到的好的写作方法融入自己的作品里。我准备制定时间表，明确自己每一步的目标。不管这条路有多么坎坷曲折，我都会走下去，因为这是我的选择。

> 为实现梦想还准备制定时间表，可见决心之大。

朋友，相信我，总有那么一天，我心中那颗梦想的种子会将根扎进泥土，向上发出嫩芽，身躯渐渐长大，长出坚韧、繁茂的枝叶，内心也如钢铁般坚硬，开出最美的花朵。

> 再用比喻，呼应开篇，画龙点睛。

## 看点解读

**1.内容具体** 本文内容充实，叙述具体。考生在开头以比兴的手法引出梦想后，先说明梦想切合实际，然后从两个方面具体地叙述梦想产生的原因，让人感到真实可信。在介绍第一个原因时，运用了举例子的方法，说明经典作品对自己的影响。在介绍第二个原因时，把母亲梦想的破灭、“我”决定为她实现梦想等内容进行了详细的叙述，使内容丰富、具体。

**2.语言优美** 考生的情感丰富而真实，语言优美而生动。文章综合运用比喻、比兴、对仗的句式，使得文章生动形象，文采飞扬。而且，作者还恰到好处地使用成语，也为文章增色不少。

## 满分思路

**开头：** 点明题意，引出“梦想”——埋藏在我心中的梦想，就是当一名作家。

**中间：** 描述梦想产生的原因，及实现梦想的打算。

1.“我”梦想成为一名作家，其中一个原因是受到经典作品的影响。

2.“我”梦想成为一名作家，还有一个原因是受了母亲的影响，想为她实现梦想。

3.为了实现梦想，“我”要努力学习，积累知识。

**结尾：** 呼应开篇，表达信心——“我”相信梦想的种子一定会扎根、发芽、长叶、开花。

# 我的梦想

济宁考生

我的梦想是当一名环保主义者。为什么呢？因为我们地球上的环境污染太严重了，一条条清澈见底的小溪早已变成了一条条臭气熏天的臭水沟，一棵棵葱郁的大树早已被伐木者无辜地砍倒，碧海蓝天，悠悠白云，自由自在的动物，都在人类无情的摧残下变得面目全非。空气质量的不达标，让我们整天遭受雾霾的困扰；树木的砍伐，使得我们赖以生存的家园常常发生山体滑坡、泥石流。

用设问的方式开篇，引起读者的兴趣，在自问自答中让读者知道了“我”当环保主义者的原因。

如果我能成为一名环保主义者，我要让人们拒绝使用一次性筷子、一次性塑料袋、一次性餐盒等一切一次性物品，出门带上环保的布袋、纸袋，保护好地球的生态环境。

分段列举梦想实现后自己的做法。

如果我能成为一名环保主义者，我要让各大工厂停止破坏地球环境的行为，停止对小溪、大气层的破坏，还给我们碧水蓝天。将来我老了，我会正告我的后辈们：“如果我们破坏了地球的生态环境，我们将无家可归。”他们可能会问我：“如果我们破坏了地球，不能移居到别的星球上去吗？我们的科技不是非常发达吗？”我会告诉他们：“至少在以地球为中心的40万亿千米的范围内，都没有适合人类居住的第二个星球。即使有，又会有多少人去居住呢？人类把自己的家都破坏掉了，来自外星球的生物又怎么会允许我们再去破坏他们的家呢？所以，为了我们自己，我们也要保护好地球的生态环境。”

“碧水蓝天”一词描述了大自然的美好，“无家可归”一词表现了破坏生态环境的严重后果，两相对比，震撼人心。

设想自己有了子孙后代，将怎么面对他们，足见其面向未来的高度的责任感。引用学过的课文《只有一个地球》中的材料阐明保护地球的必要性，使内容更具体。

如果我能成为一名环保主义者，我会对伐木工人说“不”，让他们放下手中的斧头和油锯。如果树木都被砍伐了，又会有谁为我们阻挡风暴呢？鸟儿会无家可归，最后我们也将无家可归。

对伐木工人说“不”，态度坚决，引起他们的警醒。

如果我能成为一名环保主义者，我会对狩猎者说“不”，让他们放下手中的猎枪。动物是我们的朋友，同样都是生命，我们又高贵到哪里去呢？我们不过也是动物的一种罢了，动物们难道不也是在用自己的方式保护自己的家园吗？

对狩猎者说“不”，以自己的生命与动物的生命进行比较，阐明要尊重生命，保护动物的观点。

如果我能成为一名环保主义者，我会对给水果、蔬菜涂抹、注射各种药物的人说“不”。现在的黑心商家为了获取更大的利润，给水果打蜡，涂抹催熟剂，使外表更好看；把蔬菜用药液浸泡，让它们保存的时间更长。殊不知这些做法对人体的伤害很大，我恨透了这些无良商家。

对给水果、蔬菜乱施药物的人说“不”，列举事实，给他们敲响警钟，表达强烈的愤慨之情。

如果我能成为一名环保主义者，不，应该说每一个人都成为环保主义者，我们将共同承担起保护环境的神圣使命，一起治理地球的生态环境，建设美好的家园！我想，这个梦想一定能实现。

总结全文，进一步表明决心，升华主旨。

**看点解读**

**1.内容具体，事例充分** 作者掌握了大量的关于保护环境的素材，既有亲自观察到的，又有从书本、电视、网络上看到的。难能可贵的是，小作者还善于将学过的课文内容活用到这里，以此来告诫自己的子孙；还能把从新闻中看到的无良商家用药物浸泡水果、蔬菜的事例运用到作文中，让人耳目一新。素材的多样性，保证了文章内容的具体、生动。

**2.条理清楚，层层递进** 本文第一段讲述了“梦想”产生的原因，接着正文部分讲述了自己将采取哪些措施治理环境污染，每个自然段都以“如果我能成为一名环保主义者，我……”开头，引出“梦想”的内容，使表达的意思一目了然，结尾总结全文，发出呼吁。文章整体结构严谨，条理非常清楚。

## 满分思路

**开头：** 用设问开头，开门见山，先声夺人，列举环境污染现状，点明梦想产生的原因。

**中间：** 列举假如梦想实现后，自己将具体做哪些事情。

1.如果“我”能成为环保主义者，要让人们拒绝使用一次性物品。

2. 如果“我”能成为环保主义者，要让工厂停止对小溪、大气层的破坏，要正告后辈们只有一个地球，因此要保护环境。

3. 如果“我”能成为环保主义者，要让伐木工人停下手中的斧头和油锯。

4. 如果“我”能成为环保主义者，要让狩猎者放下手中的猎枪。

5. 如果“我”能成为环保主义者，要让无良商家不再给水果、蔬菜注射或浸泡药物。

**结尾：** 总结全文，进一步表明决心，升华主旨。

# 我的梦想

济宁考生

在太空的零重力下，有许多至今没有破解的秘密。外星生物体是否存在？其他星系是否存有可食用的液态水？宇宙外面是什么？虫洞是如何形成的……这些至今都是谜。所以我的梦想是当一名宇航员，去外太空等其他星系，为当今人类解开这些谜团。

> 从众多的谜团入手，引入“我的梦想”，自然贴切。

“远方强国”没有一个能在外太空发现可靠的事物。我们的母亲——中国自然也不甘落后，拼尽全力向世界证明我们是强大的。我们在太空建立了空间站，虽然能够向外国展示国威，但我们仍未发现外星生物体的存在。因此，我梦想当一名宇航员，去探索星际，探索银河系，为祖国争光，为祖国添彩，让祖国屹立于世界民族之林。

> 我们中国在探索太空方面的缺憾，成为“我”梦想产生的根源。为国争光是本文表达的中心思想，非常明确。

火箭频频发射，2016年10月，神州十一号飞船载着全国人民的梦想，发射成功，进入了预定轨道，也就意味着我们中国在航空航天方面又迈进了一大步，这是我们祖国的光荣。全世界的人们，都感受到我们的祖国强大起来了！

> 结合神州十一号发射成功的事例谈自己的梦想，很有现实性，而且紧扣“为国争光”这个中心。

我想当一名宇航员，在大气层的上空观测地球晶莹的表面，欣赏祖国母亲那美丽的容颜，向祖国和人民招手。我想当一名宇航员，去探索未被发现的星球，并给它们起个动听的名字。我还要去探索黑洞的秘密。据说：一个星球突然在宇宙中爆炸，会形成一个巨大的旋涡，飞船或某个星球一旦进入，不仅会出不来，而且会被撕得粉碎。这或许是黑洞吸引我的原因吧。我还会去探索巨星的奥秘，听说一个巨星相当于十个太阳那么大！这更激发了我对宇宙的好奇心，使我对这个“大家伙”更加向往了。总之，我要像其他宇航员一样创下丰功伟绩，让航空科技迅速发展。

> 展开想象的翅膀，从不同侧面谈自己当上宇航员后将做些什么，内容具体，字里行间充满了对科学的向往与追求。

火箭徐徐上升，我希望我能在火箭载着的宇宙飞船里与皓月同升。火箭不仅载着宇宙飞船，还载着我们十三亿中华儿女的所有梦想，在月光皎洁的夜空中升起！所以，从现在起，我要好好学习，积累丰富的知识，掌握过硬的本领，将来像杨利伟叔叔那样做个真正的宇航员。

> “火箭徐徐上升”，富有动感和浪漫色彩。本段仍然紧扣中心抒发感情。

## 欣赏点1：自我展示　展示活生生的“我”

愿我的飞天梦早日到来！愿全中国人民的中国梦提前到来！我希望！我相信！只要努力，就能成功！

> 呼应开篇，画龙点睛，紧扣中心，很有气势。

**看点解读**

**1.中心突出** 作者怀着一颗爱国之心，紧扣时代性强的“中国梦”，气势如虹地讲述了“我”的梦，较好地突出了“为国争光”这一中心。无论是列举中国在太空探索方面的不足和成就，还是描写当上宇航员将干些什么，作者都始终不忘点明当宇航员的目的是“为国争光”。

**2.内容具体** 作者对当宇航员怀有强烈的渴望，列举了宇宙未知的谜团、中外对宇宙空间探索的现状、中国航空航天领域的成就，以及自己对未来的打算等，文章内容具体，别有生趣。

### 满分思路

**开头：** 列举奥秘，点明题目——太空中许多未知的秘密，激发“我”当一名宇航员的梦想。

**中间：** 描写梦想产生的动因，以及梦想实现后的作为。
- 1.我国仍未发现外星生物体的存在，激发了“我”当宇航员的梦想。
- 2.神州十一号飞船发射升空，让祖国进一步强大起来。
- 3.“我”想当宇航员，观测地球，欣赏祖国母亲的容颜，探索宇宙未知的秘密。

**结尾：** 将自己的梦想同祖国的梦想联系起来，进一步表达了“为国争光”这一中心。

## 小考真题

选择一题完成习作。

1.在你的成长经历中，会有很多的温暖、快乐、感动……请以“成长中的______”为题写篇习作。

2.再过20年，你们都会走入社会，坚守在祖国的各个岗位上，为祖国做出应有的贡献。请你写一篇幻想作文，描述20年后的你。题目自拟。

要求：字数请不要少于450个。

——2016年河北保定卷

## 审题指导

本次作文可以是写人的，也可以是记事的。题目1的提示很全面，我们可以写成长中的“温暖”“快乐”“感动”等，这实际上限定了我们这次作文的中心思想，是要表现温暖，还是表现快乐等。所以，我们要搜集生活中温暖、快乐、感动的故事。题干要求表达“成长中”的，所以要写出这件事情对你的成长有何意义等。作文时要注意把记叙文的六要素交代清楚。

题目2要求写一篇幻想作文，描述20年后的自己，这就要求我们展开想象的翅膀，想象一下20年后自己做什么工作，有何成就，为祖国做了什么贡献，等等。想象在符合实际的基础上，可以大胆一些。

## 立意图解

| 立意 | 解说 |
|---|---|
| 成长中的温暖 | 在成长路上，“我”受到了许多人的帮助，感受到了成长中的温暖。 |
| 成长中的感动 | 在学习上，“我”有时很吃力，老师的帮助让“我”感受到成长的感动。 |
| 成长中的快乐 | 在家庭、在学校中，“我”感受到许多快乐。 |
| 成长中的委屈 | 在成长中，“我”体会到了委屈。 |
| 想象20年后自己的工作 | 展开想象的翅膀，畅想自己20年后在哪里工作，怎样工作，有何感受。 |
| 想象20年后取得的成就 | 想象自己怎样为祖国做贡献，做出了怎样的贡献。 |

## 欣赏点作文

# 成长中的快乐

保定考生

童年生活总是充满快乐，令人回味无穷。

记得6岁那年，我来到乡下爷爷家。我看见爷爷在地上挖了好多坑，把一些像花生米一样大小的东西放在土坑里。我心里想：爷爷这是在干什么呢？像花生又不像花生的，爷爷把它埋在土里要搞什么呢？我很纳闷，就跑到爷爷面前，问：“爷爷，这花生米大小的东西是什么？你为什么把它们放在土里？”爷爷慢吞吞地说：“这是黄豆的种子，现在我种下去，它会长出幼苗来，到了秋天就能结出好多好多黄豆。”

虽然我那时还小，听不懂，但心里非常好奇，总想自己也试试。可没有种子，怎么办？一天，我要写作业，打开文具盒一看，就看见妈妈刚刚给我买的那块橡皮。我心里想：我要是种下橡皮，以后我就不怕没有橡皮用了。于是，我在爷爷家的花盆里找了一个没有花的位置，用勺子挖了个小坑，把橡皮种了下去。接下来几天，我每天给橡皮浇水。可是，一连好几天，橡皮还是没有一点儿动静。

那天中午，我正要给橡皮浇水，被爸爸看见了，爸爸问我在干什么。我连忙把盆扔到一旁，慌张地说：“我没有干什么啊！”爸爸生气地说：“你可不要做什么坏事。”

等爸爸离开了，我觉得好奇怪，连忙把橡皮挖出来。一看，哎呀，整块橡皮黑乎乎的，真恶心，我看了都想吐。

当天晚上，我向妈妈说起了这件事，妈妈笑着说：“你真是个傻孩子。橡皮不是种子，没有生命，你别白费工夫啦！”

现在我小学快毕业了，每次想到这件事我就想笑，这件事情让我内心充满了快乐。童年的趣事在我心里是多么难以忘怀啊！

着眼现在，写童年生活总是充满快乐。

看到爷爷在种黄豆，引出下文——“我”也想种橡皮。

**新新好词·慢吞吞**

慢悠悠　慢腾腾
慢慢悠悠　拖拖拉拉
磨磨蹭蹭　不慌不忙

自己照葫芦画瓢，模仿爷爷“种橡皮”。

“我”的秘密险些被爸爸发现。

妈妈的话给这件事画上了句号。

抒发情感，结尾扣题。

**看点解读**

**1.选材典型，描写生动** 本文描写了“我”小时候种橡皮的事情，表达出童年的欢乐。文章选材非常典型。例如“我在爷爷家的花盆里找了一个没有花的位置，用勺子挖了个小坑，把橡皮种了下去。接下来几天，我每天给橡皮浇水”，这句话描写了“我”种橡皮的动作，表现了儿童的天真。

**2.倒叙手法，结构严谨** 本文回忆了自己6岁时的一件趣事。首先写童年生活让我“回味无穷”，接着回忆过去的事情，最后再回到现在。这样倒叙的手法，使文章前后照应，结构严谨。

**满分思路**

**开头：** 倒叙开头，引出童年故事。

**中间：** 回忆种橡皮的往事。
1.“我”看到爷爷在种黄豆。
2.“我”也学着爷爷的样子，种下了橡皮。
3.“我”把种橡皮的事说给妈妈听，妈妈告诉“我”原因。

**结尾：** 表达感想，结尾扣题——这件事情让“我”内心充满快乐。

## 我是一个发明家

保定考生

20年后，我已经成为一位远近闻名的发明家了，甚至银河系中所有的星球都知道我这个发明家。我每天发明一样好玩的东西。你看，今天我发明了一部环保智能电话。

> 开门见山，写“我”成了发明家。

说起我发明的这个电话呀，它可真神奇。首先说它的价格，只要一元钱，另外还赠一个电话指挥器。电话指挥器很小，你只要把它握在手里，心里默默念一遍“把电话变大”，电话就会随着你的想法变大，可以变成电视一样大小；默默念一遍“把电话变小”，电话就会随着你的想法变小，最终变成普通手机的大小。

> 介绍电话的功能——能大能小。

现在，地球上每一个客户都想拥有这样一部电话，他们争相购买。我的发明已经供不应求了。我的客户的家里已经没有电视机了，这是因为这部电话能够变得和电视机一样大，再按一下电话上的一个按钮，它就变成了电视机，播放

> 突出自己的发明受欢迎的程度。

好看的节目。

另外，它还有一个功能，就是能变成一台无所不能的电脑。它没有辐射，而且电量充足，充一次电，连续使用好几年都没问题。通过这台电脑，你不但可以看到你想要去的地方，而且，如果按一下电话最左边的按钮，它还能立刻送你到想要去的地方，就像时光机一样，非常方便，比坐飞机还快。

如果你想要到另一个地方去，再按下左边的按钮，它很快会带你去另外一个地方。

如果你想慢慢欣赏风景，它会陪你慢慢地走，像散步一样，一直陪你欣赏完。

如果你生病了，身体不舒服，按下最右边的按钮，它就会自动给你治疗。

如果你想写一篇好作文，闭上眼睛，念你想写的作文，一会儿它就替你写好了！

如果你心情不好，它会给你讲笑话，直到把你逗笑……

它还有许多功能呢，我就不一一说了！想知道的话，赶快来买吧！只要一元钱！

没有辐射，而且电量充足，完全是根据现在手机的缺点而写，有针对性。

**新新好句·速度快**

我这马儿乃是宝马名驹，日行千里，夜走八百，翻山涉水，如履平地，上天入地，无所不能。

连续几个“如果……”构成了排比，写出电话功能之多丰富、强大。

结尾有意思，没有忘记打广告，语言俏皮。

**看点解读**

**1.语言生动，善用排比** 本文叙述了“我”发明的电话具有哪些功能。小作者的语言非常生动，例如文章第五至第九段，运用了排比的手法，表现了电话的功能之多。

**2.想象丰富，紧跟时代** 本文想象了20年后的“我”的事情，想象力生动、新奇。文章也紧密联系时代特点，例如“我”发明的电话只卖“一元钱”，和现实中好手机很贵形成对比；“我”发明的电话没有辐射，电量充足，还有电视的功能，和现在手机辐射大、电量不够用、不如电视方便形成对比。

## 满分思路

**开头：**直入主题，交代身份——“我”是一个发明家。

**中间：**重点介绍“我”发明的电话。
- 1.介绍电话能大能小，还能变成电视。
- 2.电话还能变成电脑，没有辐射，电量充足。
- 3.运用排比的手法，介绍电话的其他功能。

**结尾：**巧妙收尾，不忘宣传。

# 20年后的我

保定考生

“丁零零……”20年后的一天早晨，我睁开蒙眬的睡眼，一边抱怨着吵人的铃声，一边接电话。

“喂，你是哪位啊？”“我是××报社总编，今天早晨获悉，6个月前飞往银河系的神喵星的‘玉兔30号’载人飞船成功返回地球了。‘玉兔30号’上的人在太空生活了6个月呢，而且他们带回了地球上稀缺的M资源！”“啊！是真的吗？”我顿时精神了。“所以，我们报社派你现在就去采访那5位英雄航天员，看看他们有什么最新的研究成果！”“好，保证完成任务，总编放心！”

我急忙换好工作服，带上记者证，冲出家门，开车前往航天中心。30分钟后，我到达航天中心，等着采访航天员。过了一会儿，英雄的航天员们都出来了。我急忙上前采访：“请问，当你们在神喵星发现M资源时心情是怎样的？”“我们十分激动，我们终于发现了M资源，来填补地球资源的空白。”“那请你们介绍一下神喵星的自然环境吧！”“那好，神喵星的环境比地球好，和地球500年前差不多。水资源丰富，植被覆盖丰富，M资源充足。没有沙漠，没有空气污染，可以说风调雨顺，是人类的宜居星球。”“真的？这么说神喵星的状况真好！”“是的，那里空气含氧量非常高。”

终于采访完了，我第一时间将我的报道发回台里。主编看了，非常高兴，他竖起大拇指说这个月我们电视台的收视率肯定会再创新高……

“丁零零……”闹钟的声音突然惊醒了我。原来是我做了一个梦。可是这场梦多么美呀，我一定要努力学习，让梦想成真！

你们一定在猜20年后我的工作到底是什么吧？告诉你们吧，20年后，我是一名记者！

以铃声开头，首尾呼应。

对话充满想象力。接电话后的表现形成鲜明对比。

暗示自己的职业是一名记者。

**新新好词·静**

安静 寂然 悄悄
沉静 沉默 默默

小作者用神喵星的自然环境，暗示地球环境堪忧。

我的努力获得主编的称赞。

以铃声结尾，照应开头。

结尾亮出自己的职业。

**看点解读**

**1. 大胆想象，选材新颖** 本文运用想象的手法，通过语言描写，描写了20年后“我”作为一个记者去采访的情景，选材新颖，想象十分大胆。例如“主编看了，非常高兴，他竖起大拇指说这个月我们电视台的收视率肯定会再创新高……”这句描写了“我”采访完毕受到主编夸奖时的情景，表现了大胆的想象。

**2.前后照应，中心突出** 本文以铃声开篇，以铃声结束，故事情节紧凑，吸引读者。此外通过“我”的采访，知道了神喵星的环境很好，表达了爱护环境的主题。

**满分思路**

**开头：** 铃声开头，引出下文。

**中间：** 写“我”作为一名记者采访航天员的过程。
- 1.首先写“我”接受主编的任务，为什么去采访。
- 2.然后写“我”采访航天员的过程。重点介绍神喵星的自然环境很好。
- 3.最后写自己的采访获得主编的称赞。

**结尾：** 点明自己的职业——一名记者。

## 小考真题

题目：我是谁？请同学们展开想象的翅膀，把自己想象成一朵花、一棵草、一只猫、一条鱼……想象它们的生活是怎样的。也可以凝视自己的现实生活，考虑一下:我是怎样的？我是性格独特的小孩？我是微机控？我是植物迷？我是大人的开心果？……以“我是________”为题，写一篇作文。

要求：把题目补充完整；500字以上；文中请回避与你相关的人名、校名、地名等。

——2014年黑龙江哈尔滨卷

## 审题指导

**1.补好题目**

题目中对填空处的内容没有加以限制性的说明，没有设置备选词语，相对来说，填词较为自由。因此我们可以考虑填词语，比如“风”“雨”；也可以填短语，比如“善良的人”“环卫小战士”等。

**2.抒发感悟**

构思立意时要能体现自己对人生、对社会的感悟。一定要注意厚度以及浓度，越个性化、越有深度的文章往往越能打动读者。如，通过写“我”是一棵小草，表现奉献精神的可贵；写“我”是风，表现对自然的热爱；等等。

**3.形象鲜明**

叙述事件、展现人物时，应从小处着手，竭力刻画人物形象，使之鲜明而生动。例如“我是与众不同的怪小孩”，要具体刻画自己的怪异之处，表达对个性的追求。

## 立意图解

| 立意 | 解说 |
| --- | --- |
| 我是差生 | 写老师、同学对自己的歧视，爸爸、妈妈对自己的失望，写出渴望平等的呼唤。 |
| 我是一只候鸟 | 到某地，遇到了村民的围捕，发出对生的渴望，呼吁人们保护动物。 |
| 我是一棵小草 | 写自己的成长经历，表达对无私奉献的歌颂。 |

## 欣赏点作文

### 我是女汉子

哈尔滨考生

身穿七分裤、白T恤，脚踩帆布鞋，头后是马尾辫。此乃何人也？曰：女汉子也。

> 展现人物外貌，一个潇洒的女孩子形象跃然纸上。

我是标准女汉子一枚，什么拧瓶子盖儿啦，什么八百米赛跑啦，什么搬桌子啦，那都不叫个事儿。

> 概括叙述，写出自己动手能力强的特点。

作为一名女汉子，前提是胆子要大。周六在家，妈妈喊我：“闺女，给妈拿钉子，我要钉纱窗。”“妈，你去做饭吧，一会儿我给你搞定。”一个质疑的声音传来：“你行吗，这么高的窗台？”“那不叫个事儿！”

> 主动请缨：钉纱窗。

跑到杂物房，拿起钉子、锤子，看看矮矮的窗台，直呼太没挑战性，我毕竟是爬墙头长大的呢。我双手一撑窗台，轻轻一跃便上去。窗台有些窄，只有一只鞋的宽度。我侧着身子，一只手拿着钉子，另一只手拿着锤子，“咣咣，咣咣……”三下五除二，一扇窗户搞定！腿有些酸，跳下来，活动活动筋骨，继续！十五分钟，六扇窗户全部搞定！妈妈跷起大拇指！

细致描绘钉纱窗过程，突出自己的胆大、能干。

作为一名女汉子，要有一颗大大咧咧又不失善良的心。在车站，我坐在单杠上无聊地等车来。这时候，一个衣衫褴褛的老婆婆过来捡垃圾，我因为无聊走过去和她攀谈起来，原来她跟儿子出来打工，不想靠儿子，又人生地不熟的，就靠捡拾废品度日。听完，我的心里酸酸的，我用仅剩的一元钱给她买了一瓶水，她推辞，我又不会说好听的话，硬塞给她，跑到一边去了。

新新好词·劳动

整理 收拾 晾晒
缝补 清洗 擦抹
揉搓 翻炒

女汉子的世界，就是这样的！

总结全文。

**看点解读**

**1.醒目新奇，标题夺人** 眼睛是心灵的窗户，标题则是文章的眼睛。一个好的标题就像一壶好茶，香气越芬芳，招徕的顾客就越多。“我”是女汉子？“我”怎么是女汉子？醒目而新奇的标题立刻吸引了读者的眼球，读者急切地想了解文章的内容，强烈的阅读兴趣由此而激发出来。

**2.善用描写，人物鲜明** 无论是“我”“那不叫个事儿”的语言还是“我”具体钉纱窗的过程，抑或是用仅剩的一元钱给拾垃圾的老奶奶买一瓶水，这些描写使一个性格开朗大方、动手能力强而又心地善良的小学生形象从纸上站立起来并向我们走来。

## 满分思路

**开头：**描写外貌，展现人物形象。

**中间：**具体表现“我”——女汉子的特点。

1.“我”胆子大，站在窗台上钉纱窗。

2.“我”大大咧咧又不失善良，与捡垃圾的老人攀谈，并用仅有的钱为她买了一瓶水。

**结尾：**总结全文，自然收尾。

# 我是善良的差生

哈尔滨考生

我相貌平平，但自认为十分搞笑。我虽然“大错不犯”，但“小错不断”，上课时“唉声叹气”，下课后“欢天喜地”。但我也并非“无可救药”！

语言幽默、诙谐。个性化的人物语言，突出了一个调皮孩子的形象。

我是十分调皮的，上课说小话落得个“孤单北半球”。现在我有幸获得一大片封地——从垃圾箱到最后一桌。当然我这个封地里的“大王”也不是闲着的——什么卖破烂呀，扔垃圾啊，都是我的事。

**新新好词·性格**

乐天达观　成熟稳重
温柔体贴　活泼可爱
聪明伶俐　善解人意

我的爱好是玩电脑，什么“大话二”呀，“大话三”呀，我是样样精通；“穿越火线”“反恐精英”，我也是很厉害的！

你可别看了上面就以为我是一个“江湖恶霸”，其实我本善良。我是一个好孩子，虽然“皮”了点儿，但我还是乐于助人的！

过渡自然。

记得以前有一次，同学的饭卡没有钱了。他向我求助，而我的饭卡也支撑不到晚餐。幸运的是我还有4毛钱，我买了两碗粥，每人一碗。看着这“最后的晚餐”，我们不自觉地流出了幸福的哈喇子。

和同学共享最后4毛钱，语言幽默。

尽管我十分调皮、爱玩，那都只是我的一小部分“优点”，我最大的“优点”是——“幼稚”！

**新新好句·学生**

他挺起胸脯，来到教室中央，向全班同学做了个鬼脸，然后似羞似愧地笑着，怪有趣的，多么像一只调皮的小企鹅！

我十分爱看动画片，什么《海贼王》《奥特曼》《铠甲勇士》《天线宝宝》，通通是我的最爱。有时候姐姐也会忍不住“夸”我：“真不知道你的脑袋是怎么长的，那么幼稚！”我会笑着回答：“因为我喜欢！”

你看，我的身上还是有不少的优点的，虽然有这样那样的不足，但是，这就是我，一个调皮却充满阳光的学生。今天，我也走向考场，也要去追寻我的梦想。

用转折，表现自己的追求。

这就是我！调皮的我，善良的我，幼稚的我。

总括全文。

**看点解读**

**1.选材典型，性格鲜明** 因为调皮而被老师惩罚坐到最后一桌，喜欢玩电脑游戏，和同学共享最后4毛钱，爱看动画片——几个生活小片段的选取塑造出了一个调皮、善良、幼稚的“我”的形象。这篇文章完全打破了常规思路，没有塑造或全面高大或一无是处的人物，人物性格丰富且又个性张扬，使人物形象鲜活饱满，从而收到了意想不到的效果。

**2.语言鲜活，层次清晰**　“大错不犯”但“小错不断”，上课时“唉声叹气”，下课后“欢天喜地”；上课说小话落得个“孤单北半球”；面对“最后的晚餐”流出“幸福的哈喇子”……幽默的语言彰显出阳光少年的个性。个性化的人物语言，更使人物形象呼之欲出。前文分写人物之调皮、爱好、善良、幼稚，最后一句话总结全文。先分后总的结构，使文章条理十分清晰。

## 满分思路

**开头：** 总写“我”的特点。

**中间：** 通过具体事例表现“我”的特点。
1. “我”十分调皮。
2. “我”的爱好是玩电脑。
3. “我”乐于助人。
4. “我”最大的“优点”是“幼稚”。

**结尾：** 表现自己的追求，总括自己的特点。

## 小考真题

题目：在我们的心目中，有些人一闪而逝，有些人记忆犹新。之所以记住了某个人，是因为他在某个方面与众不同，或高大魁梧，或单薄柔弱；或豪爽直率，或小气猥琐；或声如铜钟，或和风细雨；或冷漠无情，或乐于助人，等等。

请以“一个________的人”为题目，写一篇文章。

要求：写作时，先将题目补充完整，有具体的故事情节，充满真情实感，不少于500字。

——2014年浙江绍兴卷

## 审题指导

要写好这个题目，首先要注意弄清楚文题的含义和要求。这个题目由引题、题目和要求三部分组成，引题暗示了我们写作时选择素材的范围；题目是半命题形式，写作时要先将题目补充完整，而横线上填写的词语就是文章要写的主要内容；要求部分规定了写作时应该注意的问题。应在仔细阅读这三部分内容的基础上，来构思本篇文章。除此之外，在具体的写作过程中还应注意以下几点：

**1.要交代清楚人物是一个怎样的人**

写人时，要注意交代清楚文中的人物是一个怎样的人，如性别、年龄、职业特征等，让读者对人物有一个大致的了解，从而形成对人物的初步印象。此外还要写清楚这个人物和自己的关系，使文中叙述的内容更清楚明白。如写"一个风趣幽默的人"，就可以先在文中交代出这个人是自己的语文老师，四十多岁的中年男老师，说起话来幽默风趣，让人爱听。

**2.要抓住人物的特征**

任何人都有自己与众不同的地方，写作时，如果我们能够善于从观察中抓住人物的特征，从人物的外貌、语言、动作、心理、细节等方面去加以描绘，人物在文中的形象就会生动感人。如写"一个心地善良的人"，就可以通过描写他慈善的外表、一些典型化的语言和动作，以及能够反映他这一特征的心理活动来将人物的特征展现在读者的面前。

**3.要注意通过具体的事件来写人**

人物的性格特征和内在品质不是靠我们说出来的，而是要通过人物所做的事件来加以表现。因为我们通过人物在做某件事情时的言语、行为自然而然就可以看出他具有怎样的性格特征和思想品质。因此，通过对具体事件的描述来写人物是写好本文的基础。如写"一个令我敬佩的人"，要在文中通过具体的事件来说明他怎样让"我"敬佩，这样比空喊口号更容易感染读者。

## 立意图解

| 立意 | 解说 |
|---|---|
| 写亲人 | 如父母、兄弟姐妹等，可以选择自己与他们之间所发生的真实感人的事件来记叙与描写，从而突出文章的主题。 |
| 写老师 | 结合自己所拟的题目，选择老师在讲课、教育学生、课余辅导、待人接物等方面的事情，突出人物的性格特征和思想品质。 |
| 写同学 | 可以抓住学习、生活、思想等方面的具体事件来刻画人物形象，表现中心思想。 |
| 写陌生人 | 我们在生活中，比如出去旅游等，很可能接触到许多陌生人，抓住这些人所做出的感人的事件来写，文章往往容易出新。 |
| 写自己 | 大家对自己的情况应该是再熟悉不过了，构思时，可以用设置悬念的方法，先不交代人物的姓名、身份，然后在文章结尾处明确地加以交代。 |

## 欣赏点作文

# 一个喜欢美食的人

绍兴考生

他几乎没有什么嗜好，读书、运动、唱歌、游戏毫无兴趣，却喜欢美食。正是由于在“吃”上狠下功夫，这才成就了他现在的体型——又矮又胖。

他最喜欢吃的菜是青椒土豆片儿、西红柿炒鸡蛋、烧茄子等，这几样菜每天都得吃上一两次，每次吃的时候都是狼吞虎咽，而且一直等到不停地打饱嗝才肯罢休。用他妈妈的话说就是不吃到小脖儿就不放下碗筷。

他不仅是吃得豪爽，而且对各种菜肴的配料与制作也了如指掌。如果让他说说某道菜的做法，他可以如数家珍一口气说出一大堆。每天晚上，他最喜欢看的电视节目就是美食类的，那专心致志、聚精会神、一丝不苟的神态会让在场的人忍俊不禁。每当此时，他妈妈都会在一旁长吁短叹：“要把这精力用到学习上，肯定是班里的前五名，可是，把精力都用在了这上面，就注定只能变成一个吃货了。”

一次，电视节目中教给观众制作麻婆豆腐的方法，他看了很感兴趣。当津津有味地看完介绍后，他立刻就摩拳擦掌，跃跃欲试，在家里翻天覆地找材料——豆腐，最终一无所获，这才罢手。当第二天听到大街上有豆腐梆子响时，他刹那间飞出屋，从碗橱里拿起一只碗，径直走到盛放黄豆的口袋旁，舀起一碗黄豆粒儿，就急匆匆地跑到大街上换豆腐。

拿回豆腐之后，他按要求把豆腐在菜板上切成小块儿，放在一旁；然后把洗净的辣椒切碎；再点着煤气罐儿；等炒锅热了，放上食用油；当看到油在锅里冒烟了，再将切好的辣椒、豆腐一同放入油锅里；等到豆腐在锅里起了焦黄的皮儿后，再放入酱油、食盐、味精等调料，然后用炒勺搅拌一下就成了。

看着自己的劳动成果，他心里别提多高兴了，豆腐没等摆上桌子，就被他风卷残云，一扫而光了。

**新新好词·豪爽**

为人耿直　憨厚可爱
性格豪爽　开朗大方
直截了当　直言不讳

通过母亲的话侧面烘托了“他”喜欢美食的特点。

兴趣是最好的老师。看到电视上讲美食制作方法，就亲自动手尝试做这件事，表现出对美食的喜欢程度。

**新新好句·豪爽**

她直爽热情，像水晶石一样透亮，胸怀里边，一点点藏着掖着的东西都没有。

他就是这样一个爱吃、会吃、能吃的人，可以说是在吃上下足了功夫。对了，想知道他是谁吗？呵呵，这个人就是我——一个不折不扣的吃货。

> 交代人物，让人恍然大悟。原来是作者自己，难怪写得这样逼真。

**看点解读**

**1.巧用对比，引人入胜** 文章在开头运用对比的写法，突出了文章题目中的“喜欢美食”这一关键词语，进而巧妙地引出下文要写的内容，容易引发读者的阅读兴趣。

**2.首尾呼应，结构完整** 文章在构思时注重了首尾呼应，如开头说“正是由于在‘吃’上狠下功夫，才成就了他现在的体型——又矮又胖”；结尾说“他就是这样一个爱吃、会吃、能吃的人，可以说是在吃上下足了功夫”。正是有了前后的相互呼应，文章结构才显得紧凑、完整，主题突出。

**满分思路**

**开头：** 总写“他”对美食的热爱，引出下文。

**中间：** 通过具体事例表现“他”对美食的热爱程度。
- 1. 写“他”爱吃的菜及吃饭的情状。
- 2.写“他”最爱看美食节目，根据节目介绍的方法自制了麻婆豆腐。

**结尾：** 亮明“他”的身份——“他”就是“我”。

## 小考真题

题目：我不再________

要求：把题目补充完整；内容要真实、具体，但文中一律不得出现真实校名和姓名，可以另编姓名代替；不少于500字。

——2013年吉林长春卷

## 审题指导

这是一道半命题作文。首先，要在横线上填写恰当的词语，如懒惰、伤心、娇气、自卑等。注意文题中的“我”，文章要用第一人称展开叙述，突出那一个特定瞬间自己的心灵体验。要求从我们熟悉的人和事，从自己切身体验的生活中，寻觅或高兴，或得意，或伤心的事，寻觅或亲切，或严厉，或熟悉的人。在修辞方法上，可以运用比喻、夸张、拟人、排比等方法使自己的文章更生动、形象。

## 立意图解

| 立意 | 解说 |
|---|---|
| 不再怕黑 | 写打败了心中的“鬼”。 |
| 不再任性 | 写因任性而闯祸。 |
| 不再自卑 | 写如何战胜自己。 |
| 不再贪玩 | 写贪玩受到教训。 |
| 不再粗心 | 写如何克服粗心。 |

## 欣赏点作文

### 我不再胆小了

长春考生

我从小就是个胆小鬼，连蹦蹦床都不敢玩，总害怕掉下去。可是，现在的我胆子可大多了，你知道是为什么吗？

开篇设疑，激起读者的阅读兴趣。

五年级快毕业时，学校组织我们去昆嵛山进行为期两天的“挑战极限”运动，我心里真是又高兴又害怕。那天，我们队的教官带领我们来到了一条河边，河边的景色可真美，成群结队的鸭子在河面上游来游去，岸边的小野花开得正艳。但是景色再美我也没有心思去看，因为我担心自己胆子太小过不了关。河的上面有很多训练器材，有钢丝绳、独木桥，还有很多我不认识的装置，这些器材倒不可怕，可怕的是，它们下面是几十米深的河水啊！站在独木桥上，听着下面的流水声，我感觉天旋地转，快要晕倒了！看着铁面无私的教官，我知道没有任何办法可以通融，今天只能把这里当战场了，豁出去，听天由命了。

**新新好词·害怕**

恐惧 畏惧 惧怕 惊恐
胆怯 退缩 畏缩 恐怖
胆战心惊 大惊失色
担惊受怕 六神无主

心理描写恰到好处，在铁面无私的教官面前只有豁出去了，读来感觉自然，毫不做作。

果然，教官一视同仁，一个都不放过。我们的训练任务是先走钢丝绳，然后再从下面的铁丝网上爬上来。“天哪！那么小的洞，怎么爬呀？这不是要人命吗！妈呀，快救救我吧！”我在心里默默祈求着。轮到我了，我摘下眼镜，慢慢走上钢丝绳，一低头，往下一看，“妈呀！这么高！”

**新新好句·害怕**

我恐惧地畏缩着，周围的一切仿佛都要把我吞噬掉，迎面是无尽的黑暗。

我的腿开始打哆嗦，吓得一步都不敢走了。“往前看，别低头！”教官朝我吼道。我猛地抬起头，开始往前走，摇摇晃晃，像喝醉了一样，走走停停，停停走走……5分钟后，终于走到了另一头。下钢丝绳后，我两腿发软，像面条一样，站都站不稳了。在教官的鼓励下，我又来到铁丝网前，小心翼翼地钻进去，一点一点地往前“挪”，终于在“挪”了若干分钟后，“上了岸”。上岸后，我已经大汗淋漓，浑身都湿透了，像从水里捞出来的一样……

虽然，这次经历至今回想起来我还胆战心惊，但它真正锻炼了我，让我在今后的生活中，能勇敢地面对困难和挫折，笑对人生！

> 语言和动作描写很到位，读来仿佛身临其境。

> 比喻手法运用巧妙，“两腿发软，像面条一样”，非常贴切。

> 结尾点题，含蓄隽永，意味深长。

### 看点解读

**1.选材新颖，感染力强** 小作者如果没有亲身经历“挑战极限”的运动，不会写得如此“惊心动魄”。他从一个孩子的心理出发，把“被逼接受挑战”和“战胜恐惧”的心情写得生动逼真，让人看后如身临其境，具有很强的感染力。

**2.语言描写，充满童真** 本文的另一个亮点就是语言生动形象，充满童真童趣。如“一低头，往下一看，‘妈呀！这么高！’我的腿开始打哆嗦，吓得一步都不敢走了”“天哪！那么小的洞，怎么爬呀？这不是要人命吗？”这些生活化的语言妙趣横生，使人物形象栩栩如生。

## 满分思路

**开头：** 提问开篇，吸引读者。

**中间：** 具体写“我”战胜恐惧的过程。

1. 写参加“极限挑战”活动的时间、地点、环境，以及参加活动前“我”的所思所想。
2. 写“我”完成训练任务的经过，虽然非常害怕，但“我”最终战胜了自己。

**结尾：** 点明这次经历的意义，深化主题。

# 欣赏点2：父母画像

# 活画老爸老妈的心神

## 小考真题

题目：向你夸夸________

提示：横线上可填“我自己”“我的老师”“我的妈妈（或其他亲人）”“我的好朋友”……

要求：通过一两件事夸一夸自己或其他人，表达自己的真情实感。不少于450字。

——2017年广西钦州卷

## 审题指导

2017年广西钦州小考作文试题“向你夸夸________”，是一个半命题作文。“夸夸”，是善于欣赏他人的表现，是阳光心态的反映。该命题旨在引导考生发现生活中的真、善、美，学会发现别人（自己）的长处。其实，“夸夸”正是当下“点赞”的别称。这完全体现了“以人为本”的教育理念。命题者在命题时并没有给考生设置审题难度，使每一个考生都能正确审题。

这道作文题非常开放，非常朴实，也非常新颖。说它开放，是因为横线上可填的内容很多；说它朴实，是因为要夸的这些人都是自己熟悉的人；说它新颖，是因为不但可以夸别人，还可以夸自己。这样的命题，契合核心素养，稳中求活，必将对减轻学生负担，引领课堂教学产生积极的影响。

**1.审题目**

审题时要抓住关键词“夸夸”。标题中“夸夸”，就是“夸奖”“称赞”的意思，换个说法就是“用言语表达对人或事物的优点的喜爱”。很显然，之所以要夸他（她），是因为他（她）具有某一方面的优点或优秀品质。写的时候，可围绕社会主义核心价值观来考虑所夸的人，体现出“真”“善”“美”的主题来。“向你夸夸”，意思就是向“你”传达“我”对所夸的人的敬佩之情，这就为考生提供了一个倾诉的对象，便于抒情。

**2.审内容**

从内容上看，“向你夸夸＿＿＿＿＿＿”旨在引导考生发现生活中闪光的人物，培养见贤思齐的情怀，树立社会主义核心价值观，助推考生健康成长。在选材上，所夸的人或有某项业务专长，或有某种奇能绝技，或拥有敬业、爱岗、诚信、友善等品质。至于夸谁，那就看谁是你最想夸的人了。别忘了，除了夸别人，你还可以以“自画像”的方式夸夸自己。

**3.审文体**

至于文体，当然是写记叙文了。可以写通过一件事，夸某个人的一个优点；也可以通过两件事，夸某个人的一个优点或两个优点。只要这个人值得夸，你又能表达出自己的真情实感，都可以放胆一试。

## 立意图解

| 立意 | 解说 |
| --- | --- |
| 夸夸老人，活到老学到老 | 随着生活水平的提高，中国已逐步进入老龄化社会。随着社会的发展，新生事物层出不穷。许多老年人人老心不老，喜欢接受新鲜事物。可以写他们如何学习跳广场舞、打太极拳、学英语、练书法、玩微信、刷微博等，反映他们活到老学到老的人生态度。通过夸夸这些老人，树立学习型社会的良好风气，带动年轻一代的成长。 |
| 夸夸老师，敬业爱岗奉献 | 老师是学生人生的领路人。每位优秀的老师都是一个经典，都是一个传奇，你都能讲出他教学的一个精彩故事。他们中有的富有教学机智，能巧妙地化解教学中的尴尬；有的风趣幽默，课堂上时时充满笑声；有的讲授知识深入浅出，能让学生轻松地掌握知识；有的工作很拼，经常批改作业到深夜；有的爱生如子，为学生的健康成长把脉……你尽可以找到老师的“夸点”，尽情地去夸赞。 |
| 夸夸爸爸，致敬行家里手 | 爸爸们在不同的地方，担任着不同的角色，显示出不同的“职业”风范，让你感受到他分明是那个领域的行家里手，使你不由得要夸一夸。如，有的在家里擅长炒菜，是一个不折不扣的“神厨”；有的在单位里，是一个技术过硬的行业标兵；有的是一个“车神”，能把车从路况不好的地方倒出来；还有的擅长维修各种电器、水管，修一个好一个……你在夸他的过程中，增进了对他的感情，他也成为你成长路上的旗手。 |

续表

| 立意 | 解说 |
|---|---|
| 夸夸妈妈，呵护儿女成长 | 如果说父爱如山，那么母爱便如海。在我们成长的过程中，妈妈为我们付出了无数心血和汗水，但她们从来都无怨无悔，默默奉献。如，当“我”生病时，她陪“我”上医院；当“我”寂寞时，她陪“我”做游戏；当“我”学习成绩下降时，她心急如焚，帮“我”出主意、想办法；当“我”因跟同学闹矛盾而郁郁寡欢时，她耐心地开导“我”……她为“我”付出了那么多，丝毫没有怨言，确实值得夸赞。 |

## 欣赏点作文

### 向你夸夸我的爸爸

钦州考生

我的爸爸个子不算很高，才 1.7 米左右。虽说相貌平平，可一双大眼睛却炯炯有神。当然，最引人注目的还得数爸爸的牙了。那牙，虽说长得白亮白亮的，但是那两个歪歪扭扭的尖尖的大虎牙一凸出来，形象就好不到哪儿去了。

> 从描写爸爸的外貌入手，让人对爸爸有个总体的了解。重点写爸爸的牙，因为爸爸的牙最有特点。

爸爸虽然长相“困难”，但他的车技却无人能比，堪称“车神”，这可是一点儿也没夸张。他的那个开车技术呀，10 个人当中顶多有 4 个人能与他媲美。要知道他开的车，那可是厢长 13 米的大型牵引式挂车呢！那么长的车，倒车可是一项高难度的动作，没想到爸爸在方向盘上动动手就完成了。那一次，我和爸爸去装车，他在狭窄的采石场里倒车，旁边的工人都说：“这个地方很难倒，好多人都倒不出去！”爸爸的心里也像有一面小鼓似的，忐忑不安，但他紧紧扶住方向盘，说：“试试吧！”只见爸爸两眼不停地看向两边的反光镜，手中的方向盘转得飞快，不一会儿大挂车就出了场子。临走时，那些工人都朝爸爸竖起了大拇指。

> 列举数字说明爸爸开车技术好，用车厢的长度证明倒车难度之大，为下面具体讲述倒车的事例作了铺垫。

> “狭窄”表明车很难倒。

> “扶”“看”“转”等动词用得恰当，点明“车神”名副其实。

爸爸不仅开车技术堪称一流，聪明好学也是一个很大的优点。

> 运用过渡句，使文章前后连贯。

爸爸以前跟着二舅学习修摩托车，那是一点就透。一个夏天的中午，一个人推着一辆踏板摩托车汗流浃背地走到他的修理铺，一边擦汗一边说："师傅，您给看看我这摩托车到底还能不能修，找了好几个地方都说修不了，您帮我看看吧。"你们可能不知道，这踏板摩托车在修理上可是个麻烦活。爸爸熟练地给摩托车来了个"开膛破肚"，经过一番仔细检查后，终于找到了问题的根源，便胸有成竹地说："放心，我一定给你修好！"果不其然，在换了几个小零件后，又经过一番精心的调试，摩托车就能正常行驶了。那个人十分佩服爸爸，夸赞道："想不到，这摩托车还真让您给修好了，真是厉害啊！"爸爸不好意思地笑了，又露出两颗尖尖的虎牙。

"胸有成竹""果不其然"等词语，凸显了爸爸修车技术好。

照应前边的外貌描写，表明爸爸为人忠厚。

这就是我的爸爸，一个既厉害又聪明、热心的好爸爸！您说，他是不是值得夸夸？

总结全文，卒章显志，画龙点睛。

## 看点解读

**1.内容具体，感情真挚** 全文写了爸爸开车技术好、修好其他人觉得不能修的摩托车两件事，每件事都写得比较具体，凸显了爸爸的优点。文中通过爸爸具体的动作、语言、心理活动，来刻画爸爸的开车技术好。在写爸爸热心为他人修理摩托车时，也是通过对人物的语言、动作等进行描写，来凸显爸爸的聪明。不管是哪件事，都抒发出作者对爸爸的赞美，以及为有这样的好爸爸而感到自豪的感情。

**2.欲扬先抑，烘托优点** 考生一开始并没有直接夸爸爸，而是先写爸爸长相"困难"，而后写爸爸车技好、头脑聪明，这种欲扬先抑的手法，较好地烘托出爸爸的优点。在写爸爸开车技术好时，先写车厢长、采石场狭窄等困难，以烘托爸爸开车技术好。摩托车坏了，别人修不了，而唯独爸爸能修好，突出了爸爸聪明、修车技术好。这些写法对于突出主题都起到较好的作用。

## 满分思路

**开头：**欲扬先抑，先写爸爸较"丑"的外貌，为烘托爸爸的优点作铺垫。

**中间：**爸爸开车技术好，头脑聪明，热心助人。
- 1.爸爸开车技术无人能比，别人很难倒出去的车他能顺利倒出去。
- 2.爸爸头脑聪明，别人修不好的车他能修好。

**结尾：**抒发对爸爸的赞美之情，为有这样的好爸爸而感到骄傲，点题。

# 向你夸夸我的妈妈

钦州考生

“世上只有妈妈好，有妈的孩子像块宝……”每当听到这首歌，我就想起疼我、爱我的妈妈。我生病时，她焦灼；我学习进步时，她自豪；我跌倒时，她疼惜……在我的眼中，她是世间最好的妈妈，我要向你夸一夸她。

> 引用歌词导入下文，自然贴切。用排比句道出妈妈对“我”的爱，感情真实。

母爱如海，看似平凡，但每回想起，却如此博大……

> 一个过渡句，自然引出下文。

天，下着淅淅沥沥的小雨，我的心情也仿佛被传染了似的跌落到低谷。我竟然因为一件小事和妈妈大吵了一架，还任性地跑了出去。终于，泪水肆无忌惮地流了下来，我伤心地失声痛哭。由于想起下午还要上学，我便直接朝学校奔去。一路上，雨水毫不留情地拍打着我的脸庞，雨滴顺颊而下，我放肆地痛哭着，早已分不清脸上是雨还是泪。在学校里，我昏昏沉沉地度过了一个下午，看看窗外，依旧大雨倾盆，乌云密布。看着同学们一个个撑起雨伞、穿起雨衣离开教室，这时我才发现自己什么准备都没有。现在的我就像热锅上的蚂蚁，不知是走是留，我脑袋一热，冲了出去。风嗖嗖地朝我刮来，我被冻得浑身颤抖。我拿出一本书，顶在头上，想抵挡一下雨水。看着同学们都打着伞走着，我的视线开始变得模糊。我颤颤巍巍地走着，一下子倒在了地上，浑身无力，只记得一个熟悉的身影拿着雨伞着急地向我冲了过来……

> “肆无忌惮”“失声痛哭”“放肆地痛哭”表明“我”伤心的程度之深。

> 对天气的描写，既呼应了前文的“任性地跑了出去”，又为妈妈后来给“我”送伞作了铺垫。

> 对“我”忘记带雨具而淋雨受冻的囧相描写细致，使人如临其境。

我醒了，眼前是我再熟悉不过的地方，淡黄色的墙，整洁的书桌，古典的小木椅，啊，这是我的卧室。我小心地把额头上的毛巾拿下来，放在旁边，抬手摸了一下滚烫的额头，心里一惊。我不禁想起了我和妈妈吵架时的情景，觉得自己太不懂事了。这时，妈妈走了过来，我搂住妈妈，看着妈妈脸上的皱纹，一滴滚烫的眼泪顺着我的脸颊流了下来，我真是后悔不已。

> 罗列卧室内的陈设，体现出地点的转换。

妈妈啊，你像一把纯洁无瑕的雨伞，无论我走到何处，你都罩着我；你像一片辽阔的天空，让我这只鸟儿自由翱翔；你像一位辛勤的园丁，让我这棵小树得到呵护。妈妈

> 用一系列的比喻组合成排比，抒发对妈妈的赞美之情。

她默默地奉献，从不跟我计较恩怨得失。她的爱是那么博大，就像夜空中的星星，真实，美好……啊，叫我怎能不夸她！

呼应开篇，画龙点睛。

**看点解读**

**1.内容具体，条理清楚** 本文虽然写的是一件母亲为孩子送伞的小事，但是作者以细腻的笔法，逼真地叙述了这件事的全过程。文章先以议论起笔，然后自然过渡到所举的事例中。母亲为孩子送伞这件事也是按照事情发展的顺序，先写起因，再写经过，最后写结果。文章的结尾紧承上文，抒发强烈的感情，自然收束。如此，使文章显得内容具体，条理清楚。

**2.语言优美，感情真挚** 本文所写的事例都是我们司空见惯的，也都是许多幼稚、任性的孩子曾经做过的。但考生却以抒情散文的笔法，融情于景，融情于事，在行云流水般的描写、叙述中， 将母亲的伟大之处呈现于读者眼前，使读者的心灵受到洗礼。文中的比喻、排比，信手拈来，凸显了考生较好的语文素养。开头、结尾直接抒情，自然、贴切。

**满分思路**

**开头：** 借用歌词，引出下文—每当听到《世上只有妈妈好》这首歌，就想起妈妈，就想夸夸妈妈。

**中间：** “我”任性离家，没有带伞，妈妈主动为“我”送伞，“我”后悔、感动不已。

1.因为和妈妈吵架，“我”任性地跑到学校而忘记带伞，放学后，妈妈给“我”送伞。

2.妈妈把“我”接回家，无微不至地照顾“我”。“我”为自己的行为感到懊悔。

**结尾：** 抒发感情—妈妈默默奉献，不跟“我”计较恩怨得失，“我”怎能不夸她。

## 小考真题

题目：人生处处有台阶。台阶是亲情的滋养，台阶是师长的教诲，台阶是朋友的帮助，台阶是生活的磨砺……儿童因有台阶而长大，思想因有台阶而成熟……

请以“台阶”为话题，写一篇文章。

要求：自拟题目，文体自定；有真情实感，不得套写、抄袭；用现行规范的汉语言文字表达；不少于500字；文章中不要出现真实的地名、校名和人名。

——2015年湖南长沙卷

## 审题指导

审题：明确台阶的含义。台阶既可实指生活中的台阶，也可指深层含义的台阶，如挫折，如甘为台阶的奉献精神等。在写作时，以下几个问题需要注意：

**1.拟好标题**

标题是文章的“眼睛”。俗话说：“题好一半文。”话题作文允许自己拟题目，因此，我们要努力提高拟题水平，力争使自己拟的题目准确、凝练、含蓄、新奇，使阅卷老师“一见钟情”。如：“台之阶，人之阶”“梦幻台阶”等。

**2.构思立意，要能体现自己对人生、对社会的感悟**

构思立意要深刻，越个性化、越有深度的文章往往越能打动读者。如通过写跨过台阶，表达跨过人生的挫折的感悟等。

**3.写好人物与事件**

写人的关键是抓住人物特点，而人物的特点又是通过具体事件、语言、动作、神态反映出来的。所以，首先要抓住人物在事件中展现的鲜明个性，使读者读来如见其人。写事件，要注意把时间、地点、人物和事件的起因、经过、结果交代清楚。

## 立意图解

| 立意 | 解说 |
| --- | --- |
| 台阶的启示 | 写自己考试失利，然后看到一群小鸭子奋力跳跃台阶得到启示的故事。 |
| 台阶的故事 | 写自己情绪不好顶撞老师，而老师给自己台阶下的故事。 |

续表

| 立意 | 解说 |
| --- | --- |
| 成长的台阶 | 写成长过程中的几个小故事，构成成长的台阶。 |
| 台阶上的亲情 | 可以写发生在台阶上的亲情故事。 |
| 跨越台阶 | 可以写自己小时候在亲人的指挥下跨越台阶的故事。 |

## 欣赏点作文

### 台阶

长沙考生

夏日，午后。

我坐在被盛夏的阳光烘烤得发热的晾台上，双手抱膝，把自己缩成小小的一团。我的脚下是院中泛红的砖，曾经，这里有一级台阶。

> 以两个时间短词，引出对往事的回忆。

在我四五岁的时候，也是这样一个天气，妈妈去城里购物，我在这儿等她回来。那天的阳光也像今天这么毒。

等啊等，我的小脚板无聊地在台阶上一拍一拍，不断冲进耳朵的蝉鸣让人很是烦躁。“闺女，等半天了吧！看！”听见熟悉的呼唤，我抬头，看见正在挥着手中袋子向我走来的身影，揉揉被太阳晒得发花的双眼，起身，冲下台阶，却不料起身太猛，眼前一黑……“慢点儿！”妈妈的提醒还是晚了一步。

> 回忆“我”小时候摔下台阶的事件，语言简洁、生动。

我脸上的疤——指尖触上眼角，至今微微凹陷的一点——就是那时候留下的吧。

我摔下去的第二天，爸爸坐在台阶上抽了一天的烟。晚上他和爷爷商量着什么。第三天，拉来了几车土，把院子地面垫到了和台阶齐高。第四天，铺上了砖，自此，家里的台阶就消失了。

> 描写台阶消失的原因。

后来，我问过爸爸，为什么垫高院子，他说：“还不是为了我宝贝闺女啊，下回再摔，摔成个瞎子，将来连自己都养不活，谁养我和你妈？”

> 爸爸幽默的回答背后是对女儿深深的爱。

现在想想，当初哪有必要为我一次不经意的受伤就“大兴土木”？可是至今家人都没有训斥过我的不小心，或许他们是在尽他们所能，将我护在羽翼之下，让我尽可能地少经历风雨吧！不管怎么说，即使父母的保护近乎溺爱，那都是时光无法涤去的真情。

写“我”的感受，点明家人对“我”的爱。

太阳已下山，天已黑，我起身，虽然眼前一片黑暗，但脚下已经没有令我摔下去的台阶。这时，我又看见不远处熟悉的身影：“闺女，又在等我啊！”

呼应前文，含蓄表达母女深情。

### 看点解读

**1.选材真实，情真意切** 不精不诚，不能感人。来自生活的材料因为真实而更具备打动人心的力量。本文从日常生活中选取了因自己受伤，家人将台阶垫平的故事，字里行间饱含着浓浓的情感，很真，也很纯。

**2.口语表达，还原生活** 文章生活气息浓厚，比如父母所说的话都是通俗化的口语，口语的运用给人“清水出芙蓉，天然去雕饰”之感，质朴的同样也是美的。

### 满分思路

**开头：** 简洁交代时间，引出下文的回忆。

**中间：** 具体写“我”小时候与台阶有关的事。
1.“我”在等妈妈的时候，从台阶上摔了下来。
2.因为“我”受伤，家里的台阶消失了。
3.“我”感受到了家人的做法中饱含的爱。

**结尾：** 回到眼前，呼应前文。

## 小考真题

题目：同学们，随着我们一天一天长大，我们的认知也发生了变化，对人、对物都有自己的看法。请你选择一个人或事物，谈谈自己的心里话。

要求：注意把自己想说的内容写清楚；语句通顺，标点正确，书写端正；不得少于500字。

——2014年湖北宜昌卷

## 审题指导

这是一道没有命题的作文题，但是，材料已经提示了我们，要和别人谈谈自己的心里话，可见，文章内容主要是和别人进行情感上的交流或沟通。本文可写的内容很多，任何人都可以是我们交流的对象。你可以给爸妈写信，如与妈妈交谈，向她表示感激之情，或者向她提一点小小的建议。你也可以走进大自然，和太阳、星星、动植物去交朋友，说说你的心里话。在写作时，一定要注意写出你对人或物的看法、观点以及感情，这样才能符合考题的要求。

**1.写出所写之人或物的优点或缺点**

既然是想对别人说事，就必须清楚其优点或者是缺点，这样才能为下文作铺垫。如写与妈妈交谈，就必须交代妈妈身上体现出的优点或者缺点，只有清楚了这些方面之后，你才会有话可说。否则，说什么呢?

**2.赞扬或提建议要中肯、有条理**

针对所写之人或物的问题，就事论事。如果是优点就要肯定和赞扬；如果是缺点就要提建议，让其明白危害，加以改正。如写和爸爸交谈，如果爸爸喜欢抽烟，就应该从抽烟对人体的危害谈起，然后从爱惜身体、保护家人健康的角度提出建议，让爸爸尽量少抽烟或戒烟，否则不但收不到效果，还会引起家庭矛盾。

**3.写出自己的真情实感**

写作时一定要流露出真情实感：喜欢就喜欢，讨厌就讨厌，感激就感激，鄙视就鄙视，这样才能感动读者。如写和小草交谈，可以写自己对小草顽强的生命力的敬意和赞叹。

## 立意图解

| 立意 | 解说 |
|---|---|
| 与亲人交谈 | 如对爸爸说戒烟的事、对妈妈说注意身体的事等。 |
| 与老师或同学交谈 | 如表达对老师的感激之情，对同学进行规劝等。 |
| 与动植物交谈 | 如对蚊子说讨厌、对蜜蜂说喜欢等。 |
| 与日月星辰交谈 | 如对太阳进行赞美、对星星进行点评等。 |
| 与文学作品或影视作品中的人物交谈 | 如对奥特曼说勇敢和正义、对猪八戒说懒惰与贪吃等。 |

## 欣赏点作文

# 妈妈，请您听我说

宜昌考生

妈妈，请您听我说："谢谢您这么多年来无微不至地照顾我。在我迷茫的时候，您是我的指南针；在我遇到困难的时候，您出来帮助我解决困难；在我遇到挫折时，您及时地开导我。"

妈妈，您还记得那次我生病您送我到医院的事吗？至今，我都没法忘掉那件事。

那是我读四年级的一个暑假，我到同学家去玩。当我玩累了之后，同学的妈妈很热情地拿出冰棍给我吃，因为我很热，所以我一口气吃了很多。回家后，我就感觉头特别疼，喉咙很痛。于是我把自己的症状告诉了您，您摸了一下我的头，说："好烫呀，赶紧上医院。"于是您就把我扶上电瓶车。可是真不巧，天下起了雨。于是您就把雨衣披在我的身上，骑上电瓶车送我去医院。

在去医院的途中，我看见豆大的雨滴打在您身上，可您一点儿也不在乎。到了医院，您先把我扶到座位上，然后去排号、交费……医生询问病情后，就将体温计插入我的腋下。过了一会儿，医生把体温计抽出来看，我高烧40度。您慌了，忙询问医生怎么办。医生说先退烧，然后我就看见医生拿着长长的针头。我有点儿害怕，对妈妈说："妈妈，我怕。"您鼓励我说："不要怕，你是男子汉嘛！"医生把针头插进我的血管里，过了一会儿，我就感觉很困，想睡觉，于是您就把我扶到病床上，我很快就什么也不知道了。

到了次日，我醒来时看见您坐在我的身边，桌子上已经放着买来的早餐。您见我醒了，非常高兴，马上给我递早餐。在我吃早餐的时候，您打了一个喷嚏，我问您是不是也感冒了。您说："不要紧，我没问题的。"等我出院后，您却病倒了，我真的很心疼。

妈妈，请您听我说："谢谢您这么多年辛苦照顾我。我爱您！等我长大了，一定要好好报答您。"

开篇点题，写妈妈对"我"的关爱。

"还记得"引入对往事的回忆。

**新新好词·真情**

感激　欣慰　体贴
真心真意　情真意切
情深似海　无微不至

将母爱写得生动感人。

写妈妈善于做孩子的思想工作。

**新新好句·真情**

妈妈，您的怀抱最温暖，您的眼睛最善良。不管我走多远，心中永远眷恋您！

表现出"我"对妈妈的无比感激。

**看点解读**

**1.细节描写，增添情趣** 文中用几个细节写出了妈妈对“我”的爱，如妈妈把雨衣披在“我”的身上，她冒雨骑车，表现妈妈对“我”的关心；如当看到“我”的体温达到40度时，妈妈慌了，这个“慌”字更体现出妈妈的爱子情深；等等。这些细节描写体现了作者观察细心，也给文章增添了生活情趣。

**2.结构严谨，首尾呼应** 作者在构思习作时，是花费了一番心思的。开篇点题，写出“我”想对妈妈说的感谢的话；中间具体写出妈妈对生病的“我”的疼爱；最后又深化主题，写出“我”要报答妈妈。结构完整，构思精当。

**满分思路**

**开头：**表达对妈妈的真挚感谢，点题。

**中间：**具体写妈妈冒雨送发高烧的“我”去医院的事。
- 1.“我”发烧了，妈妈骑车送“我”去医院。
- 2.在医院里，妈妈忙前忙后，还不忘鼓励“我”。
- 3.妈妈一直陪在“我”身边，“我”病好了，妈妈却病倒了。

**结尾：**写“我”对妈妈的感激，呼应开头。

## 和爸爸说说真心话

宜昌考生

爸爸，我有无数的心里话想跟您说，可是千言万语也无法表达我对您的谢意。

开篇点明题旨，有心里话对爸爸说。

爸爸，谢谢您。每当我成绩有进步时，我都会想起那一天发生的事。

那是六年级上学期期中质量测试后的一天，当我从小组长手中拿到了自己的数学试卷时，我简直不敢相信，居然只有56分，鲜红色的56像一把刀一样插入了我的心。数学一直是我的强项，但这次居然不及格，真是让我不可思议。想不到，还有更可怕的事在后头。到了放学的时候，老师叫我们把试卷拿回去给家长签名。

**新新好词·心情**

可笑 深思 原谅 愤怒 懊悔 高兴 伤感 愉快 低落 消极 失落 积极

我几乎没有勇气回家。一想到您那脾气，我就觉得这次肯定完了。到家门口了，我不敢进去。我不知道该怎么让您签名。我自己签一个名吗？还是坦白跟您说呢？突然，我想起了

心理描写，为下文爸爸态度的转变埋下了伏笔。

语文课上学到的列宁的故事，我也要做一个诚实的孩子。

正在这时，家里的大门突然被推开了，您很奇怪地问道：“儿子，到家了，怎么还不进来呢？”我于是磨磨蹭蹭地进了家门。等您坐下后，我站在您面前，小声地说：“爸爸，我这次考试……”想不到，您很和蔼地说：“有什么事，说吧。”我终于鼓起了勇气说：“我这次考试，数学只考了56分……”当时您突然站起来，我以为您要打我，害怕极了。可您站了一会儿，却温和地对我说：“这次考砸了没什么，下次努力吧！”我悬着的心终于落下了。您还拿起了我的试卷，从头到尾看了一遍，帮我分析了失误的原因。我真恨自己。您不再说什么，只在我的试卷上签上了“试卷已查，家长签”几个字。我知道，您一定有很多话要对我说，可您没有说。

爸爸，我真的要感谢您的宽容大度。在您的教导下，我改掉了粗心的毛病，成绩稳步上升。在期末考试中我取得了好成绩，我不仅数学获得优胜奖，而且总分也进入了年级前三名呢！

爸爸，我想对您说：“谢谢您！谢谢您对我的宽容，以后我一定会用更优异的成绩报答您。”

**新新好句·父爱**

您就像一棵大树，我是树底下的幼苗，您为我遮风挡雨。爸爸，您是我永远的依靠。

照应上文，写出爸爸的宽容，而这就是作者想对爸爸说感谢的真正原因。

爸爸的宽容让“我”改掉了粗心的毛病，成绩上升很快。

结尾再次点题。

**看点解读**

**1.描写细腻，活灵活现** 文中对人物的心理、动作、语言等进行了细致的描绘，如写出了“我”考试失利后的痛苦、害怕的心理，写爸爸态度的出乎意料以及对“我”的关心的话语……这些描写给文章增添了情趣。

**2.感情真挚，选材得体** 作者叙述了自己因为粗心而导致考试失利，爸爸宽容自己的事，字里行间流露出对爸爸的感激之情。选取的事例比较典型，让人容易理解。

## 满分思路

**开头：** 直抒胸臆，表达对爸爸的感激之情。

**中间：** 交代事情经过，说明“我”感谢爸爸的原因。
- 1. 期中考试，“我”数学没及格，不敢把试卷拿回家让爸爸签名。
- 2. “我”终于鼓起勇气告诉爸爸这次考试的结果，没想到爸爸并没有生气，还温和地鼓励“我”，帮“我”分析失误的原因。
- 3.爸爸的宽容大度让“我”改掉了粗心的毛病，成绩有了进步。

**结尾：** 再次表达对爸爸的感谢，照应开头。

## 小考真题

题目：同学们，我们在成长旅途中，认识了许许多多的人。在这些人中有熟悉的、有陌生的，有你的亲朋好友、老师同学，有默默奉献的清洁工……有许多人关心、爱护我们，给我们留下了终生难忘的印象。请你以“我最______（横线上可填‘感激’‘喜欢’‘敬佩’‘崇拜’‘熟悉’……）的一个人”为题，写一篇作文。

要求：字迹清晰；先把题目补充完整再作文；内容要真实、感人；不少于500字。

——2013年江苏南通卷

## 审题指导

这是一篇写人的记叙文，可写的内容很多，角度较广。如可以写感激某个亲人对“我”的爱和对“我”的教育；感激某一位朋友对“我”生活上的帮助，他（她）让“我”懂得了许多做人、做事的道理。

## 立意图解

| 立意 | 解说 |
| --- | --- |
| 最感激的人 | 如亲人对“我”的爱让“我”感激，亲人对“我”的教育让“我”感激。 |
| 最敬佩的人 | 如老师对学生的关心和爱护让“我”敬佩，老师的无私奉献精神让“我”敬佩。 |
| 最陌生的人 | 可以通过一两个具件的事例，写陌生人的性格特点或品质。如：通过公交车上陌生人给老人让座的事，体现陌生人尊敬老人的品质。 |
| 最熟悉的人 | 如写“我”的好朋友特别喜欢看书，知识丰富，从而表达对好朋友的喜爱或赞美的感情。 |
| 最难忘的人 | 如写风趣幽默的人、见义勇为的人让“我”难忘的一幕。 |

## 欣赏点作文

# 我最熟悉的一个人

南通考生

有一个人不常被我提起，但他却一直住在我的心里。他就是我最熟悉的父亲。

熟悉父亲的眼神。平日里的父亲不苟言笑，动不动就冲我瞪眼睛，好一顿训斥！那是怎样的一种令人敬畏的眼神啊，让我从小对它就产生了一丝畏惧。每当我做错事的时候，我就知道父亲又在注视着我了。他的眼神是那么犀利，但也就是在这一刻，我发现我之前费了那么多的功夫，精心编织的自认为十全十美的"案发经过"，却被父亲的眼神打击得无处可逃，最终灰飞烟灭。结局当然是我再一次战败，再一次承认错误，再一次受到父亲严厉的批评，还有母亲第N次的劝解，我的第N+1次的"求饶"。所以平常在父亲面前，我就像是笼子里的小鸟，无形之中有一股力量束缚着我。

熟悉父亲的教导。父亲总爱小酌几杯，他在忙完农活之余，自饮自乐。他经常说酒进入口中的辛辣最终转换成醇香的过程就和人生是一样的，不经历风雨怎能见彩虹！酒不会说话，但这是"此时无声胜有声，一切尽在不言中"！父亲不是品酒，而是在品人生。他告诉我人的一生会经历很多，就看你怎样面对。他质朴的话语深深感染了我。

熟悉夏夜里那为我落下蚊帐的父亲，熟悉厨房里那为我烹煮佳肴的父亲，熟悉阴雨天里那为我修补雨伞的父亲，那密密麻麻的针脚啊，让父亲这个平日里不做针线活儿的人费了多大心思！我感到惭愧，愧对父爱！一直生活在父爱的海洋里，却从不懂得珍惜，我是不是太过贪婪、自私？

或许父亲还有很多的爱没有被我发现，但我想用自己的一生去寻觅，寻觅这份熟悉的爱！

开头点明"我"最熟悉的人是父亲。

本段围绕中心句"熟悉父亲的眼神"来写，这熟悉的眼神教育"我"承认错误。

**新新好句·外貌**

那圆圆的小脸蛋上嵌着一双水灵灵的大眼睛，嘴唇薄薄的，一笑小嘴一咧，眼睛一眯，还生出对小酒窝，着实可爱。

父亲熟悉的话语教导"我"怎样面对人生。

熟悉父亲为"我"所做的一切，让"我"懂得了珍惜父爱。

升华主题。

## 看点解读

**1.选材新颖，感情真挚** 作者围绕“熟悉”二字深入挖掘素材，熟悉父亲的眼神，熟悉父亲的教导，熟悉父亲为“我”所做的一切，表达对父亲的爱。

**2.结构完整，思路清晰** 文章首尾呼应，照应题目。主体部分先具体描述父亲的“眼神”和“教导”，再概述其他“我”熟悉的方面，思路清晰，可见作者有着较强的写作能力，很好地体现了主题“熟悉的人”。

## 满分思路

**开头：** 点明最熟悉的人是父亲。

**中间：** 通过具体事例，描写“我”熟悉的父亲。

1.“我”熟悉父亲的眼神。

2.“我”熟悉父亲的教导。

3.简要列举“我”熟悉的其他方面，表达“我”的感慨。

**结尾：** 表明决心，深化主题。

# 欣赏点 3：老师风采

# 善于写出严厉后的款款深情

## 小考真题

同学们，六年的小学生活即将结束，班上一定有许多人和事给你留下了深刻的印象，请以“我们班的________”为题，写一篇不少于450字的作文。

要求：①补充题目，可以填“开心果”“捣蛋鬼”“大好人”等，也可以填“新鲜事”“趣事”“怪事”等；②注意不要出现真实姓名和学校名称等。

——2017年安徽南陵卷

## 审题指导

2017年安徽省南陵市小考作文试题“我们班的__________”，是一道半命题作文，题目的“导语”提醒考生叙写六年的小学生活中留下深刻印象的人和事。题后的“要求”提示考生可从两个角度补题：人物特点或事件特点。该命题引导考生在回忆中感悟情理，促成反思成长。本考题完全体现了新课程“以人为本”的教育教学理念，没有给考生设置审题难度，确保每一个考生都能准确审题，尽情挥洒。作文主要考查学生成长中的真实体验和真切感悟，倡导积极、健康的思想情操，培养学生人格，传承社会正能量。

**1.补好题**

半命题作文补题是第一步。最好紧扣以“我”为写作主体，以“熟”为选材前提，以“新”为立意追求，以“小”为切入口径的补题原则。可以补题目中给出的提示词，比如“开心果”“新鲜事”；还可以拓展开来，抓住人物或事件特点多补几个题目，比如“我们班的‘假小子’”“我们班的‘常委们’”“我们班的‘害羞’师”“我们班的一场小风波”等，然后再选最熟悉的，最有把握、最有新意的题目来写。写作时要抓住这个人、这件事的特点，也体现出“我们班”这个集体的特点来。

**2.选熟材**

补好题后就是一道完整的命题作文，扣题追问，选择熟悉的生活素材才最有表现力。比如“我们班的开心果”是一个人，还是多个人？哪件事能表现他（他们）给“我们”带来的快乐？比如“歌手李”的表演让全班同学爆笑、“信息通”的早间新闻逗得同学们兴奋不已、“搞怪手”课堂与同桌互动弄得老师也忍不住笑了……这样以生活为源泉，抓住特点来写人叙事，才能写出真情味。

**3.设形式**

文章形式，可以写成驾轻就熟的常规记叙文，交代好事件的六要素，讲究顺序和详略；可以创新设计片段结构（小标题、段落排比、镜头式、日记体等），能多角度、多侧面凸显“我们”班的人物、事件特点；可以用书信体、QQ留言等形式让人耳目一新。总之，只要是符合题意的，自己的能力又能达及，考生尽可以放手一试，尽情展示。

## 立意图解

| 立意 | 解说 |
|---|---|
| 我们班的特色角落 | 班级是我们学习、生活的地方，是我们成长的地方，各个角落都有我们的足迹。比如那个图书角，从“设计标语”到“捐书荐书”，再到“图书漂流”等都有我们的一番心血；比如那块班务记载黑板上，既有表扬，又有批评；比如那个垃圾桶，还有一个特殊的经历呢！ |
| 我们班的个性学生 | 一个班级里学生是主体，来自不同的家庭，各有各的性格。在班级这个大家庭里，即使面对同一个事件，大家的想法、处理方式也各不相同。考生可以通过描写同学的言行举止来表现其迥异个性，“开心果”有“开心果”的说辞和动作；“丑女无敌”虽“丑”，但精神高尚；“老好人”的行为让人惊叹。 |
| 我们班的魅力老师 | 一个班级，老师是主导，不同的阅历、不同的性格造就了不同的教学方式，不同的科目、不同的课型展现了老师不同的风采。可以通过描写老师的言行举止来表现老师的魅力：语文老师讲作文时的眉飞色舞；数学老师改作业时的火眼金睛；科学老师简直是个“小发明家”；英语老师那特别搞笑的小镜头，让课堂气氛活跃无比。 |

续表

| 立意 | 解说 |
|---|---|
| 我们班的难忘故事 | 班级这个大家庭，喜怒哀乐常有常新，不同时间、不同场所，我们的故事丰富多彩。课堂上的争争吵吵，课间的嬉戏玩耍，赛场上的齐心协力，考场上的风云变幻，活动里的小小纠纷……每一件小事都有情谊，每件小事都能展现班级风采，把事件的起因、经过、结果，详略得当地写好，文章就出彩了。 |

## 欣赏点作文

# 我们班的"班妈"

南陵考生

在你的生命中，除了父母无微不至地关心你，还有人孜孜不倦地教导你，默默无闻地帮助你那就是老师……

现在算算，教过我的老师不下10个，但是最令我难忘的还得说我们六年级的"班妈"—徐老师。

> 母亲和老师的结合体"班妈"，开篇点题。

她年龄不大，也就30多岁的样子，一副眼镜稳稳地立在鼻梁上，一看就像一位学识渊博的人，事实上也是这样。

> 外貌描写，朴实、亲切。

她爱语文，也爱教我们学语文。还记得那堂课上，有位同学抱怨课文难懂，语文难学。是她，亲切地劝慰我们："你们说语文难学，我认同。因为它有许多知识要背、要记，也因语文文化博大精深。但是我想说的是，其实语文也是很简单的，它不像英语那样枯燥，也不像数学那样复杂多变，只要上课跟着我一起动起来，读读、说说、写写，我保证你们一定能找到语文学习的兴趣，一定能学好语文……"现在想来，她对我们认识语文和喜欢语文有着多么大的影响!

> 紧扣"她爱语文，也爱教我们学语文"，叙述她对"我们"的劝慰，表现她对"我们"认识语文和喜欢语文的影响。

> 段尾抒发感慨，赞美"班妈"的影响力。

她一直比较和蔼，严厉中也透着柔情。那是一个临近期中考试的中午，她叫人找到了我，见面时，她只是紧紧地盯着我，一动不动地，仿佛想从我眼睛里找出"虫豸"，我一看便知道自己"犯了事"，大气都不敢出一下。透过眼角的余光，我看见了那张"鲜血淋淋"的试卷，65分!她俯下身子，语重心长地对我说，"你这试卷怎么做的，

> 紧扣"她一直比较和蔼，严厉中也透着柔情"，叙写她批评"我"的事。

这么简单的题都做错了这么多！马上就要期中考试了，你这样怎么能考好……”像这样，老班唤醒同学的事常有。同学们常说，老班的眼神可犀利了，看一眼能知错，看两眼立马得改错。

还有一件小事，我不知道值不值得提，但是当时确实深深地教育了我们。那段时间，同学们不时地瞎传某个同学的谣言，弄得班上流言蜚语不断，气氛非常尴尬……徐老师为此开了主题班会，讲述了自己从小学到初中再到大学的交友之道，批评了班上的同学，还安慰受害者“身正不怕影子斜，不用在意那些流言蜚语”。徐老师帮我们这群迷茫的孩子拨正了航向。

我们的“班妈”徐老师，生活上陪伴我们，学习上指引我们，心理上劝慰我们，是我们的良师益友，是我们人生路上的指路灯。

经典素材

教育不仅是一种智慧，更是一种策略，让我们做一名智慧型的班主任。

“还有一件小事”，过渡自然，这件排解孩子世界纠纷的事对“我们”是人生观的开启。

卒章显志，画龙点睛。

看点解读

**1.真情化选材** 考生将目光聚焦到班主任身上，选材生活化，文章叙写班主任劝慰“我们”好好学语文、教育“我们”认真学习、帮“我们”排解纠纷，展现了班主任徐老师对“我们”的教育、影响。选实事，抒真情，文章于朴实中增强了亲切感。

**2.多角度叙事** 班主任和学生的相处故事很多，本文叙写徐老师劝慰“我们”好好学语文是启发兴趣；教育“我们”认真学习是教学严谨；排解学生间的纠纷是心理指导。选材角度不同，表现的特点稍有侧重，描写方法上也稍有侧重，这样多角度的叙事，使人物形象鲜明、立体。

## 满分思路

**开头：** 开篇点题—“班妈”徐老师让我难忘，引出下文事件。

**中间：** 回忆“班妈”引导、教育“我们”的事。
- 1. 班主任劝慰“我们”好好学语文。
- 2. 班主任教育“我们”认真学习。
- 3. 班主任排解学生间的纠纷。

**结尾：** 卒章显志，抒写对班妈的敬爱之情。

## 小考真题

亲爱的同学们，即将告别小学生活，肯定依依不舍吧。你可以提起笔来，写写那些难忘的老师或同学、难忘的一节课或难忘的一次活动等。题目自拟。

习作要求如下：①围绕中心选择材料，把过程写具体；②能写出自己真实的感受和想法；③能用上平时积累的语言，特别是有新鲜感的词句；④习作字数400左右。（提示：文中一律不用真名，可另编姓名代替。）

——2016年重庆卷

## 审题指导

本次作文的题目比较开放，其实就是要求写自己的小学生活，描写的对象有老师、同学、一节课、一次活动……这样一来我们选材的范围就很广了，只要是小学生活的素材就可以，如老师对自己的帮助、与同学之间的误会、与同桌之间的友情、一节难忘的数学课、一节有意义的体育活动课、学校的运动会、一次社会实践活动等。

作文题目中有提示，“即将告别小学生活，肯定依依不舍吧”，所以在写作时要围绕这一点来写，写出自己不舍的原因，或怎样不舍。

## 立意图解

| 立意 | 解说 |
| --- | --- |
| 难忘班主任 | 严厉的班主任，是学生慈爱的守护神。 |
| 难忘小伙伴 | 与伙伴们一起自由玩耍，天真烂漫。 |
| 难忘小草 | 学校花坛里的小草让“我”感受到生命力的旺盛与顽强。 |
| 难忘那节语文课 | 一节别开生面的语文课，让“我”学到了知识，又明白了道理。 |
| 难忘那次集体劳动 | 一次集体劳动，同学们互相帮助，大家一起完成任务，体会到合作的快乐。 |
| 难忘学校 | 舍不得自己的学校，那里有熟悉的老师、亲爱的同学，可又不得不离开…… |

## 欣赏点作文

# 老师的眼神

重庆考生

有一首诗歌名字叫《老师的眼神》，它通过老师的眼神来赞美老师。我喜欢这首诗歌，因为它写出了我的心声。

由诗歌引出下文，增加文章内涵。

老师的眼神像水那样清澈，就是那清澈的眼神创造了一个崭新的我。

运用比喻赞美老师的眼神。

在我难过时，她不像别人那样一味地安慰我。但她会拍拍我的肩膀，给予我力量。她不说话，只是静静地看着我。“一切都会过去的。”这是她常对我说的话。她那眼神里深情满溢。

**新新好句·眼神**

她这俨如天鹅般的眼眸，偶一流盼，如此甜美；柔丝般的、弓样的眉睫，荫掩着盈盈的双瞳。

在我受伤时，她的眼神又会告诉我“没关系，人生总不会一帆风顺”。

在取得好成绩时，我有时会得意忘形，她也会微笑地看着我。只是那眼神并不那么深情了，像是在警告我不要骄傲，同时又对我的行为表示不满，有时还带有批评的神情。每当我看到那眼神时，我翘起的尾巴就落了下来。

老师，你的眼神在我的心里是有声的，它甚至比有声的教育都有效。你的眼神给了我太多的帮助，它让我健康成长。

承上启下。

那是一次英语考试之后，同桌说我的英语没及格。我的英语成绩不是很好，可考试前的那段时间我特别努力学习英语，老师还主动帮助我。她每天早晨考我单词，给我讲解我没学会的语法知识。经过努力，我上课能听懂了，英语老师也夸我进步了，考试的时候我觉得自己答得还可以，为什么会不及格。我放声大哭起来。老师知道后找到我，看到她那关切的眼神，我感觉好多了。她看我不哭了，就出去了一下，一会儿拿着一张试卷回来了。

运用具体事件描写老师的眼神。

“及格了，及格了！”她一进屋就喊。原来同桌把我的成绩看错了，我的英语得了75分。我知道自己及格了，破涕为笑。她也为我高兴，眼神里跳跃着光芒。

老师，我长大了，你的眼神让我更好地成长。在今后的日子里，我还会在你的眼神下成长。

> 留有余地，给人提供想象空间。

**看点解读**

**1.点面结合，突出中心** 在写老师眼神的时候，写到“我”难过时老师安慰的眼神，“我”受伤时老师鼓励的眼神，“我”得意忘形时老师劝诫的眼神。这些都是从面上进行说明。而英语考试事件则是从点上进行描写，点面结合，突出文章的中心。

**2.角度新颖，内涵丰富** 作者从一个很小的角度——老师的眼神入手，截取生活中的横断面为我所用，视角很新。通过不同的眼神，我们能读出老师对学生的关爱，内容丰富。

**满分思路**

**开头**：由诗歌引出文章，丰富文章内容，增强文学色彩。

**中间**：点面结合来描写老师的眼神，突出中心。
- 1.描写“我”难过时，老师安慰的眼神。
- 2. 描写“我”受伤时，老师鼓励的眼神。
- 3. 描写“我”得意忘形时，老师劝诫的眼神。
- 4.描写考试失败时老师关切的眼神及成功时老师高兴的眼神。

**结尾**：总结全文，说明老师的眼神对自己的影响。

## 我的老师们

重庆考生

一位良师可以让我们受益终生。我感谢我的小学老师们，我常常想起我们在一起相处的日子。

> “我常常想起我们在一起的日子”引出下文的回忆。

记得我刚上小学时还很小，不懂事，很任性。在家里有爸爸、妈妈惯着，有爷爷、奶奶宠着，在幼儿班的时候，我的成绩也很好，老师也很疼爱我。可是一到小学就都变了，我不能理解老师对我的严格要求。我记不清曾经有多少次和老师使过小性，闹过小情绪，耍过小脾气。更过分的是，一次语文老师因为我的字写得太潦草，把我叫到办公室批评了一顿，当时我竟踹了老师办公室的门。可是老师并没有放弃我这个任性的小孩，反而更加关注我，这让我终于“改邪归正”了。一次，又一次……我已经不记得自己犯过多少错误了，可老师们的大度与宽容让我健康地成长了起来。

老师原谅自己的任性，并用爱来教育“我”。

老师，你们是值得我追忆的。六年的培养与教育体现了你们的呕心沥血与任劳任怨。语文老师就像一条小舟，载着我们在文学的海洋上畅游。数学老师就像一个坐标系，带着我们在数学的王国里钻研。外语老师就像一位导游，领着我们浏览那异域风情。

运用比喻手法赞美三位老师。

老师，如果说我的人生是一次远航，那么你们就是黑暗中的灯塔，为我指示方向；如果说我是一棵小树，那你们就是那树的根，为我提供充足的养料；如果说我的父母给了我生命，那么你们让我的生命更加丰富。“春蚕到死丝方尽，蜡炬成灰泪始干”，那是你们精神的写照；“落红不是无情物，化作春泥更护花”，那是你们行动的写照；“人类灵魂的工程师”，那是对你们最好的赞美。

**新新好句·老师**

是谁把雨露洒遍大地？是谁把幼苗辛勤哺育？是您，老师，您是一位伟大的园丁！

议论、抒情，表达对老师的赞美之情。

我走到哪里都不会忘记你们，因为你们奠定了我人生的基石。

## 看点解读

**1.首尾呼应，结构完整**　文章的开头点题，写出要回忆的是自己的小学老师；主体部分由语文老师说起，说明老师对自己的关爱，然后分别概括说明语文老师、数学老师和外语老师对自己的教育，接着用一组排比句表达对老师们的赞美；结尾用总结性的话语对老师进行赞美。

**2.比喻恰当，语言生动**　本文多处运用了比喻的手法，语言生动，为文章增添色彩。如在概括描写各个老师时，把语文老师比作一条小舟，把数学老师比作一个坐标系等。

## 满分思路

**开头：**开篇点题，引出下文对老师们的回忆。

**中间：**写老师们对自己的关爱和教育，表达对老师的赞美之情。
- 1.写自己的任性，突出语文老师对自己的关爱。
- 2.运用比喻赞美语文、数学和外语老师。
- 3.议论和抒情相结合，表达对老师的赞美。

**结尾：**结尾扣题，写出对老师赞美的原因。

## 小考真题

题目：人们常说“良言一句三冬暖”。暖，是一种心灵的体验，一般是指内心的温暖。

给人温暖的有时候是一句话，有时候是一个眼神，有时候是一个微笑，有时候是一阵掌声……在我们的生活经历中，你曾有过什么样的温暖体验呢？

请你以“温暖”为主题，写一篇习作。

要求：内容具体，有真情实感；题目自定；400字以上。

——2015年江苏无锡卷

## 审题指导

仔细阅读本题，我们发现题目由三个部分构成。第一部分告诉我们，“温暖”是什么？温暖是内心的一种感受。第二部分告诉我们，回味温暖的经历需要我们打开记忆的闸门，从脑海里搜寻这样的经历：是一个赞赏的眼神，一句贴心的话语，一个善意的微笑，或是一阵鼓励的掌声……第三部分则是具体的习作要求：以“温暖”为主题，自定题目；内容要具体，要有真情实感；字数在400字以上。

那么，如何写出一篇符合要求的高分作文呢？我们需要从以下三个角度着手：

**1.捕捉题眼，选取事件**

首先，我们要学会从题目中寻找关键的词语，也就是寻找题眼——温暖。接着，在头脑中搜寻出可以写的内容，是什么曾经带给我温暖的感受呢？是一句话，一个眼神，一阵掌声？这样一想，可以写的事情就很多了。

选择哪一个来写呢？我想：最好是自己经历过的，感受深刻的，这样才能保证有话可说，有情可抒。这么多可写的内容里，有没有别人也会写到的呢？要选择相对“陌生”的，也就是说，写的内容要尽可能与众不同，有独特性。

**2.设置场景，细致描写**

温暖，是一种内心的体验，而这种体验一定要在具体的场景之中表现出来。所以，要精心设置文中的场景。场景中，要有人物的对话、一系列的动作、丰富的表情等描写，最为重要的是要有心理活动的描写，这是作文的重要得分点。因此，要精心把这一方面的内容写具体。

除了写好上面所说的人物的语言、动作、心理等内容，在写作中，还可以适当地运用一些写作方法，让习作更有文采。比如，适当地运用修辞手法，让语言更生动；适当地安排环境描写，巧妙地借景抒情等。

**3.推敲结构，巧妙点题**

一篇高分作文，一定有着清晰的结构。开头和结尾如何安排？重点部分如何展开来写？我们要做到心中有数。这里，需要特别提出两点：温暖是一种感受，这种感受不能直白地写“我好激动啊”“我真的很感激啊”这样的语句，而是应该通过内心活动的细致描写突出出来。习作要讲究整体性，开头和结尾要适当点题，在具体的描写过程中，也要做到适当扣题。

## 立意图解

| 立意 | 解说 |
| --- | --- |
| 身处困境得温暖 | 写自己身处困境时，别人的一句话、一个眼神……让“我”的内心温暖起来。 |
| 特殊经历悟温暖 | 写一次偶然的特殊经历，感动了“我”，温暖了“我”的心。 |
| 家庭和集体送温暖 | 写家庭和集体带给自己的温暖和感动。 |
| 助人为乐，传递温暖 | 传递温暖，为需要帮助的人送去温暖。 |
| 多说“爱语”，施予温暖 | “良言一句三冬暖，恶语伤人六月寒”，对别人要多赞美，少挑剔，才会温暖他人。 |

## 欣赏点作文

### 两块面包

无锡考生

“怎么办？怎么办？”我在座位上皱着眉头，一个劲儿地念叨着。

> 先声夺人，这着急的情绪也瞬间感染了读者。

英语课代表看到我着急的样子，关心地问：“发生什么事了？说给我听听！”“我四点钟要去学钢琴，可……时间快到了，也没见我妈妈来接我！”我无可奈何地说道。“没事，我们去找沈老师，请她给你妈妈打电话。”沈老师那么忙，再说，我刚转学到这里不久，和沈老师还不熟悉，她会不会帮我呢？还没等我开口，课代表就已经把我拉到了办公室门口。

> 交代“我”着急的原因。

已经到了这里，不求助又能怎么办呢？我也只能硬着头皮用这个办法啦！

办公室的门没有关，我轻轻地喊了一声“报告”，声音轻得几乎连我自己都没有听到。我挪动着两条腿慢慢地来到沈老师的身边。沈老师正在批改作业，过了一会儿，她才发现站在一旁不敢抬头的我。“周婷婷，你怎么站在这儿？有什么事吗？”她能叫出我的名字，我心里一阵激动。沈老师的眼睛眯成了两道月牙，并露出两排洁白的牙朝我笑着。之前的担心立刻被风吹散了似的，我鼓起勇气支支吾吾地说明了来意。“哟，周婷婷，刚转来不久，学习适应吗？”我使劲地点点头。“好的！我马上帮你打电话。来，先吃点儿东西。”突然，她从抽屉里拿出两块好看的小面包，塞进了我的手心。我直摇手，“不要！不要！谢谢！我不吃！”沈老师不容我拒绝，“来，张开大嘴，听话！不吃饱了，等会弹钢琴会饿的，哪来的力气啊！”我只好张开嘴巴，接住塞过来的面包。我发现面包甜甜的，软软的。此刻，我的心里暖暖的，那香味伴着暖味钻进了我的心里……

在沈老师帮我打电话的当儿，课代表也进来了。为了表示对她的谢意，我把剩下的一块面包一下子塞进了她的手里。沈老师看看我们俩，我们都笑了！

**新新好句·焦急**

要报成绩了，我额上突然间多出了许多细细的汗珠。怎么还没到我啊？我的心胡乱地在胸腔里跳动着，一点儿节奏都没有。

“塞”字写出了沈老师的热情，写出了“我”当时的拘谨。

沈老师的语言热烈活泼，像火一样温暖着“我”。

三人都笑了，一幅多么美好、温馨、和谐的画面啊！

**看点解读**

**1.事件虽小，情谊深长** 围绕“温暖”这样的话题，作者能够从小处着眼：两块面包。一种最平常的小食品，作者的笔下，却成了最温暖的象征。老师很自然地将面包塞给“我”，并伴随着美丽的笑容和关心的话语，写出了一个关心学生的好老师的形象，更让“我”这样一个刚转来的学生对老师有了一种亲切感，内心的感动与温暖就自然而真切了。

**2.心理描写，真实细腻** 作者很细腻地进行了心理描写。在去找老师之前：“我”很犹豫，担心老师忙，自己刚来，老师可能还不认识。走进办公室：“我”害怕、紧张，几乎听不见自己的声音，说话支支吾吾。老师一微笑，一开口，瞬间打破了紧张的气氛，“我”的心里一下子变得激动而温暖。当面包塞进嘴里的时候，“我”的心里暖暖的，面包的香味伴着暖味钻进了“我”的心里。

## 满分思路

**开头：** 疑问开篇，设置悬念。

**中间：** 具体写“我”遇到难题向老师求助，老师帮助“我”的经过。
- 1. 承接上文，交代“我”着急的原因。
- 2. “我”向老师求助，老师热情地帮助了“我”，并给“我”面包吃。

**结尾：** 描写师生和谐相处的场景，自然收尾。

# 欣赏点 4：同窗风貌

# 准确展现同学少年的意气风发

## 小考真题

请以“我身边的______”为题写一篇作文。

要求：①先把题目补充完整，写一篇记叙文；②内容充实，不少于500字。

——2016年河南淮阳卷

## 审题指导

作为半命题作文，首先要做到补题顺畅，有利于自己的写作。“我身边的______”这个半命题题目的横线上可填写“感动”“风景”“关爱”“朋友”“志愿者”等等。这个题目既能写自己的经历和感受，也能写身边的人和事，有很宽广的写作范围，但要做到立意积极，弘扬正气，传递社会正能量。

要求写一篇记叙文，那就要做到有人物，有情节，尤其要突出细节。如果是着重写身边的一个人，要把人物放置在一定的故事背景中表现人物的性格特点；如果是写一件事，要表现明确的主题，在叙事的同时，注意运用抒情、议论等表达方式。总的来说，就是从自身或身边的现象入手，认真观察和体会生活，精当选材，通过写人记事来表达一定的主题思想。

## 立意图解

| 立意 | 解说 |
| --- | --- |
| “我”身边的感动 | 在“我”的身边，每天都上演着让人感动的情景。 |
| “我”身边的风景 | 谁说近处无风景，在“我”的身边就有美丽的风景。 |

续表

| 立意 | 解说 |
| --- | --- |
| “我”身边的好人好事 | 在“我”的身边，他经常热心帮助别人，“我”送他绰号“好事情”。 |
| “我”身边的爱 | 父母的爱时时就在“我”身边。 |
| “我”身边舍己为人的事 | 危急时刻他挺身而出，发生在“我”身边的那一幕让“我”永远也忘不掉。 |

## 欣赏点作文

### 我身边的好班长

淮阳考生

我们班有一个人，她像《水浒传》里的“及时雨”，却没有宋江的懦弱；她像《三国演义》里信守“忠义”的关公，却没有关羽的呆板；她像《红楼梦》中的“林妹妹”，但身体和性格却比林黛玉好太多了。她就是我们的好班长梁慧慧。在我们班男生女生眼里，班长漂亮、义气，守信用，有神通，她认定的事，没有她拿不下的。

> 排比开头，引入写作对象，概括介绍她的性格特点。

> **新新好词·智慧**
> 聪慧　伶俐　聪敏
> 魅力四射　博古通今

有一次，学校举行拔河比赛，她像变戏法似的给参赛队员每人弄来一双白手套，大家都说要把钱给她。她一挥手：“不用了，记得给班级争光就行了！”一副十分仗义的模样。

> 列举一桩小事，突出仗义。

男队比赛开始了，班长站在最靠近队伍的地方指挥，“左脚——右脚——”“幅度小点，左——右——左——”“步调一致起来！”她竭力地呐喊着，声音也有些嘶哑起来。绳子一点一点地往我班方向慢慢移动了。“继续！加油！继续！加油！”她大幅地做着摆臂的动作，和我班的啦啦队员一起呐喊助威。

> 细节描写，突出班长的能力。

“耶——”一声震耳欲聋的欢呼，我们班拿下了这场决赛的胜利。只见班长瘫软似的坐在了地上，顾不得抹去额头的汗水。这时，有两名男生想上前拉班长起来，只见她挥挥手，尽管是有气无力但又幽默地说道：“男女有别！男女有别！”害得两位男生不知如何是好。

> 一个动作、一句话，表明了班长活泼、幽默的性格。

班长的故事还有很多，为了守住“卫生流动红旗”，她坚持亲自在卫生区值日；为了让老师更好地辅导学生，课间休息时她给教地理的女教师揉肩捶背；哪位同学需要帮助，她总是自告奋勇地主动帮忙……

> 有详有略，多侧面展现班长的个性品质。

我们的班长梁慧慧，她有时很娴静，有时像个女汉子，但是大家都很喜欢她，她是我们心目中的好班长。

> 总结“她”的性格特点，结束全文。

**看点解读**

**1.动态写人，详略得当**　本文着重写了一个人物，而且把人物放置在一定的故事背景中进行介绍，让读者更具体地了解了这个人物的性格特点。文章不是平均使用笔墨，而是重点写了一件事，略写了其他事件，显得详略得当。

**2.用词准确，语言优美**　本文用词准确，“像变戏法似的”“竭力地呐喊”“震耳欲聋的欢呼”“自告奋勇”等词语或短语运用得恰如其分。从整体上来看，本文语言优美，开头即用排比，句式整齐；结尾部分准确概括，收束有力。

**满分思路**

**开头**：运用对比，引入对象：把班长和名著中的人物作对比，突出其个性。

**中间**：列举事例，彰显特点。
- 1.给队员买手套，表现出仗义的一面。
- 2.赛场指挥，尽显智慧与能力。
- 3.略写其他事件，多侧面表现美好品质。

**结尾**：概括特点，表达情感：班长娴静，又有女汉子的一面，大家都喜欢她。

## 我身边的好朋友

淮阳考生

人生道路上，朋友是不可或缺的。朋友给我帮助，朋友给我温暖，朋友给我快乐……下面我为大家讲述的就是我与一个好朋友的故事。

> 排比句强调朋友在成长道路上的重要性，引入下文。

他叫于邦杰，我们从小学三年级时开始同学。他学习很好，每次考试都在班内名列前茅。他不光学习成绩好，而且乐于助人。

> 学习成绩好、乐于助人，是好朋友的特点。

我们俩每天都一起上学，一起玩耍，简直是形影不离。我们俩平时都以绰号相称。但我和他之间发生了一件不愉快

> 话题一转，叙述事件。

的事，差点导致我们丢失一份珍贵的友谊。

那次，我们有一个集体活动，我们班同学排队进场，而他恰好在我的前面。我正走着，不小心踩到了他的鞋子，我刚想抬起脚，“啪”又踩到了他的鞋子。他猛地转过身，生气地说：“你是故意的吧？”我正要向他道歉，不小心又踩到了他的脚。“你别这么找茬！”他瞅了我一眼，头就转回去了，连让我给他道歉的机会都不留。当时，我心里很纠结：天啊，这是我倒霉呢还是他倒霉呢？从那以后，他一直没有理我。

有一天上数学课，老师打算讲题，先在黑板上写了几道题让同学们做。我很快就把前面的做完了，最后一道题怎么也想不起该怎么做。老师开始让同学们依次讲解了，恰好让我给同学们讲最后一道题。天啊！我只得卡在那里。“你怎么回事？这样的题我们做过多少遍了，你怎么还不会？”老师的话在我耳边回响。“老师，我替他讲吧！”一个熟悉的声音从我身边响起。不错，是于邦杰，在我最为难、最难堪的时候，他又一次帮助了我。

下课后，我感激地跟他说：“你不生我的气了？”

“那次是我不好，我们还是好朋友。”他爽快地说道。从此，我们再也没有闹过别扭，成了永远的好朋友。

**新新好词·宽容**

理解　沟通　包涵　体谅　互谅互让　换位思考

具体交代发生不愉快事情的过程。

心理描写符合实情。

**新新好句·朋友**

“你需要帮忙吗？”看似寻常的一句话，让我的生活每天都阳光明媚。

再叙述一件事，表明好朋友不但能宽容别人，而且有乐于帮助别人的好品质。

交代事情的结局，收束全文，进行点题。

**看点解读**

**1.准确定位，精当选材** 对于身边的好朋友，作者了解、熟悉他，“学习成绩好，乐于助人”就是对他品质的准确定位。围绕着上述品质定位，作者再选取合适的材料进行写作，从而表现了好朋友的特点。

**2.巧妙叙事，过渡自然** 虽是生活中的小事，但作者在叙事的时候抓住了侧重点，既有细节，又突出了表现主题的情节，叙述巧妙；而且文章过渡自然，转换话题、两个事件之间的衔接都很合理。

## 满分思路

**开头：** 讲述道理，引入下文：朋友有益成长，下面讲述“我”与朋友的故事。

**中间：** 叙述事件，彰显品行。
- 1.先交代好友情况，介绍与他的关系，转换话题，叙述事件。
- 2.我不小心连踩了朋友的脚，造成了误解与关系生疏。
- 3.数学课上，好友临危救场，让我感激，我们关系和好。

**结尾：** 收束全文，篇末点题。

## 小考真题

六年的小学生活中，总有一些人给过我们帮助、教诲、关爱、启迪……让我们收获感动、进步、成长……

请你以“是你，改变了我”为题，写一篇习作。

要求：语句通顺，内容具体，有真情实感。不低于400字。

——2016年江苏无锡卷

## 审题指导

所谓解题，就是要仔细读题，从题目中寻找关键词，并学会分析，知道写什么，明确如何写。学会解题，对写好习作来说非常关键。

**1.读懂“写什么”**

第一，明确题目中的“你”可以是谁。

从第一句中，我们发现这个人是在“六年的小学生活”中出现的，那么，这个人就可以是学校里的老师、同学，可以是家庭中的父母、亲友，也可以是社会上的陌生人，甚至可以是书籍、影视中的人物等。

从“给过我们帮助、教诲、关爱、启迪……”可以看出，这个人不是一般的人，他（她）曾经帮助“我”、教诲“我”、关爱“我”、启迪“我”……想到这里，这个人就在我们的心目中逐渐清晰起来了。

第二，要理解“改变了我”。

如何改变的？改变是一个过程，那么，这是一件什么样的事情或者什么样的话语，让“我”发生了改变呢？写作的时候需要在具体的故事情境中来体现。

改变了“我”的什么？带给了“我”心理上或者是行动上的改变都可以，比如从自卑变得自信了，从胆小变得勇敢了，等等。

**2.明确“如何写”**

第一，再次聚焦题目。“是你，改变了我”，文中适宜用“你”这个称呼，就像是在面对面地倾心交流，可以写一般的记叙文，也可以写成书信。

第二，聚焦要求。“语句通顺，内容具体，有真情实感”，这里的“内容具体”，是要求把文中“你”如何影响“我”的过程写清楚；这里的“真情实感”，就是要把“我”在这个过程中不同的情感历程真实地写出来。只有做到了这些，而且字数达标，才能称得上是一篇好作文。

## 立意图解

| 立意 | 解说 |
|---|---|
| 你让“我”变得坚强 | 你的眼神，让“我”学会坚强。 |
| 你让“我”学会了爱别人 | 你给予我的爱，让“我”学会了主动去爱别人。 |
| 你让“我”变得自信 | 你的帮助，让“我”变得自信。 |
| 你让“我”变得感恩 | 与你的交往，“我”学会了感恩。 |

## 欣赏点作文

### 是你，改变了我

无锡考生

瞧，那最整齐的教室就是我们班；听，那最有韵味的读书声也是我们班；看，那些最天真无邪的笑脸，当然就是我们……读到这里，你是不是以为我们班每个同学都非常优秀，绝对不会有什么坏毛病？不！不是的！别人我不敢确定，但我自己肯定有坏毛病。小气，小自私，小调皮，不爱劳动，这些几乎都在我身上聚齐了，尤其是小气，是特别小气！听了这些，你们一定不敢和我玩儿了吧？一定觉得我是班里最坏最坏的小孩儿了吧？恰恰相反，我现在已经是个十分大方、乐于助人的小小男子汉了！我怎么会有这么大的变化呢？是谁有这么大的魔力？

> 用排比句写出了班级、同学的美好，但，这些是为突出其中的一个不和谐的分子——“我”，小气的“我”。

> “尤其是小气，是特别小气”，突出强调，同时又不乏幽默。

> 一系列的追问引发读者的思考，设置悬念。

故事要从那个星期五的美术课说起。那天，我自以为美术工具都带齐了，所以在别人问我借的时候，我都不给！“他怎么这样啊？不就是借他把剪刀用用嘛！”“就是，我向他借东西也一次没给过呢！他同桌多好，那才是真正的男子汉！”开始，我不想同他们计较，可是一听到他们几个叽叽喳喳地在背后说我，关键是还夸我的同桌，我的气就不打一处来。我的同桌怎么好了？不就是长得帅气一点儿、成绩好一点儿、对人爱笑一点儿，哦，还有，不就是当了班长嘛！有什么了不起的！如果不是正在上课，我一定和他们几

> 排比句把班长的特点写出来了。但作者却是反着用的，以此写出“我”的不屑、气愤，很幽默。

个理论理论！

“起立！”“同学们好！”老师用了较高的、甜甜的嗓音回道，“请坐！”美术老师长得很漂亮，但她是个冰山美人，对同学们的学习要求可严厉了，大家都像怕班主任一样怕她。“今天大家的紫砂都带了吗？”她用火眼金睛将每个同学的脸都扫了一遍。我心中一惊：紫砂泥？惨了，我出门时忘在餐桌上了！当老师看向我的时候，我有些做贼心虚地低下了头！这一举动，没有逃过老师的法眼，她看着我说：“AA，你是不是忘记啦？”我很担心在这么多同学面前被批评，所以吞吞吐吐地说:“我……”就在我不知道该怎么办的时候，同桌塞给了我一块光滑的紫砂泥，并且抢着回答老师说:“他的有一点儿小！”说完还向我投来了一个安慰的笑容。我愣住了：我刚刚还在心里偷偷因为别人夸他而心生不满，没想到，他竟然冒着被老师骂的危险来帮我……这场危机就这样过去了，成了课堂上的一个瞬间即逝的小插曲。可正是这个小插曲，让我感受到了被帮助是一种什么滋味！

从那以后，我以班长为榜样，待人既大方，又宽容，同学们都悄悄说“不认识”我了呢！

**新新好句 · 讨论**

同学们纷纷议论起来，教室里像炸开了锅似的，有的交头接耳，有的窃窃私语，有的低头深思……

“扫”字很巧妙地写出了美术老师的特点——严厉。

描写班长的言行，他机智地为“我”解了围。

结尾回答了开头的疑问：是谁改变了“我”？班长。

**看点解读**

**1. 前后对比，突出变化** 之前的“我”是“小气，小自私，小调皮，不爱劳动，这些几乎都在我身上聚齐了，尤其是小气，是特别小气”，现在的“我”是“待人既大方，又宽容”。这样前后对比，突出了“我”的变化。是谁改变了“我”？是那“长得帅气一点儿、成绩好一点儿、对人爱笑一点儿”，更是“待人既大方，又宽容”的班长。

**2.思路清晰，语言幽默** “他”是如何改变“我”的呢？这是习作的重点部分。作者先写自己自以为带齐了东西，暗自得意，不肯借人。然后，刻画美术老师的严厉，及发现自己忘带了东西。最后写班长机智地为“我”解围。文章思路非常清晰，而且语言幽默风趣，读起来轻松自然，使读者深受启发。

## 满分思路

**开头：**在对比中强调“我”的小气，设置问题，造成悬念。

**中间：**具体描写“他”是如何改变“我”的。
1.“我”不借给同学东西遭到议论。
2.美术老师严厉登台，“我”忘带紫砂。
3.班长出手巧妙为“我”解围。

**结尾：**紧密扣题，揭晓答案。

# 是你，改变了我

无锡考生

A A：

你好！转到新的学校快一年了吧？今天，是我的生日，望着眼前的蝴蝶书签，我又想起了你。

> 看到书签，想起朋友，自然地引入正题。

去年的今天，我正在教室里看书，你走到了我身边，用神秘的眼神看着我：“今天是你生日吧？”

我当时虽然很疑惑你是怎么知道的，但还是点了点头。

“喏，这是送给你的生日礼物。”你摊开手，将手心里的东西递给了我。我定睛一看，哇，那是一个做工非常精致的书签！书签是一只金色的蝴蝶，花纹部分是镂空的，蝴蝶雕得活灵活现，仿佛将它拿出来，它就会朝着蓝天飞去。金色的阳光洒在它身上，原本金色的蝴蝶，更是变得光芒四射。

> 描写细致、生动，让人眼前一亮。

> **新新好句 · 工艺品**
> 小宝塔的塔身呈牙黄色，远看像象牙雕刻成的。一层层塔檐排列整齐，还有金黄而透明的有机玻璃的底座，凹凸分明，有棱有角，十分美观。

看着这个礼物，我感动极了，只觉得一股暖流涌上心头。

你笑了笑，问我：“你知道为什么我要送给你一个漂亮的蝴蝶书签吗？”看我摇了摇头，你说：“蝴蝶是美丽的、高贵的，但是它只会到精彩绽放、香气弥漫的花儿那里去采蜜！其实每一个人都是一朵小小的花，有的花，努力吸收阳光雨露，开出了最美丽、最精彩的花朵，而有的人根本就不懂怎样开放！我送你这个就是想告诉你，绽放精彩，蝴蝶自来！”

> “绽放精彩，蝴蝶自来”，语言精辟，道理深刻！

知道吗？你说的话我想了好久，它潜移默化地启发了我。我将你给我的蝴蝶书签放在书里，每当我学习遇到困难，想要放弃时，它就会提醒我：要坚持下去，绽放最美的自己！慢慢地，我发现我在改变：从粗心到细心，从经常跑神儿到专心听讲，从写字潦草到作业工整……我知道，只有不断努力，才能绽放出最美丽的花朵！

运用排比句式，写出了朋友带给“我”的变化。

此刻，我非常地想念你，我真想对你说：“谢谢你，是你用饱含深刻道理的话启迪了我，使我进步，促我成长！”

祝你学习进步，天天快乐！

结尾点题，表达感激之情。

你的朋友：B B

2016年6月20日

**看点解读**

**1.巧用书信，表达感激** 作者在文体上运用了写信的方式，把自己的变化向朋友倾诉，同时表达了自己的感激之情。习作的形式与众不同，有创意，习作的内容真切，自然，有真情。

**2.语言凝练，寓意深刻** 本文语言准确、凝练，如“其实每一个人都是一朵小小的花，有的花，努力吸引阳光雨露……绽放精彩，蝴蝶自来”“从粗心到细心……从写字潦草到作业工整”等句子，寓意深刻，极具表现力。

**满分思路**

**开头**：表达思念，由蝴蝶书签想到朋友。

**中间**：回忆往事，表达朋友对“我”的改变。
- 1.朋友送“我”蝴蝶书签。
- 2.用对话表现书签的深意。
- 3.描写“我”的变化。

**结尾**：点明题目，表达祝福。

## 小考真题

题目：我们身边生活着形形色色的人：熟悉的、陌生的、漂亮的、丑陋的、善良的、可恶的、可爱的、讨厌的、慈祥的……怎样才能让这些人物在我们的笔下活起来呢？

请选择你印象最深的一个人，用事例把这个人物的个性特点表现出来。题目自拟，500字以上。

——2014年辽宁沈阳卷

## 审题指导

这是一篇写人的文章，可写的内容很多，角度很广。如：可以写某个亲人对自己的爱，可以写朋友对自己的帮助，可以写老师对自己的教导。不管写谁，要从这个人物的个性特点入手，写出他（她）让你印象最深刻的地方。由于是自拟题目的作文，因此拟题是关键，也就是确定好写作对象和写作目的。题目一定要有新意，紧扣文章中心。在具体的写作中要注意以下几点：

**1.精选事例，以事写人**

写人离不开写事，因为人物的特点总是在具体事例中表现出来的。写人的文章应以写事为主，事例可以使人物个性更鲜明、形象更丰满，能突出人物的性格特点。如：写班上一个个性鲜明的同学，就应该选择他（她）与众不同的事例，比如用上课时最多能坐5分钟、一下课就生龙活虎等来表现他的特点。

**2.抓住细节，写出特点**

每个人因其年龄、性格的不同而各具特色，写人的文章一定要写出人物的特点来。人物的特点可以通过外貌、语言、动作、心理活动等细节来展现。如写人物坐不住的特点时，就可以通过对人物的动作、神态等进行描写来突出人物的特点，使人物形象跃然纸上。

## 立意图解

| 立意 | 解说 |
| --- | --- |
| 写家人的爱 | 写妈妈为了照顾生病的“我”，连续几夜没有休息，表现妈妈对“我”的爱。 |
| 写同学的友善 | 写同学宁愿自己挨雨淋，也要把雨伞借给“我”，表现他的友善。 |
| 写朋友热爱学习 | 写朋友特别爱看书，已经到了废寝忘食的程度，表现他的爱学习。 |
| 写陌生人的乐于助人 | 写一个修理铺的爷爷免费为“我”修自行车的事，表现他的乐于助人。 |

## 欣赏点作文

# 我班有个“高富帅”

沈阳考生

告诉你们，我们班那个“高富帅”名不虚传哟！不信？听我介绍完就不由你不信了。

在我们班上，他的个子相当高，身材挺拔，乌黑发亮的头发理得短短的，浓浓/弯弯的眉毛下有一双水汪汪的大眼睛。这可不是吹的，他要真站在你面前，你还真觉得眼前一亮，然后不由自主地赞叹：“的确很高！的确很帅！”

说到“富”吧，在他身上体现出两个“富”。我们先说第一个“富”：他的语言非常丰富。

上课了，老师在讲，他的嘴里也叽里咕噜不知道说些什么。当他发觉老师的目光在向他“扔飞刀”时，他停了下来，装作认真听课的样子。当老师的目光移开时，他又开始了自我世界里的丰富语言的吐露。

下课后，他跑到老师身边，开始解释：“我妈昨天上重庆去了，没有给我看作业，所以没有签字……”老师瞟了他一眼，他又自言自语：“我们昨天去好友山庄吃饭了，那里现在更宽敞了，整了好大一块坝子来停车……”老师瞪了他一眼，他又开始喋喋不休：“我爸爸昨天告诉我，一定要好好学习……”上课铃响了，老师白了他一眼，他走了。

接下来我们说他的第二个“富”吧，准确地说，应该是“富”的同音字“负”。

班上现在有加分和扣分制度。他经常不完成作业，上课说话，课文不能按时背……所以他被扣了好多分。组长汇报的时候，说他已经负了好多分了。老师怜悯他，就说：“他每天领鸡蛋、牛奶应该加分。”可是那个加的分怎么能抵得上他被扣的分呢？所以，他负的分越来越多。现在，他已经负了好几百分了，跟我们班的最高分相比，他差了一千多分了！够“负”吧？

听了我的介绍，你能不承认他是我们班的“高富帅”吗？

> 巧设悬念，照应题目，引起读者的阅读兴趣。

> 外貌描写抓住特征，突出人物高、帅的特点。

**新新好词·男孩**

仪表堂堂　威风凛凛
落落大方　眉清目秀
相貌堂堂　风度翩翩

> 老师的“瞟”“瞪”“白”，突出了“高富帅”话多的特点。

> 过渡自然，衔接巧妙。

**新新好句·男孩**

他的眼珠像乌黑的玛瑙，黑发有丝绸般的光泽，衬衣虽然有些破旧，但穿在他身上依然有种王子般的矜贵。

> 前后照应，反问使文章更生动。

### 看点解读

**1.人物描写，精彩亮丽** 作者善于从多方面刻画人物：外貌描写，突出“高富帅”的“高”“帅”；语言描写、侧面描写突出他的语言丰富，表现他另一层含义的“富”。语言生动活泼，使读者在阅读过程中会心一笑：的确是“高富帅”！

**2.选材新颖，思路清晰** 作者很善于观察生活，能敏锐地捕捉一个个有趣的瞬间：上课时、下课后的表现等，从这些细小的事情中体现出人物的性格特点。在行文过程中，先略写外貌“高”“帅”的特点，然后通过具体事例详写含义深刻的“富”的特点，思路清晰，语言流畅。

### 满分思路

**开头：** 设置悬念，引出文章要描写的人物。

**中间：** 详细介绍“我们”班的“高富帅”。
- 1.描写外貌，突出人物“高”“帅”的特点。
- 2.描写人物的第一个“富”：语言丰富。
- 3.描写人物的第二个“富”：实际上是同音字“负”，他因不守纪律而被扣了很多分。

**结尾：** 反问收尾，照应开头。

# 比高

沈阳考生

“我比你高！”“我比你高！”一个矮矮胖胖的身影站在小区门口与我比身高。她，就是我的邻居李多多。

> 开头新颖，具有先声夺人之效。

我俩是邻居，上幼儿园就是同一所，一直到小学，从来没有分开过，可以说是形影不离了。我觉得多多哪方面都好，就是太小气。比如说吧，买一支雪糕要两元，棒棒冰只要一元，她就总是买棒棒冰，从不买雪糕，剩下的钱就存着。又比如，周末出去玩，我是带着汽水，可她呢？白开水一壶。我想她一定是怕花钱，舍不得买。我常常取笑她：“你是中国的葛朗台。”她只是跟我笑闹一阵就罢了。

> **新新好词·女孩**
> 乖巧　红润　水灵
> 湿润　瘦削　唇若丹霞

> 欲扬先抑，写她的“小气”，为后文写她的慷慨埋下伏笔。

转眼间几年过去了，我们即将毕业了。一天，她对我说：“这个星期五放学后，我们到望州公园去玩儿，好吗？我攒了七十九元钱，大概够用了。你呢？”“我？我当然要去。钱这个问题嘛……我去找爸爸、妈妈要。”我马上干净利落地回答，脸上乐开了花。

星期五下午放学，我去接多多，只见她欢天喜地地跑出校门，一转眼就混杂在了人群当中。她很快看见了我，脸立刻沉了下来。

“怎么，就这么讨厌我？”我轻松地调侃。

“不，不是。”她支支吾吾地回答，不敢看我，“昨天蔷薇家失火了，当时，她家里一个人也没有，家具、衣服、电器和其他许多东西都烧光了……所以，我把随身带的七十九元钱全部都捐了……”说罢，多多一脸歉意地望着我，“实在对不起啊，我不能和你一起去公园了……”

“我不怪你，真的不怪你，”我心里一阵温暖，拉拉她的手，“反正时间很多，改天去也一样……”

站在小区门口，我们又开始了新一轮的比试：“我比你高！”“我比你高！”这次，我并没有与她争。我承认，她是比我高。是的，她比我高！

> 对比：一个是用自己攒的钱，一个是找家长要。
>
> **新新好句·神态**
>
> 那圆圆的小脸蛋上嵌着一双水灵灵的大眼睛，嘴唇薄薄的。一笑，嘴一咧，眼睛一眯，两个小酒窝就出现在脸蛋上。
>
> 神态、语言的描写使善良的多多跃然纸上。
>
> 语意双关，首尾呼应，升华主题。

**看点解读**

**1.对比描写，有详有略** 作者通过多多的一详一略的两个小故事的对比，来体现多多的慷慨与无私。舍不得买雪糕吃，只买棒棒冰；同学蔷薇家失火，放弃去公园玩的机会，却把自己攒的零花钱全部捐给同学。作者用对比的手法，让人物性格鲜明。

**2.首尾呼应，主旨鲜明** 文中以“我比你高”开头，引出下文，结尾以“我承认，她是比我高。是的，她比我高”来呼应前文，升华文章主旨，使多多高大的形象矗立在读者面前。

## 满分思路

**开头：**以人物语言开篇，吸引读者注意。

**中间：**通过两个具体事例写“我们”比高的过程，体现人物特点。
- 1.略写多多“小气”的表现。
- 2.详写多多的慷慨大方——捐款给同学，突出多多无私、善良的品质。

**结尾：**呼应开头，含义深刻，表达了“我”对多多的赞美之情。

# 欣赏点 5：凡人赞歌

# 讴歌平凡人的善良和胸怀

## 小考真题

题目一：在我们的生活中，有许多具有高尚品德的人，他们见义勇为，坚强果敢；他们勇挑重担，无私奉献……请你选择一个，写一写自己最敬佩的人。

题目二：即将告别陪伴你五年的小学老师和同学，请给你的老师或同学写一封信，说说自己的心里话。

选题作文不少于 400 字，文中不得出现人物真实姓名。

——2017 年黑龙江鸡西卷

## 审题指导

2017年黑龙江省鸡西市小考作文是一道二选一的作文题，基本上遵循了近几年的命题规律，但稳中有变，稳中求活。2016年考查的是一道写人、叙事均可的题目，今年的两道作文题则均指向了写人，写作的范围明显缩小。这两题，实际上指向了考生的学科素养和核心素养，体现了作文教学从“学科教学”向“素养培育”的转变。从考场写作来看，难度并不高，确保每一名学生都有事可写，有话可说，有情可抒。这样的命题，呼应课程改革，立足核心素养，引领课堂教学。

**1.审题目**

审题时要有一双慧眼。都说“慧眼识珠”，只有抓住题干中的关键词，才能写出好作文。文题一要抓住“敬佩”一词，去发掘人物身上的优点。这个优点除了题目提示的以外，还可以是诚信、友爱、感恩等美好的品行修养，可以用叙述、描写的方式呈现出来。文题二更注重情感的抒发，但不能是无本之木的空洞抒情，而是抓住“心里话”一词，来叙说让自己感动、留恋、难忘的事件，在叙事的基础上淋漓尽致地抒情。审题时要注意，无论哪个文题，都只能写一个人或围绕一个人来写作。

**2.审立意**

立意时要有一颗真心。都说“心诚则灵”，只有用一颗诚心去确立文章的中心，文章才有“灵魂”。文题一可注重突出人物的果敢、坚毅、担当、诚信、善良、友爱等，既可通过详细叙述一件事来突出该人物让“我”敬佩的原因，也可以通过叙写多件事突出所写人物的品格对“我”的影响。文题二的“灵魂”则在于通过叙事来抒发情感，让情感的溪流汇聚成师生、同学之间的真情海洋。既可以是真情的长存，也可以是误会的消散，还可以是真诚的感恩，更可以是人生的启迪和助力。

**3.审结构**

布局时要有一根筋脉。都说“通筋活络”，确切地说文章的布局关键在骨架和脉络。布局好的文章脉络畅通，又筋骨相连。结构清晰又严谨，文章自然清新爽眼，在众多考场作文中就能脱颖而出，获得高分。文题一如果全文只写一件事的话，可以运用贯穿全文的“线索”让人耳目一新；写几件事的话，可以用排比段、小标题等让人眼前一亮，也可以运用插叙写法，让人赏心悦目。文题二必须突出“情感”主线，可以在叙事的基础上最后抒情，也可以边叙述边抒情，同时要注意书信的格式和人称。

## 立意图解

| 立意 | 解说 |
| --- | --- |
| 写一个品行高尚的人 | 选择一个自己熟悉的人某一方面优秀的品质，如善良、守信、勤奋、奉献等，通过叙述相关的事，描写相应的细节，突出自己从该人物身上获得的启发，从而突出其让自己敬佩这一中心。 |
| 写一个风趣幽默的人 | 无论是熟悉的人，还是陌生的人，抓住其语言、动作等方面风趣幽默的表现，通过相应事件的场面描写，突出这个人阳光的心态、乐观的性格、宽广的心胸等，呈现其让自己钦佩的一面。 |
| 写一个具有缺陷的人 | 从自己身边熟悉的人中，选择一个精神、性格或身体某方面有缺陷的人，如性格孤僻、智力缺陷、身体残疾等，选择其自强不息、勇敢地向命运挑战的事迹来叙述，表现他顽强的精神。 |
| 写一个值得感恩的人 | 从自己的恩师和同学中选择一位给自己留下深刻印象的人，回忆与其相识、相知、相离的事件，抓住其对自己思想、学业、精神、品质等方面的影响，从而表达对其的感恩及思念之情。 |
| 写一个值得怀念的人 | 成长的经历中，总会有那么一位老师或同学让你怀念，其精神、人格成为你成长中的支柱或动力，即使你毕业了，也会念念不忘。选择一件或几件具体的事用书信体抒发情感。 |

## 欣赏点作文

# 让我敬佩的陌生人

鸡西考生

雨淅淅沥沥地下着，我一手举着雨伞，一手掏出手机，将通讯录中的“小于”拉入黑名单，然后轻松地吐了一口气。

> 开篇设疑，引起读者思考：为什么把小于拉入黑名单？

小于是我的同班同学，可偏偏就是这位同学将我的生活扰得鸡犬不宁。他隔三岔五给我打电话，不是问这道题怎么做，就是问那道题是不是出错了。我怎么可能有那么多的时间来管他，于是将他拉入了黑名单。

> 解答疑惑。

但是不知什么原因，我总觉得将他拉入黑名单这个行为有点儿怪怪的，仿佛雨在淅淅沥沥地骂着我，狂风也在呼呼地吼着我，就连树枝也在沙沙地向我示威。但我也管不了那么多，继续向前走去，突然，一脚踩空—

> “怪怪的”，雨、风、树的指责，促使“我”反思，为下文跌倒作铺垫。

“扑通！”我重重地摔在了地上，雨水瞬间沾湿了我的外裤，鲜血从膝盖处流了出来。我用手支着地面，雨伞早已不知去向。疼痛使我紧咬着牙关，泪水涌出来，淌在我的脸上。“好痛。”我忍不住呻吟出声。

路人涌了过来，围在我的周围，他们的脸冷冰冰的，眼神空洞洞的，僵硬的嘴一张一合，发出机器般的声音，但没有人伸出援手。我默默地低下了头，想要站起来，却没有力气。

> “冷冰冰”的脸，“空洞洞”的眼神，写出了路人的冷漠，这与“自己”不愿助人的行为“不谋而合”，再次促使自己反思。

突然，一只温暖的大手向我伸过来，我愣了一下，抬起了头。

我望着他，他望着我，他那明亮的眼睛发出明亮的光，充满了暖意。他冲我笑笑说：“我扶你站起来吧！”

我也向他伸出了手，他那强有力的手将我拽起，一瞬间，我感觉身体充满了力量，我站起来了。

> 强有力的手拉起“我”，让“我”的身体站起来了，同时也让“我”的心立了起来。

我笑着向周围看去，路人们早已散了，回过头，那个男人已不知去向，可是我的心却依然是那样暖，我也要学会帮助别人。

我拿出手机，怀着足够的勇气，拨打了小于的电话。

### 看点解读

**1.精雕细刻，细节显神** 文中对人物神态、动作的细节刻画准确到位。如“我”摔倒后路人围观时的神态描写，“他”拉起“我”时的神情、语言描写，还有“我”把“小于”加入黑名单后的心理描写，作者都能从中捕捉到典型的细节进行描摹，突显出人物的性格，让塑造的人物活灵活现地跃入眼帘，同时其品格也得以彰显。

**2.侧面描写，景物烘托** 本文重点写“我”的“心路历程”，突出的是“我”的变化，从事不关己、高高挂起，转变到也能关心帮助别人的这一过程。在描写“我”转变的过程时是循序渐进的，既有风雨、树木的景物描写推动，还有“我”跌倒时的疼痛作铺垫，又有路人冷漠的侧面烘托，更有“他”对“我”的帮助这一正面引领，使转变过程非常自然，也使“我”的形象更鲜明。

### 满分思路

**开头：** 描写“我”将“小于”拉入黑名单，设置悬念。

**中间：** 描写“我”转变的经过，详写“他”对“我”的帮助。

1.先交代“我”把小于拉入黑名单的原因，再写自然景物对“我”的嘲弄。

2.写“我”跌倒后的狼狈情形，又细致描写了路人的冷漠。

3.写“他”帮助了“我”，然后默默地离开，这一行为促使“我”转变了态度。

**结尾：** 以“我”给“小于”拨打电话作结，与开篇“我”把小于“拉入黑名单”相呼应，结构严谨。

## 小考真题

请以“为您点赞”为题，写一篇450字以上的作文。要求内容具体，语句通顺，有真情实感，别忘记把字写漂亮噢！

——2016年江苏南通卷

## 审题指导

这是一道全命题作文，题目的中心词（题眼）是“点赞”。点赞，是网络用语，表示“赞同”“喜爱”的意思，是心理上的认同，即看到某个偶像、某人的高尚举动，或听到某人的精妙言论等，而产生支持、赞同、偏爱、欣赏等态度。点赞是对他人的关心，是一种肯定与欣赏，是一种有形的正能量。题目规定的点赞对象是“您”，我们从中可以分析出两个注意事项：一、文章是“记人”的；二、文章应使用第二人称“您”，不宜用第三人称“他”或其他人称；或者在文章结尾以第二人称直抒情怀，为其点赞。文章所选的事例必须是正面的、积极的、充满正能量的。同时，行文中应不忘抒发自己的感慨。

## 立意图解

| 立意 | 解说 |
| --- | --- |
| 为偶像点赞 | 可以为体育明星姚明点赞，赞扬他努力拼搏的精神。 |
| 为邻居点赞 | 可以为邻居劳动模范张大伯点赞，赞扬他热爱劳动、热爱生活的精神。 |
| 为陌生人点赞 | 可以为扶起摔倒在街上的老人的陌生人点赞，赞扬他乐于助人的品质。 |

## 欣赏点作文

### 为您点赞

南通考生

在同龄人中，我最敬佩的是姐姐。

姐姐今年读九年级，脸上爬满了青春痘，戴着一副黑边近视眼镜，留着长长的头发，很飘逸，很文静。身高嘛，比我这个妹妹要稍稍矮一些。可能是因为我好动吧，所以长得快一点。当然她一点都不介意身高，因为除了身高之外，她什么都走在我的前面。

> 从外貌到性格，句句都饱含着对姐姐的敬佩之情。

姐姐让我佩服的地方有很多，诸如学习专心、口才超群……特别是那颗心啊，好得没法说！

> 过渡自然，使上下文衔接自然。

记忆中，我刚懂事时，爸爸、妈妈因公司里的事经常吵架。一开始，我和姐姐常常不知所措，而且时常被吓哭。后来，只要发现爸爸、妈妈动怒，姐姐就抱起我走进书房，让我听音乐或者看电视。渐渐地，我竟觉得爸爸、妈妈吵架少了！可事实并不是这样，现在我才明白，姐姐当时就是为

> 小小年纪，便有如此心思，了不起！选材得当。

了分散我的注意力，不想让我听到爸爸、妈妈的吵闹声。姐姐，真可谓用心良苦啊！

还有一件事让我对她佩服得五体投地。妈妈每周都会给我们一些零花钱。我几乎每次都是早早用完，上周不接下周。可姐姐每周总能剩下很多，好多次妈妈给钱，姐姐都不要，说她还有呢！我渐渐大了，姐姐才对我说：“爸爸、妈妈吵架不都是为公司的事操心嘛，挣钱不容易啊！你忍心用吗？”我面红耳赤，只能在心里暗暗佩服姐姐。

姐姐，您既懂事又善良，是我最敬佩的人，我为您点赞！

> 事情虽小，但确实能看到姐姐的美好心灵！

> 结尾升华主题，表达对姐姐的敬佩之情。

**看点解读**

**1.详略得当，重点突出** 作者抓住最能表现姐姐“心好”的两个典型事例详写，略写她好学习、口才棒的优点，使文章详略得当，重点突出。

**2.以小见大，特点鲜明** 虽然文章所选的都是生活小事，但透过表象看内心，人物懂事又善良的特点十分鲜明，确能让人对“姐姐”产生由衷的敬意。

**满分思路**

**开头：** 开篇点明“我”对姐姐的印象——是同龄人中“我”最敬佩的人。

**中间：** 叙述姐姐的事例，表现她的懂事和善良。
- 1.描写姐姐的外貌，概述她的优点。
- 2.详写姐姐在爸妈吵架时，常常将“我”抱进书房听音乐或看电视，以分散“我”的注意力。
- 3. 详写姐姐理解爸妈的辛苦，所以不用零花钱。

**结尾：** 总结点题——姐姐既懂事又善良，“我”为她点赞！

## 为您点赞

南通考生

下午炎热，太阳像火球一样热辣辣地炙烤着大地。地上散发出来的热气熏得人难受，仿佛要让人窒息似的，直到傍晚，热量还未散尽。

我骑着自行车，身上湿淋淋的，口渴难忍。突然，在路边的拐角处我看到了一位老爷爷，他推着一辆满载碧绿西瓜

> 开篇描写环境，突出天气热，为下文作铺垫。

的三轮车。那西瓜是那么精致，让人看了不禁口水直流三千尺！我走上前就问："这西瓜多少钱一斤？"老爷爷转过脸，憨厚地一笑，说："8毛钱一斤。"我仔细打量了车上的西瓜，选了一个最小的——因为需用我的零花钱付账，而且我担心钱不够。

心理描写真实，准确说明了买小瓜的原因。

老爷爷把我选的小西瓜放到磅上，然后又拿了一个大的一起放到磅上。我连忙阻拦："我只买一个呢！"老爷爷微微一笑说："今天天气太热了，一个小西瓜根本不解渴。再说，小西瓜味道肯定差一些，再买一个大的尝尝吧！"这不是想多赚我的钱吗？我稍有点不满。老爷爷根本没注意我的神情，仍然一边称一边报账："5元钱，不贵。保证你吃起来解渴！"

对话描写精彩，买与不买，两种思想对垒。

见老爷爷这么热心，我也不好再推辞了，立马掏钱。可我掏了半天，只掏出了3元钱。再摸摸其他口袋，一分钱也没有找到。老爷爷见状，和蔼地问道："怎么啦？钱不够？"我不好意思地对老爷爷说："我只有3元钱！"老爷爷笑了笑说："没关系。两个西瓜都给你，你身上有多少钱就给多少钱吧！"我不禁愣住了——只收我3元钱，也就是60%的钱，那不是亏多了！我调皮地眨了一下眼睛，说："还有两元钱您不收了？"老爷爷淡淡地一笑，说："不收也没多大问题呀！你想给就给，不想给就当送给你吃了！""我怎么不想给呢！可我下次来找不到您怎么办？""近几天我都在这段路上卖瓜。我的家离这儿不远，人熟，瓜好卖。你很好找的。"

**新新好词 · 高尚**

崇高 高贵 高雅 伟大 高风亮节 舍己为人

只收3元，反映了老爷爷的高尚品质。

**新新好句 · 高尚**

高尚的理想并不因为默默无声而失去价值；自私的追求不因为大叫大嚷而伟大起来。

怀抱两个西瓜，走在回家的路上，我一直被老爷爷感动着：老爷爷，您能否赚两元钱还值得打问号，如果我不给，您不就等于亏了吗？这两元钱我一定要给您的，因为您的心太好了，我为您点赞！

心理描写，抒发自己的感动，结尾点题。

**看点解读**

**1. 选材典型，突显主题** 文章选择老爷爷关爱"我"、不计较赚钱而送瓜的事，表现了老爷爷心地善良、宽厚待人的品质。

**2. 对比鲜明，形象突出** 作者采用对比的手法，先写自己误认为老爷爷卖自己一个大瓜是变相地想多赚钱，而后写老爷爷只收60%的钱送瓜给"我"吃；在"我"尴尬之时，老爷爷却能宽厚以待，活灵活现地刻画了心地善良的老者形象。

**满分思路**

**开头**：开篇描写天气极其炎热，为下文买西瓜作铺垫。

**中间**：记叙老爷爷贱卖西瓜的经过，表现老爷爷品格的高尚。
- 1.“我”因钱不够要买个小瓜。
- 2.老爷爷推荐“我”再买一个大的。
- 3.果真“我”的钱不够买两个瓜，但老爷爷少收钱将瓜卖给“我”。

**结尾**：抒发自己的感动——老爷爷，“我”为您点赞！

## 小考真题

题目：你的身边一定有许多人给你留下过深刻的印象，或许因为他过人的本领，或许因为他独特的魅力，或许因为他不俗的特长，或许因为他高洁的品性……请以“夸夸我的________”为题，写一篇500字以上的文章，用一两件事把这个人物的个性特点表现出来。

——2013年湖南长沙卷

## 审题指导

这是一篇写人的文章，要从这个人物的个性特点入手，写出他让你赞不绝口的地方，也就是让你敬佩的地方。由于是半命题作文，因而先补题是关键，所补的就是所要写的对象，而且这个人应该是与“我”关系比较亲密的，如老师、同学、爸爸、弟弟等，要通过一两件事情把人物的特点叙述出来。需要注意的是要写出人物的与众不同之处，凸显出该人物的品性或特长。

## 立意图解

| 立意 | 解说 |
| --- | --- |
| 夸同学乐于助人 | 一道奥数题怎么也想不出来，同学耐心地给“我”讲解了好几遍，直到“我”听懂为止。 |
| 夸老师教学有方 | 枯燥的作文课，在老师的组织下，激发了同学们的写作灵感，使同学们有了想法，并乐于用笔表达。 |
| 夸邻居古道热肠 | 放学回家，妈妈不在家，邻居把“我”叫到她家，给“我”下饺子吃，让她女儿陪“我”写作业。 |

续表

| 立意 | 解说 |
| --- | --- |
| 夸爸爸做事严谨 | 爸爸将一张施工图验证了一遍又一遍，并多方打电话核实数据，上网查阅相关资料，最后纠正了其中一些不合理的地方。 |
| 夸外婆心灵手巧 | 外婆虽然年纪大了，但钩包包、绣“十字绣”却非常出色，经常有人出大价钱来购买，连“我”背的包、穿的鞋都是外婆的杰作。 |

## 欣赏点作文

### 夸夸我的舅舅

长沙考生

我的舅舅长着一对又浓又黑的眉毛，长方形的脸显得呆头呆脑，可是他一戴上长方形的“酷哥眼镜”就显得超酷啦。其实我的舅舅可不只酷在外表哟。

> 一句“不只酷在外表”自然引出下文。

**心胸宽广的舅舅**

记得有一次，舅舅、爸爸、妈妈带我坐火车去广东玩，我们正一起说说笑笑，这时，一个小伙子端着一碗刚泡好的方便面从我们身旁经过。突然，火车猛地一摇晃，小伙子的方便面全部泼在了舅舅的白衬衣上。小伙子顿时不知所措，不知道该说什么才好。我心想：糟了，舅舅这次肯定要大发雷霆了。可是舅舅却抽了几张餐巾纸，把自己白衬衣上的方便面擦掉了，然后站了起来，用右手拍了拍小伙子的肩膀，幽默地说：“小伙子，你把方便面都给我了，那你自己吃什么呀？”紧张的气氛一下子化解了。

> 以“我”的猜测反衬舅舅的大度。

> 通过一连串的动词，表现出舅舅的宽容。

到了广东，我不解地问：“舅舅，那个小哥哥把方便面泼在了你的身上，你为什么不生气啊？”舅舅语重心长地对我说：“韵儿，我们每个人都要有一颗宽宏大量的心，这样我们才能快乐。”我若有所悟地点点头，一股敬佩之情油然而生。

> 语重心长的话语突出了舅舅的宽宏大量。

**热心肠的舅舅**

舅舅不仅心胸宽广，还是个热心肠呢！

放暑假了，舅舅带着我去乡下外婆家玩，一到了外婆家，就听到了外婆和张奶奶、李奶奶在说闲话。“老张，你知不知道老明家后面的老王呀？”“不就是那个跛脚老王吗？”“听说他买了二十亩地呢！”“可是村里的小伙子没哪个帮他耕地呀！”

舅舅听了她们的闲话，带着我赶去王大爷家，说：“王大叔，听说您买了二十亩地没人耕，我来帮您。”说完，他把背包放在王大爷屋里，拿起工具就去耕地。舅舅帮王大爷足足干了两天活，帮他把二十亩地全耕完了。

第三天，舅舅要带我回去了，这时，王大爷就拿着五十元钱追过来了，说：“小李，我是乡下人，没多少钱，这五十元钱就算是给你的报酬。”舅舅说：“大叔，我不能要您的钱，您做事不方便，我帮您做事是应该的。”王大爷拗不过舅舅，只好把钱收了起来，但我分明看到他眼中闪动着晶莹的泪花。

我真佩服心胸宽广、热心善良的舅舅。

说者无心，听者有意，外婆和张奶奶、李奶奶的闲聊正是事件的起因。

**新新好句·外貌描写**

小玛拉哈长得眉清目秀，唇红齿白，圆脸蛋，高鼻梁，一脑袋乌黑卷曲的头发，挺俊的。

拒收钱更体现出舅舅无私帮助他人的品格。

最后一句点明了文章主题。

## 看点解读

**1.标题引领，彰显品性** 文章用两个小标题“心胸宽广的舅舅”和“热心肠的舅舅”，串联起两个小故事，并在小标题中就概括出了人物的品性，让人一目了然。

**2.过渡紧密，衔接自然** 开头在描写了舅舅的外貌很酷之后，以一句“我的舅舅可不只酷在外表哟”自然引出下文对舅舅品质的描写；在叙述完舅舅的“心胸宽广”后，以一句“舅舅不仅心胸宽广，还是个热心肠呢”自然过渡到对舅舅“热心肠”的叙述，使上下文衔接更紧密、自然。

## 满分思路

**开头：**简要介绍舅舅的外貌，引出下文。

**中间：**通过具体事例，展现舅舅的特点。
- 1.舅舅心胸宽广——小伙子把方便面泼在了舅舅身上，舅舅不计较。
- 2.舅舅热心善良——帮助有残疾的王大爷耕地，且不要报酬。

**结尾：**点明人物的品性，表达“我”的敬佩之情。

# 夸夸我的外婆

长沙考生

我的外婆虽然已经老了，额头上刻满了皱纹，两鬓的头发变得像银丝一样，但是她那双灵巧的双手却让我十分羡慕。

外婆的手巧，做起针线活来从不含糊。有一次，我在外面和小伙伴玩捉迷藏的时候，不小心把妈妈刚给我买的新连衣裙划破了。我急得像热锅上的蚂蚁，心想：这下可怎么办呀！这才买不久呀，妈妈知道了，肯定又要批评我了。

正在我心急如焚时，有伙伴提醒我：“你外婆不是‘针线大师’吗？找她一切OK！”对呀，我怎么忘了外婆呢？所有的烦恼一扫而光，我一蹦一跳地来到外婆家，推开大门，一阵大叫：“外婆，外婆，快帮我个忙吧！”慈祥的外婆从房间里急忙走了出来，问道：“让我帮什么忙呀？”“我和小伙伴玩捉迷藏的时候不小心把连衣裙划破了，这是我新买的，妈妈看见了，只怕会给我一顿“竹笋炒肉”的。外婆，您就救救我吧！”“呵呵，傻孩子，就这点儿事呀。没问题，包你满意。”

外婆笑呵呵地走进房间，拿出针线来，熟稔地把线穿进针孔，将右手食指在嘴边沾了一点口水，捋起线头挽了一个结，然后撩起我的裙子，手中的针线开始在我的裙子上来回穿梭，上下飞舞。看着外婆一丝不苟地为我缝补着连衣裙，我焦急的心也渐渐平息下来。

才过一会儿工夫，外婆就张嘴咬断线头，拉了拉我的裙子，站起身对我说：“好啦!看看合不合你的心意？”这么快？我连忙低头去看，却怎么也找不到原来的那个小洞，连织线的痕迹也没有：怎么回事？难道时光倒流了吗？“外婆，那个小洞洞呢？”外婆微笑着指了指那朵红色的小花：“在这儿呢!为了不让别人看出破绽，我特意在这个小洞洞的地方绣了朵小花。”“这真是很有创意的点缀呀！外婆，您太有才了!”我抚摸着小红花不由自主地赞叹起来。

**新新好词·认真做事**

专注　勤恳　耐劳
全神贯注　聚精会神
专心致志　废寝忘食
物我两忘　孜孜不倦
一心一意　全力以赴

小伙伴的提醒说明外婆早已是名声在外。

“包你满意”表现了外婆的自信。

“来回穿梭，上下飞舞”突出了外婆的心灵手巧。

以“我”找不到原洞的痕迹衬托出外婆的技术高超。

怎么样？我的外婆是不是一个心灵手巧的人？如果你也有衣服需要缝补，那就来找我的外婆吧！

结尾的反问巧妙地夸赞了外婆的手艺。

看点解读

**1.描写细腻，动词精准** 文中对外婆缝补裙子时的细节刻画得非常细腻，运用了“拿、穿、沾、捋、挽、撩、穿梭、飞舞”等一系列动词，给人留下了深刻的印象，说明外婆对针线活非常熟练。

**2.侧面烘托，突出技艺** 文中还抓住小伙伴耳闻外婆的名声、“我”怎么也找不到原洞的痕迹两个细节进行侧面烘托，进一步突出了外婆技艺的高超，令人不得不佩服。

## 满分思路

**开头：** 简要介绍外婆的主要特征——手巧。

**中间：** 具体叙述外婆帮“我”补裙子的经过，突出外婆的技艺高超。

1.新买的连衣裙被划破了，“我”心急如焚。

2.“我”找到外婆，请外婆帮“我”缝补连衣裙。

3.外婆帮“我”补好了连衣裙，“我”非常满意。

**结尾：** 抒发感慨，表达对外婆的手艺的赞赏。

# 欣赏点 6：父母深恩

# 表现家庭生活中的真情挚爱

## 小考真题

请以“至爱亲情”为题目，写一篇记叙文。

提示：①选取的事例要有特点，要选取其中的典型细节进行描写；②要调动各种感官，表达出你的真情实感；③文中不要出现真实的地名、人名；④不少于500字。

——2017年吉林通化卷

## 审题指导

吉林省通化市的小考作文题目“至爱亲情”属于命题作文。题目字数虽少，但给考生提供的写作空间非常广阔。因为“亲情”是同学们接触最多、感受最深的情感。我们的亲人大多是普普通通的，平时他们给予我们无限的关爱。一言一行、一点一滴都有“亲情”在熠熠闪光。写作中，考生要善于发现并细心描绘这些小事里的“动情点”，这些平凡中的伟大。

写“情”离不开写“人”，而写“人”则离不开写“事”。本次习作要求“选取的事例要有特点”，那么我们就应该选取自己亲身经历中的最重要、最感人、最典型的事例来写。习作还要求“选取其中的典型细节进行描写”，据此，我们还应知道什么是细节。如果把文章比作树，那么文章中的细节就好比树上的枝叶。树没有枝叶不行，文章没有细节不行。缺乏细节描写的记叙文总是空话连篇，言之无物。我们写作文时要努力做到细而精，细而深，细而动人，只有这样的细节，才能表达真情实感，才能突出文章主题。

**1.审题目**

题目是偏正关系的短语，“亲情”是中心语，“至爱”是修饰语。人类的感情有很多种，如友情、师生情等，但是这些都不是亲情。亲情是指亲人之间的感情，如父母和孩子之间的感情、兄弟姐妹之间的感情。“至爱”的意思是最喜爱的、最热爱的。

**2.审内容**

根据命题，我们应着重选择亲身经历的事情来写，可以叙述自己与爷爷、奶奶、外公、外婆、父母、兄弟、姐妹及其他亲人之间的生活经历、情感波折、动人故事等。写作时应充分调动自己的生活积累、情感积蓄，但不能偏离“亲情”这个话题。

**3.审文体**

因为“亲情”是一个比较抽象的概念，针对这一话题，结合本次考场作文要求，在文体上可尽量选择记叙文、随笔等文体来写。最好通过记述一段故事或者描写几个片段，表达出亲人的关爱之情。语言要生动、形象，避免全篇都是单调枯燥的叙述性语言。还可以运用一些常见的修辞手法，如比喻、拟人、排比等来增强文章的感染力。

## 立意图解

| 立意 | 解说 |
|---|---|
| 母爱光辉闪耀 | 母爱是世界上最伟大、最无私的爱，是永恒的写作主题。母爱总是默默穿行于平常小事之中，母亲为我们做的一切都是爱的表现。粗心的人无视母爱的存在，也许是因为母爱太多、太熟悉、太平凡。其实，只要你细心体悟，母爱是无处不在、无时不在的，身边的平常小事都闪烁着母爱的光辉。如：上学时的目送、放学时的眺望、生病时的愁容、外出时的唠叨……只要我们细心感受，母爱的呵护时时刻刻都围绕在我们周围。 |
| 长辈的关爱之情 | 爷爷、奶奶、外公、外婆、姑姑、姨姨、舅舅等这些具有亲缘关系的长辈，你和他们之间也可能发生过感人的事情，他们也可能同样给予过你无微不至的关怀、爱护，我们可以把自己与他们之间的故事写下来。 |
| 兄弟姐妹之情 | 你如果有姐姐、哥哥或者弟弟、妹妹，可以试着写一下你们之间那纯真、深厚的手足之情。如果你是独生子女，不妨写一写与堂兄妹或者表兄妹之间的亲情。 |
| 别样亲情 | 我们还可以褒扬亲情，可以写渴望亲情，可以写呼唤亲情，可以写正视亲情，只要能体现亲人之间无私之爱的内容都可以写。 |

## 欣赏点作文

# 至爱亲情

通化考生

妈妈，您是我的什么人？您仅仅是我的妈妈吗？不，妈妈，我要自豪地告诉您，这个答案是丰富多彩的！

> 设问开头，设置悬念。

妈妈，您是赋予我生命的人。是您十月怀胎让我呱呱坠地，让我认识了这个五彩缤纷的大千世界。为了让我平安、健康地来到这个世界，您吃不好，睡不安，忍受了许多痛苦和折磨。尽管如此，我有时还在您肚子里撒娇踢腾，您都默默地忍受下来了。这是多么纯朴、伟大的母爱啊！

> 写妈妈的生育之恩。

**名人名言**

人的嘴唇所能发出的最甜美的字眼，就是母亲；最美好的呼唤，就是妈妈。

——纪伯伦

妈妈，您是我的启蒙老师。是您最先教我学会了叫爸爸、妈妈，是您最先让我认识了太阳、月亮，是您最先让我知道了一加一等于二……为了尽早地开发我的音乐细胞，您给我买的一盒盒磁带、一张张光碟摞得很高很高，到现在您还保存着我小时候录制的歌声稚嫩的光盘。多少个夜晚，我在您轻柔的嗓音中，听着《小红帽》《三只小猪》《白雪公主》甜甜地进入梦乡；多少次，您不厌其烦地回答我幼稚的提问：人为什么不能飞？太阳为什么那么热？妈妈，您简直就是一本无所不知的书。

> 写妈妈的教育之恩。

> 把妈妈比喻成一本书，生动、贴切。

妈妈，您还是我患难与共的亲密朋友。忘不了那年冬天，我生病在医院输液，您寸步不离地陪伴着我；您用双手紧握着输液管，以给注入我身体的溶液增加些温度，而您的双手最后几乎都麻了。有一次，我和同学闹矛盾后闷闷不乐，您耐心地给我讲待人要学会宽容，不要斤斤计较，最终我与那位同学重归于好。成功时，您提醒我戒骄戒躁；失意时，您鼓励我振作奋发。妈妈，难道您不是我最亲密的朋友吗？

> 写妈妈对“我”身体和精神上的关爱。

> 反问语气，使表达的感情更强烈。

妈妈，“您是我的什么人”的答案还有很多很多，但归根到底，您是我的妈妈，是我最值得骄傲的妈妈！

**看点解读**

**1.语言优美，富有张力** 本文如歌如诗，展示了诗歌般的语言张力，如“这是多么纯朴、伟大的母爱啊”“成功时，您提醒我戒骄戒躁；失意时，您鼓励我振作奋发”，读之令人感动。在主体部分每一段的结尾，分别运用感叹、比喻、反问等手法进行总结，起到了画龙点睛的作用。

**2.结构严谨，层次清晰** 因为妈妈给予的太多，所以很难说清妈妈是“我”的什么人。但作者从妈妈分别是“赋予我生命的人”“我的启蒙老师”“患难与共的亲密朋友”三个方面来具体叙述，结构严谨。

**满分思路**

**开头：** 设问开头，引出下文。

**中间：** 从三方面具体描写妈妈对“我”的恩情。
- 1. 妈妈是赋予“我”生命的人。
- 2. 妈妈是“我”的启蒙老师。
- 3. 妈妈是“我”患难与共的亲密朋友。

**结尾：** 总结全文，回答开头的问题—您是我最值得骄傲的妈妈。

# 至爱亲情

通化考生

亲爱的妈妈，感谢您多年来对我的关心和照顾，感谢您把我从一个懵懂无知的弱小婴儿培养成一个了解世界的大孩子。您对我的每一次付出，我都记得……

> 运用第二人称，给人一种亲切感。

记得那天晚上，我带着疲倦入睡了。半夜，我突然醒了，觉得头很热，浑身发烫。我连忙叫：“妈妈，我头疼！”听到我的喊声，您急忙跳下床，跑到我身边，用手摸了摸我的额头。发现我在发烧后，您心急如焚，马上找到体温计，小心翼翼地夹到我的腋窝下。过了一会儿，您把体温计抽出来一看，39度，于是眉头紧锁，自言自语：“这可怎么办啊？家里没有退烧药了，你爸爸又不在家，家里离医院还这么远……”您看着昏昏沉沉的我，突然说：“有了。”说着，您找出了药棉和酒精，在我的额头上轻轻地擦拭起来。顿时，好似一股清凉的泉水流过我的额头，头不那么烫了。擦过了额头，您又让我伸开手，轻轻擦拭我的手掌心，还边擦边问我：“好些了吗？”我说：“好多了！妈妈，您

> 交代事情的起因。

> “眉头紧锁，自言自语”写出了妈妈焦急的心情。

真好！”说完这句话，我鼻子一酸，眼眶湿润了。

想起这些年，您每天五点半就起床为我们做早饭，七点钟就骑上自行车匆匆忙忙去上班。从家里到工厂需要20多分钟，炎炎夏日，毒辣的阳光晒黑了您的皮肤；漫漫寒冬，凛冽的寒风吹裂了您的双手。下班回来，您又忙着做饭、洗衣服、辅导我学习……不知不觉中，皱纹悄悄爬上了您的眼角和额头。而我呢，除了学习就是玩耍，几乎没有帮您做过家务，您真是太辛苦了……想着，想着，我不知不觉地睡着了。

运用插叙的手法回忆妈妈的辛苦付出。

**名人名言**

全世界的母亲多么相像！她们的心始终一样。每一个母亲都有一颗极为纯真的赤子之心。
——惠特曼

第二天早晨，我醒来时，看见一条毛巾搭在我的额头上，您还坐在我旁边，眼里布满了血丝，额头似乎又多了几条皱纹。看见我醒了，您急切地问：“乖，头还疼吗？”“妈，不疼了，您一夜没睡啊？”“不疼就好，妈没事……”您的脸上露出了欣慰的笑容。原来，您为了把我的高烧降下来，几乎一夜没合眼。我望着您憔悴的脸庞，泪水夺眶而出。

细节描写，写出了妈妈因悉心照顾“我”而憔悴的样子。

妈妈，您眼角的几丝皱纹，有一丝是为我而起；您头上的几缕银发，有一缕是为我而白。在这里，我想真诚地对您说：“妈妈，您辛苦了！我爱您！”

直抒胸臆，表达对妈妈的感激、热爱之情。

## 看点解读

**1.描绘人物，形象鲜明** 作者主要抓住了人物的语言、动作、神态等特征进行描写，使人物形象富有立体感。语言方面，妈妈的自言自语、急切的问话、亲切的安慰都使人如沐春风；动作方面，妈妈为“我”擦拭酒精的细微举动让人感到贴心；神态方面，妈妈“眉头紧锁”“露出了欣慰的笑容”，写出了妈妈因“我”生病而担心，因“我”病愈而舒心。这些描写各具特色，给人留下了深刻的印象。

**2.倒叙插叙，灵活多变** 文章用倒叙的手法写出了妈妈对“我”无微不至的关照，令人感动。其中，在写妈妈给“我”擦拭身体的时候又运用插叙，回忆妈妈每天的辛苦。这样灵活多变的表现手法能更好地塑造人物形象，突出中心。

## 满分思路

**开头：** 直接表达“我”对妈妈的感激之情，引出下文。

**中间：** 描述事件，回忆妈妈对自己的关爱。
- 1.妈妈精心照顾生病的“我”。
- 2.回忆妈妈这些年来的辛苦。
- 3.妈妈为了照顾“我”几乎一夜未眠。

**结尾：** 直抒胸臆，再次感谢妈妈。

## 小考真题

题目：那一刻，我______

要求：先把题目补充完整；文体自定；不少于450字；有真情实感，力求有创意，不得套写抄袭；文中不要出现真实的地名、校名、人名。

——2016年广东揭阳卷

## 审题指导

我们在写作之前一定要仔细审题。首先，从题目类型上看，这是一道半命题作文。与2015年的全命题作文相比，考生有一定的自由权，有利于发挥自己的写作水平，可以较灵活自由地进行写作。

其次，我们来看这个题目的重点词。这个题目的题眼是“我”，也就是“我”是主体，不能写他人；而这个题目的“题眉”（即题目中的修饰语）则是“那一刻”，“那”表明是应写过去发生的。“一刻”表明是在一个特定场景下，或在一个瞬间，不能写成“一天”“一次”。

第三，在补写题目时应注意，因为有“那一刻”的限制，并受到主体“我”的限制，后面补充的词语或短语应是表达心理感受的动词。需要指出的是不管填什么词，这个词都应是全文写作的重点。

最后，从内容上看，写作时有两点需要注意。第一点，在“那一刻”前，应有故事的铺垫，为“那一刻”蓄势。这个地方，学生容易出现的问题，就是“那一刻”之前的叙述并不指向“那一刻”，“那一刻”来得突然，交代不清。第二点，应对所选词语详细描述，写出自己的心理感受，不能直接写出“那一刻”自己的感受就草草收场。

## 立意图解

| 立意 | 解说 |
| --- | --- |
| 那一刻，“我”不再孤独 | 爸妈夜里加班，“我”一个人在家，孤独、寂寞和恐惧让“我”放声大哭，这时邻居的小伙伴来到了家里，说要陪伴“我”直到爸妈回家，这一刻“我”不再孤独。 |
| 那一刻，“我”战胜了自己 | “我”代表班级参加1500米比赛，跑步过程中摔了一跤，本想放弃，但听到全班同学的“加油”声，“我”忍痛跑到了终点，“我”以战胜自己而感到骄傲。 |
| 那一刻，“我”懂得了爱 | 大年三十夜里，爸妈挨着冻，用半夜的时间在外面堆雪人，就为了第二天给“我”惊喜。 |

## 欣赏点作文

# 那一刻，我的世界春暖花开

揭阳考生

黑暗——伸手不见五指的黑暗。我望了望黝黑天空中那黯淡无光的几颗疏星，深吸一口气，终于还是走进了那条幽深漆黑的小巷。

自然环境描写，为人物出场渲染氛围。

从我家去学校的路上有一条狭窄幽深的小巷。下过晚自习，我第一次独自经过那条让我心惊肉跳的小巷。

总写自己第一次经过那条小巷的感受。

我迈着颤抖的步子，提心吊胆地走在砖石上，连落脚都不敢发出一丁点儿声响，生怕惊醒了想象之中的那些黑暗生物。我低着头小心翼翼地向前走，同时试图去想些有趣的东西来分散注意力。可是脑子却不受控制，曾经看过、听过的惊悚的鬼魅故事，犹如放电影似的一幕幕回放在眼前……

描写黑夜下晚自习回家时的情形，动作、心理描写很传神。

愈来愈惊恐，我简直想要奔跑，可是身体却死死地保持镇静，害怕惊醒身边的一切，凌乱的脚步却早已出卖了我。无边的黑暗似乎掏空了小巷，深重的窒息感牢牢包围了我，使我难以呼吸。

突然，一阵细微的脚步声从身后响起。我一惊，本能地想到危险的人：这条小巷平时根本没有人经过，这人，是谁？

心理描写细腻、生动，引人阅读。

我努力地保持镇静，快走两步，身后的脚步声也急了一些；我又刻意放慢脚步，身后的声音亦不可闻。坏了，看来那人是跟着我的，早知道让爸爸来接我就好了！我一阵惊慌，头皮一阵发麻，身上如芒在背，脚步也快了起来，一步，两步……终于走出了小巷，眼前出现了街边的灯火。我猛地回头，想要看清楚那人是谁。

那人猝不及防，被我逮个正着，却让转过身来的我吃了一惊——那是爸爸！“你……你怎么会在这儿？”我结结巴巴地询问，心中满是疑惑。爸爸似乎很不好意思，红着脸说出了原委。

原来，在我今天拒绝了他的接护后，他在家里坐立不安，终于决定躲在小巷旁，等我过来时，在我后面偷偷跟

**新新好句·惊慌**

望着满地的碎瓶胆片，我紧张得张开了嘴巴，呆呆地立在那儿，心里忐忑不安。万一爸爸回来发现了，准会狠狠批评我。

随，保护我的安全。原本，我想减轻劳累一天的爸爸的负担，却不料反而增加了他的负担！

知道了缘由的我，心里仿佛被灿烂的阳光照亮，温暖却不灼人。我回首望着黑暗的小巷，却突然感觉一点儿也不可怕，似乎爸爸随时在对我说："别怕，一切有我！"

生平第一次，我主动把手放在爸爸的掌心里。爸爸的手很暖很暖，温暖了我的世界。那一刻，我的世界春暖花开。

揭示事情原委，让人不禁被伟大的父爱感动。

交代结局，照应题目，深化中心。

**看点解读**

**1.环境描写，渲染气氛** 文章开头描写下晚自习后自己回家时黑暗的环境和幽深漆黑的小巷，为人物出场渲染一种阴森可怕的氛围，吸引读者往下阅读。

**2.心理描写，细腻生动** 文章用大量的篇幅，对自己黑夜下晚自习后回家路上的心理进行了细腻、生动的描写，更好地表现了爸爸的陪伴给予"我"的温暖。

**满分思路**

**开头**：描写环境，渲染氛围。

**中间**：写"我"独自走夜路的感受和过程。
- 1.总写"我"第一次经过那条小巷的感受。
- 2.具体描写"我"第一次经过那条小巷的过程。
- 3."我"终于走出小巷，却发现爸爸就在身后。

**结尾**：照应题目，深化中心。

## 那一刻，我面前充满阳光

揭阳考生

人生就像一把竖琴，琴上的弦儿并非我都能拨动。可不经意间他的泪却拨动了我年轻而敏感的心弦，弹奏出最动人的旋律。那一刻，我面前充满阳光。

——题记

采用题记开篇，比喻形象，巧妙点题。

一直以为爸爸是我的天，然而我却不知，在我眼里那个坚强的爸爸的背后却有着别样的一面。

采用比喻修辞，写出爸爸在自己心目中的印象。

妈妈病了，家里显得有些拮据，一切都显得那么萧条。

我想要买资料，又要向爸爸要钱，但我却张不开口。我在徘徊犹豫，该怎么办呢？爸爸似乎看出了我的心思，从口袋里掏出皱巴巴的五十元钱递给我。我有些茫然，不知道到底应不应该接下来。爸爸把钱塞进了我的口袋。不知道为什么，这些钱在我兜里显得好重，压在我心头。爸爸愁眉不展，他出去了。我也跟着他走出门口。白云悠悠，柳絮飞旋，被细雨淋湿的路上，一排排足印延向远方。我踮起脚远望，一个瘦小的背影映入眼帘。他一回头，我看到了他那模糊的微笑。微风吹来，我不禁鼻子一酸，泪水落了下来。

> 心理描写，真实、生动。

> 环境描写，衬托人物的心情。

月下，一个孤寂的背影。点点银辉洒在他的眉心，纠结的眉里有深深的忧伤。我悄悄地走到他身旁，一切都静止了，因为我看到爸爸的眼角有泪珠滑落。在月光的映衬下，它是那么亮，像珍珠般闪闪发光。他的泪给了我极大的震撼。他的泪仿佛滴在了我的心头，像一场甘霖，滋润着我曾经枯竭的心田。他的泪拨动了我年轻而敏感的心弦，让我用全新的心去感悟爸爸。这滴泪水凝聚了爸爸多少辛酸、劳苦、无奈与苦闷啊！以前的我从来不知道爸爸是如此不易，如此劳苦。恍然间，我看到了爸爸的丝丝银发，我看到了爸爸额头上爬满的皱纹。岁月无情，爸爸慢慢地老去。在他走过的岁月里，一路上洒满了汗水，他为我们付出得太多太多了。一刹那，我觉得自己长大了。以后，我再也不会任性，再也不会不懂事了，我要更加努力学习，好好奋斗，要早日卸下爸爸身上的沉重的担子，让爸爸紧锁的眉头舒展开来，让爸爸的脸上永远挂满幸福的笑容。

> 比喻形象，感情真实，打动人心。

> **新新好词·犹豫**
> 畏首畏尾　优柔寡断
> 举棋不定　踌躇不决
> 瞻前顾后　迟疑不决

那一刻，我面前充满阳光。

> 结尾点题。

**看点解读**

**1.描写多样，精雕细琢** 作者运用生动的词语、多样的修辞方法，采用动静结合、衬托等写作技巧，把人物形象鲜明而又逼真地呈现在读者面前，从而增强了作品的真实感和艺术感染力。

**2.感情真挚，语言生动** 文章以清新的笔调、精细的描写，再现了自己成长中美好的记忆，展现了父亲对“我”的关爱，字里行间流露出作者对父亲的感激之情。

**满分思路**

**开头：**总写对父亲的印象，语气一转，引出下文。

**中间：**写“我”对爸爸的全新认识。
- 1.在家境生活拮据的情况下，爸爸给“我”掏钱买书。
- 2.刻画月光下爸爸的背影和泪水，表达“我”内心的感悟。

**结尾：**再次点题，总结全文。

## 小考真题

题目：幸福是什么？幸福在哪里？人们一直在追问，在寻找。其实，幸福就是父母给你的一杯清茶，老师给你赞许的目光；幸福就是你帮助了别人之后的一种感觉，你对别人的一次宽容；幸福就是亲近自然的经历，战胜自我的心路……

请以“幸福就是________”为题，写一篇文章。

要求：请将题目补充完整；通过一件事表达自己对幸福的理解，内容具体，感情真挚；字数在500个以上。

——2015年江西吉安卷

## 审题指导

这道作文题有导语、题目和要求，我们要仔细阅读。“导语”为我们列举了六种“幸福”的情况；“题目”规定我们写一篇半命题的作文；“要求”则对题目、字数和作文的评价标准作了规定。半命题的作文题，补题是关键。首先，我们可以参考“导语”的例子甚至借用过来，如“幸福就是那杯清茶”“幸福就是老师赞许的目光”；也可以选择其他的来写，如补题为“幸福就是那个关切的眼神”“幸福就是放慢脚步欣赏”。这篇作文要求我们表达自己对幸福的理解，这种理解是发自内心的，独一无二的；同时要具体记叙某一件事情，当然我们可以写自己的一次经历，也可以写别人的一个故事。写作时，做到内容具体，感情真挚。

## 立意图解

| 立意 | 解说 |
|---|---|
| 父母的关心，让“我”感到幸福 | 写父母对“我”关心的几件小事情，让“我”感受到家庭的温暖和父母浓浓的爱，“我”很幸福。 |
| 老师的关心，让“我”感到幸福 | 写老师对“我”学习的帮助，让“我”感受到老师的爱，“我”很幸福。 |
| 同学的帮助，让“我”感到幸福 | 同学对“我”的帮助，让“我”明白友谊的珍贵，“我”很幸福。 |
| 自己帮助别人，很幸福 | 写“我”帮助别人，感受到助人为乐的幸福。 |

## 欣赏点作文

### 幸福就是蛇果甜甜的味道

吉安考生

寒风凛冽，幸福的春天却一直花团锦簇。

——题记

（题记，言简意赅。）

我是一只小馋猫，喜欢吃蛇果，这是只有在大超市才买得到的果子，但它价格不菲。可是蛇果好吃啊，味道甜甜的，所以爸爸只要有空就买给我吃。

（表现爸爸对“我”的爱。）

“你怎么买的蛇果啊，怎么会有那么多坏的？”妈妈指着从塑料袋里拿出来的几个破损蛇果生气地问爸爸。

“买东西嘛，总会有好的和坏的嘛，别生气！别生气！”爸爸总是心平气和地跟妈妈说。

“这么好的东西，而且这么贵，还不挑点儿好的回来。可惜了这蛇果。”妈妈有点儿沮丧地说。

**新新好词·幸福**

甜美 悠然 惬意 温馨
喜出望外 眉开眼笑
喜形于色 天伦之乐

不知从什么时候开始，爸爸每次买蛇果回来，总会被妈妈好生责怪一番，原因是十个蛇果里面总有四五个是碰坏的，这么贵的东西还不好好挑，妈妈当然生气啦。

可是我怎么就没吃到一个坏的蛇果呢？

（疑问一，引出下文的情节。）

这天晚上妈妈照常给我削了一个蛇果端过来，我一边津津有味地吃着，一边写作业。不一会儿，我吃完了，走出房间去扔掉蛇果核。出乎意料的是妈妈居然边看电视边大口大口地啃着被碰坏的蛇果。顿时，我热泪盈眶。

> 描写妈妈吃被碰坏的蛇果的情景，生动。

好的让我吃，坏的妈妈吃，每次都是这样。可慢慢地我又开始怀疑：爸爸又不笨，为什么每一次买的蛇果里都有几个破损了的？我偷偷留意起来。

> 疑问二，为揭示中心蓄势。

有一天爸爸刚买回来一袋蛇果，小心翼翼地提进了厨房。我蹑手蹑脚地跟了过去，躲在门缝边偷偷看，发现爸爸从袋子里拿出一个蛇果，在菜板上一碰，又放回到袋子里，然后又拿了一个……哦，我恍然大悟，原来爸爸是故意碰坏的，可我分明看见爸爸做这些事时脸上带着甜蜜的笑容。

> 爸爸的举动，满含对妈妈的爱。

静静地看着这一切，我有些疑惑。突然，我明白了，彻底明白了：原来爸爸是“醉翁之意不在酒”啊。蛇果如果都是好的，妈妈就会全让我吃；有了破蛇果，妈妈才会心安理得地吃。

> 真相大白，让人感动。

窗外，凛冽的北风在猛烈地呼啸着，而我心里却如沐春风，暖意融融。

> 点明中心，情景交融。

## 看点解读

**1.悬念迭出，引人入胜** 这篇文章令人称道之处，就是作者处处设下悬念和不断揭开悬念。首先是爸爸买的蛇果有坏的，为什么“我”没吃到？原来妈妈都吃了。其次是爸爸又不笨，怎么每次都买到坏蛇果？原来坏蛇果是爸爸故意碰坏的，目的是让妈妈吃。爸爸对妈妈的爱、妈妈对孩子的爱，就在这悬念和揭开悬念的过程中，表达出来了。

**2.融情于景，情景交融** 文章的结尾描写窗外北风呼啸，而“我”的心里温暖如春，景物描写融入了作者的感情。寒冷与温暖两相对比，凸显了中心。

## 满分思路

**开头：** 题记开篇，富有诗意。

**中间：** 通过“蛇果事件”，表现爸爸对妈妈的爱、妈妈对“我”的爱。

1. “我”喜欢吃蛇果，爸爸经常给“我”买，但买来的蛇果里总是有被碰坏的。
2. “我”好奇为什么自己从没吃过碰坏的蛇果，后来发现是妈妈把碰坏的蛇果吃了，好的都留给了“我”。
3. “我”发现蛇果是爸爸故意碰坏的，明白了爸爸这样做的用意——有了破蛇果，妈妈才会心安理得地吃。

**结尾：** 融情于景，深化主题。

## 小考真题

题目：亲情是人世间最真切、最朴素、最珍贵的感情，亲情是维系家庭的纽带，又是社会人际交往的基础。亲情，就像迷茫中的一块指路牌，为你指引前方的道路；亲情，就像一盏灯，照亮你应走的人生；亲情，就像一杯茶，可以温暖你的心灵。

请你以“亲情”为主题写一篇作文，题目自拟，不少于450字。

——2014年山东德州卷

## 审题指导

这是关于亲情的自命题作文题，让学生在写作中经历一次情感沐浴，加深对亲情的认识，有利于提高学生的思想素养。可写的内容很多，涵盖了母爱、父爱、兄弟姐妹之爱等，同时还可以包括亲戚、朋友以及特定的人群中的互相关爱，因而此作文可使学生有事可叙、有情可抒，有利于学生写出真情实感。在具体的写作中要掌握以下几招：

**1.大处着眼，小处落笔**

写这一类文章，人物做的事情不可能是惊天动地的，也不要把人物想象成伟大人物。要从平凡的小事写起，小中见大，通过具体事例，让读者与你一起感受亲情的无私、伟大。

例如《父母的爱》：文章选用生活中的两个典型事例——母亲的一杯热牛奶、父亲的一通电话，体现了母爱的温馨、父爱的伟大。

**2.注重细节描写**

细节描写，在一定程度上，就是要求我们在具体环境中，对人物的语言、动作、心理、肖像、服饰等进行描写，塑造人物形象，彰显人物个性。写亲情的文章，细节的刻画最能打动人心，最能给人真实感。作家李准曾经说过：“没有细节就不可能有艺术作品。真实的细节描写是塑造人物、达到典型化的重要手段。”如《父爱情深》中：捧着书，我惭愧地低下头。爸爸向我走来，长舒了一口气，笑道：“找到了就好！”

**3.要做到感情真挚**

文章情感要真实。只有将真实的情感与文章内容融为一体，方有感人力量。作文只有在字里行间流露出自己的真情实感，才能打动阅卷老师。学生必须实有其感、实抒其情，才能得到阅卷老师的青睐。另外,作者的情感线索，要贯穿始终。如《谢谢你，妈妈》中写“我”在上学时，每天都是六点起床，而妈妈却起得更早——五点半就起床了。妈妈知道“我”不喜欢吃外面的饭菜，就每天变换着花样给“我”做可口的饭菜。

**4.语言要富有文采**

对于用词而言，要尽量避免使用重复词语，尽可能恰当使用同义词，把最准确、生动、形象的词语选出来；对于用句而言，要做到长短句交错、整散句结合，尽显变化之美、节奏之美、音调之美；对于修辞而言，要适当、巧妙运用，增强语言的感染力和表现力。如《父爱情深》中：父爱如水，轻柔地抚摸着我受伤的心；父爱如水，温暖地呵护着我脆弱的心；父爱如水，体贴地安慰着我年轻的心。

## 立意图解

| 立意 | 解说 |
| --- | --- |
| 褒扬亲情 | 可以描写一件爸爸妈妈或爷爷奶奶无微不至地关爱“我”的事例，以褒扬亲情。 |
| 渴望亲情 | 可以描写一个留守儿童的艰苦生活和精神上的孤独，突出渴望亲情的主题，以引发读者深思。 |
| 正视亲情 | “我”一直认为亲情意味着父母要包容“我”的一切，要满足“我”的一切要求，经过一件事后，“我”知道自己的想法原来是错误的，“我”终于能够正视亲情了。 |

## 欣赏点作文

### 父母的爱

德州考生

世上有一种爱，最无私，向你倾尽所有；最高尚，从来不需要回报；最纯洁，不掺入半点瑕疵。这就是父母的爱。

——题记

在崎岖的人生旅途上，是谁给予你最真切的关爱？是谁对你嘘寒问暖？是谁在为这个家日夜操劳，时刻给予你无私的温暖？对了！是伟大的父母。

**一杯热牛奶**

毕业考试前的日子无疑是紧张忙碌的，临近深夜，我却还在书桌前挑灯夜战。“唉！真烦。”我扭头望了一眼温暖的小床，叹了一口气。这时，正在房门口偷看我的母亲听见

> **新新好词·亲情**
> 舐犊情深　寸草春晖
> 母爱如天　无私奉献
>
> 三个问句优美生动，有效增强了语言的感染力和表现力。
>
> 主体部分采用小标题形式，与开头的题记构成独特的构思方式。

了，冲了一杯热牛奶，悄悄地走了进来。“梅，喝杯牛奶再写吧，解解乏。”看着母亲关切的目光，我一饮而尽。温暖的牛奶流进胃里，驱走了内心的寒冷。刚才怎么也做不出来的题，一下子迎刃而解。我笑了，母亲也笑了。她又悄悄走出去，关上了门。

漆黑的夜，冰冷的心。那一刻，因为母亲的一杯牛奶，变得温暖起来。

**一通电话**

已是毕业考试前夕，我的心却再次烦躁起来。“砰”的一声，我把书重重地甩在书桌上，眼泪溢了出来。这时手机“丁零零”响了。我慌忙擦了擦眼泪，按下了接听键。“梅，明天就要上战场了，我相信你能行的，加油！”爸爸的话在电话那边响起，我破涕而笑。“嗯，我知道，你也要注意身体，一个人在外面别苦了自己。”我开口回答。

电话挂断，我握紧手机，积蓄力量。那一刻，因为爸爸的一通电话，房间也明亮了起来。

父母的爱，是实实在在的。父母的爱在我心中，那是一座高高的山，做女儿的永远在山的庇护下幸福地生活。

新新好句·父母之爱

父母之爱就像是一首田园诗，幽远清净，清纯淡雅；父母之爱就像是一幅山水画，洗去铅华粉饰，留下自然清新。

场面描写非常细腻，综合运用了语言、动作、神态、心理等描写。

细节描写，温馨而又感人。

写出了自己内心的感受。

**看点解读**

**1.构思巧妙，思路清晰** 本文以“父母的爱”为线索贯穿全篇，开篇采用题记形式领起全篇，主体部分采用小标题形式，将父母爱“我”的两个画面交相辉映，分别从两个不同的角度，体现了温暖的内涵。

**2.以小见大，感情真挚** 文章选用生活中的两个典型事例：母亲的一杯热牛奶、父亲的一通电话，体现了母爱的温馨、父爱的伟大。

**满分思路**

**开头：** 题记开篇，点题。

**中间：** 描写两个场景，具体表现父母的爱。
- 1.描写考试前妈妈为“我”送热牛奶的场景，表现妈妈对“我”的爱。
- 2.描写考试前“我”与爸爸通电话的场景，表现爸爸对“我”的爱。

**结尾：** 表达“我”对父母的爱的理解。

# 谢谢你，妈妈

德州考生

有一种关爱无微不至，有一种情感真诚无私，有一种形象堪比天使，有一种守望执着坚持，这就是妈妈！

我上学时，每天都是六点起床，而妈妈却起得更早——五点半就起床了。妈妈知道我不喜欢吃外面的饭菜，每天变换着花样给我做可口的饭菜，并且在前一天晚上都会为我准备好第二天要穿的衣服和鞋子。作为女儿，我知道妈妈每天这样会很累，我也经常对妈妈说："妈妈，我已经长大了，可以自己照顾好自己了，你就不用天天为我操心了，你休息休息吧！"可妈妈说她不累。我真为伟大的母爱所感动。

眼看离毕业考试还有几天的时间，但是作业却越来越多了，所以我的心情特别烦躁。在妈妈眼里，十二岁的我是长不大的小孩儿，应该对生活充满希望，每天都该是微笑着面对一切。于是妈妈问我："你是不是出什么事啦，你怎么不高兴呀？"我把情况告诉了妈妈，妈妈和我谈心，安慰了我好长时间，然后她才去做饭。吃饭时，我发现妈妈一共做了六道菜，这让我胃口大开，我的心情突然从阴转到了晴。妈妈见我的心情好了，她也会心地笑了。

有一次，我遇到一件非常艰难的事，妈妈在安慰我时，曾说过一句让我受益匪浅的话："不要管眼前的路有多险峻，只要硬着头皮往前走不就闯过去了吗？"当时，虽然我因不懂妈妈的话而笑场了，但是我并没有忘记这句话。现在，每当我在前进的路上遇到困难时，就会想起妈妈说的这句话，也就有了前进的勇气和力量。

"谢谢你！妈妈……"

**新新好词·母爱**

宽容　和蔼　亲切
慈爱　勤劳　奉献
高尚　质朴

写出了妈妈无微不至的关爱。

**新新好句·母爱**

母爱如水般平淡无奇，是因为她为你付出太多太多；母爱如水般朴素淡雅，是因为她把美好的东西都留给了你。

点面结合，考试前的场面写得非常详细。

妈妈教子有方，从而更加感谢母亲，深化了文章的中心。

**看点解读**

**1.详略得当，重点突出**　小作者详写了妈妈对"我"的日常照顾和考前妈妈安慰"我"的两件事，略写第三件事，使文章详略得当，重点突出。

**2.结构严谨，首尾照应**　文章按照"总—分—总"的结构行文，层次清晰。开头先用生动、优美的语句对母亲进行总的描写，紧接着分别选取生活中的三件小事来表现中心，最后一段总结全文，照应开头。

## 满分思路

**开头**：用生动优美的语言描写对妈妈的印象。

**中间**：结合具体事例，描写妈妈是怎样关爱自己的。
- 1.妈妈平时无微不至地照顾“我”，丝毫不嫌累。
- 2.考试前夕，妈妈关注“我”的心情，和“我”谈心，并且为“我”做了丰盛的饭菜，让“我”的心情从阴转晴。
- 3.妈妈鼓励“我”，让“我”有了前进的勇气和力量。

**结尾**：表达对妈妈的真挚感谢。

## 小考真题

阅读下面材料，然后按照所给题目作文。

爱是生活的蜜，越品越甜美；爱是你我的情，越久越芬芳。因为有爱，我们的生活更加甜美；因为有爱，我们的生活更加和谐；因为有爱，我们拥有足够前行的力量……请以“爱”为题目，写一篇400字左右的文章。

要求：叙事要具体，情感要真挚；习作中不要出现真实的姓名和校名；书写要工整漂亮。

——2012年河北石家庄卷

## 审题指导

这是一篇给材料的命题作文，“爱”，虽然比较宽泛，但有了提示语，会让我们想到很多的故事，这些故事无不被爱浸染过，所以，千选万选都不可以离开了爱，左写右写都要突出爱的力量。

你可以写亲情，父母之爱，姐弟兄妹之情，他们或是无私关爱，或是悉心照顾，或是严格要求，但都离不开爱；你可以写友情，那种爱高尚而温馨，带给人甜美的回味；你可以写人情，人与人之间的动人故事，饱含着爱的成分，因了爱，邻里之间，甚至陌生人之间都会产生一种亲近的欲望。

## 立意图解

| 立意 | 解说 |
| --- | --- |
| 爱的奏鸣曲 | 这是一曲爱的歌，这是一曲动人的人与人之间的爱的奏鸣曲。 |
| 享受爱的甜美 | 如果你是一个曾经被冷落的人，你就会知道“我”为什么珍惜爱，更愿意享受爱了。 |
| 那种爱刻骨铭心 | 残缺的家庭造就了一个冷酷的“我”，众人的爱筑成了爱的小屋，让“我”享受到温暖，不再孤独，不再冷漠。 |
| 不要被爱错过 | 爱流泪，不一定是软弱的表现，更多是爱浸润的结果。 |
| 爱差点儿与“我”擦肩而过 | 要不是你的执着，你的坚守，“我”哪里会享受到爱的温馨？ |
| 爱成就了“我”的人生 | 因为爱，“我”的人生才少了诸多坎坷；因为爱，“我”的人生辉煌无限。 |

## 欣赏点作文

### 爱

石家庄考生

爱是无价之宝，是人世间最美好的情感，因为有了爱，世界变得如此美好，生活中的酸甜苦辣才更富韵味。

——题记

> 题记，点明文章主旨。

**父母的爱**

父爱如山，母爱似水。还记得那是一个北风呼呼的冬天，我生了一场病，父亲带我去医院，医生观察诊断了之后说要打针，父亲当时就急得像热锅上的蚂蚁。父亲给一个亲戚打电话，问能否有办法不打针就能治好我的病，刚好亲戚认识个中医，专治这种病，父亲就赶紧带我去寻医问药。当医生开好了药，并说过几天就没有什么大事的时候，我看见父亲长舒了一口气，心里一块大石头终于落了下来。回到家之后，母亲一见到我就问我感觉怎么样，并嘱咐我赶紧休息，然后她去煮饭……当我醒来时，发现父母围坐在床边看着我。母亲看见我醒了，便喂我吃饭。那个时候，我感到我

> 经典名句开头，既总领了全段，又表现了小作者平时积累的用心和用功。

> “长舒了一口气”体现父亲对“我”的关切，此时才放下紧张的心情。

是全天下最幸福的人。

**友爱**

“友爱相伴，不曾孤单……”这首歌唱得好！我们正是因为互相友爱，才不会孤单。友爱是我们不可缺少的一种情感，真挚的友爱是每个人都渴望的。

> 引用歌词，赞美友情。

下课时，同学们间的交流和帮助；上课时，大家团结合作，共同解决问题；当遇到困难的时候，大家齐心协力打倒它，这些都是友爱的体现。而真挚的友爱是要经历困难的，“不经历风雨，怎么见彩虹”大概就是这个道理吧。

> 概括叙述友情的可贵。

爱，不会因为环境而改变，也不能被时间所磨灭，我们要珍惜爱，她无处不在，我们要有一双发现爱的眼睛。

> 回应前文，揭示主旨。

**看点解读**

**1.主旨鲜明** 文章主旨鲜明突出。通过描写父母的爱和同学之间的友爱，来表现爱是无价宝，是人世间最美好的情感的中心。

**2.独特新颖的结构** 文章结构别具一格，显得新颖别致。以题记点示全文内容，以父母之爱和友爱领起各自独立又互相关联的两节，最后回应前文。

**满分思路**

**开头：** 题记开篇，表明“爱”的重要性。

**中间：** 具体从父母的爱和同学的爱两方面表现“爱”。
- 1.父母悉心照料“我”，他们的爱真挚感人。
- 2.同学的爱不可缺少，它能够让人生多一些美好。

**结尾：** 总结对爱的看法，呼应前文。

# 欣赏点 7：师生情深

# 谱写师生间的真实情谊

## 小考真题

请你写一篇以“爱”为主题的记叙文。

提示与要求：①把印象深刻的部分写具体，感情要真实；②语句通顺，书写工整，字数在 450 字以上。

——2017 年成都新城卷

## 审题指导

这是2017年成都新城区的小考作文题。爱，没有地域之分，没有种族差异，它藏在世界的每个角落。我们都需要爱，我们每个人也都被爱着。细细感悟爱与被爱，拓展其内涵，升华其品位，去爱身边的每一个人，爱这个世界，让世界充满爱。

爱和感动同在，生活中，最令人感动的莫过于爱和被爱。在我们的身边，有哪些人让我们感受到爱的温暖？每天，我们都在爱的温暖中快乐地生活，却往往忽略了那些爱我们的亲人，忽视了他们的辛勤付出。让我们走近他们，去回味那些曾经感动人心的点点滴滴。

亲人之间、师生之间、朋友之间、陌生人之间……甚至一个乞丐所做的极为细小的事情，都会让我们感动，特别时天灾袭来时的社会大爱。灾难降临，人们冒着生命危险，给予灾区人们真诚的帮助。无论大事还是小事，无论亲历还是耳闻，我们的感受都是相同的，那就是爱与感动。

题目要求写记叙文，写作时要细细搜寻记忆中曾经让我们感动的人和事，尽可能渗透我们的情感，捕捉那不经意的一个个瞬间，那悄然而至的一个个细节，那无怨无悔的平凡的追求……只要我们心存感动，就会在文中流泻真情，就会让我们的灵魂更纯净，精神更丰富，我们所感受的爱便会得到升华。

## 立意图解

| 立意 | 解说 |
| --- | --- |
| 写特定环境中的爱，讴歌大爱无疆 | 每当灾难降临，举国上下，无论是武警部队还是工薪阶层，无论是领导干部还是普通百姓，甚至那些平日里不起眼，抑或不受待见的贩夫走卒、流落街头的乞丐，在灾难面前，他们都能尽自己最大的努力给予灾民最真诚的帮助。这是人间大爱，这是有着五千年传承的中华民族在灾难面前作出的近乎本能的第一反应。这些，难道不值得我们称颂、弘扬？ |
| 写现实生活中的爱，弘扬传统美德 | 爱，无处不在。我们的世界因为有了爱与被爱才会更加温馨、和谐。老师的一句诤言，爸妈的一句鼓励，朋友的一句夸奖，往往能给我们带来不懈的动力，这就是爱；帮同学辅导功课，扶盲人过马路，陪老人谈心，这也是爱。因为有了爱与被爱，我们才会喜悦；也正因为这些喜悦，我们才会对生活充满爱的情感。 |
| 写童话世界里的爱，展示博爱情怀 | 童话是现实生活的影像，是现实生活的缩影，童话世界的主人翁都是我们生活中的一些人或一些不方便提名道姓的人物的真实再现。如此一来，写作思路便开阔了：可以假想自己是童话世界里的主人翁，也可以把自己熟悉的人设置为主人翁……在童话世界里，这些人物又是怎样展示博爱情怀的？ |
| 写动物之间的爱，体现人文关怀 | 除了人，动物之间也有爱。衔环结草，以报恩德。羊有跪乳之恩，乌鸦有反哺之情。动物世界并非我们所看到的那么简单。当一只小鸟掉出鸟巢，当动物幼崽遭遇强敌，它们的妈妈并不比人类的母亲少爱自己的子女一分。写动物世界的爱，赞美动物世界的爱，目的是在提醒人类要有人文关怀精神。 |

## 欣赏点作文

# 有一种爱

成都考生

记得小时候，校园的西北角有一个秋千。在我的印象里，只要下课铃一响，我们就会一窝蜂地聚到那里，久而久之，已成了一个习惯。

> “一窝蜂”“习惯”突出了“我”对秋千的印象之深。

一天，我照例拥到秋千边，等啊等啊……快了，快了，就要轮到我了！可就在这个节骨眼上，老师要我们全回班上去。凭什么？现在还没上课啊！而且，什么时候不好选，偏偏选这个时候，我连一次玩的机会都没有呢，我不情愿地小声嘟囔着。

> 对“我”的心理活动描写细腻、逼真。

到了班上，我气呼呼地坐在自己的位子上，将书本往课桌上一扔。整整一节课，我都在生气。下课了，我慢腾腾走到门口，看着其他同学嬉笑的样子，心中的怒火陡增。我跑到窗子边的一个同学的课桌上，在那个同学的书上画了好几个“叉”。

放学后，老师把我叫到了办公室。她告诉我，因为时间长了，秋千上的铁链已经生锈，就在昨天，还有人荡秋千时摔伤了。所以老师听到这个消息后，就立即把我们叫回班上。老师知道我有些不开心，课间正准备找我时，却看到了我搞恶作剧的那一幕。等我走后，老师用橡皮小心翼翼地把那些“叉”擦掉。听了这些，我的心里酸溜溜的，是难过，是内疚，还是悔恨，我已经分不清楚了。

> 突出了老师对“我们”无微不至的关爱，照应了文章的题目。

铃声响了，妈妈来接我了，我小声跟老师说了声“再见”。这时，西边的天空已披满了红霞，它像极了老师那颗火红的爱我们的心。

> 以“红霞”比喻老师的心，鲜活灵动，寓意深刻。

### 看点解读

**1.语言生动，描写细腻** 文章语言极具生活化，如“只要下课铃一响，我们就会一窝蜂地聚到那里”“看着其他同学嬉笑的样子，心中的怒火陡增”“西边的天空已披满了红霞，它像极了老师那颗火红的爱我们的心”，等等，生动活泼，描写细腻。

**2.另辟蹊径，小处入手** 老师在得知“我”生气的时候，并没有当众责备，而是放学之后与“我”促膝谈心。这些看起来都是极不起眼的小事，可正是这些小事、这些细节，彰显了老师细致入微的爱。

## 满分思路

**开头：** 直接点明“我”特喜欢荡秋千。

**中间：** 通过记叙老师不让“我”荡秋千的事情，表现老师对学生的爱。

1. 在等待荡秋千时，老师要“我们”全回班上去。
2. 因为没有荡成秋千，整整一节课，“我”都在生气。
3. 老师把“我”叫到了办公室，告诉“我”原因。

**结尾：** 以“红霞”比喻老师的心，突出爱的主旨。

## 小考真题

题目：记小学阶段最______的一件事

要求：在横线上填“难忘、愉快、悔恨、感动”等；围绕主题选用材料，详略得当，内容具体，表达自己的真情实感。

——2016年重庆万州卷

## 审题指导

这是一道“中空式”的半命题作文，也是一道纪实性作文题。题目的关键词（题眼）便是所补充的那个词语，选材的重点也在这个词上。当然，题目也限制了时间，是在整个小学六年的学习生活过程中所发生的事。在写的时候，尤其不能忘记另一个重点词“最”。因为有这个词的限制，我们就要把自己心中至今仍记忆犹新的那件事写出来，以表达自己某方面的感受。而在完整地叙述好这件事之后，可以自然地谈自己的感受，不可牵强附会。

## 立意图解

| 立意 | 解说 |
|---|---|
| 激动的事 | 在那场别开生面、激情四射的运动会上，“我”班男子接力赛的好哥们争分夺秒，一路斩兵截将，不给对手留任何机会，奋力冲向终点，终于夺回冠军！ |
| 难忘的事 | “我”忘不了和小文、大山在操场上玩“警察抓小偷”的游戏。作为“警察”的“我”死死地盯着“小偷”，识破他的诡计，终于把“小偷”逮个正着。 |
| 感动的事 | 放学回家“我”晕车了，挚友小芳主动让座，并说她下站就下车去姑姑家。可一站又一站，她并没下车。“我”猛然明白，她编造了一个善意的谎言。 |
| 高兴的事 | “我”荣获第十九届“双龙杯”书画大赛金奖。当“我”手里捧着喜报和获奖证书时，“我”眼里闪烁着兴奋和喜悦的光芒，高兴得一蹦三尺高。 |
| 后悔的事 | 那天放学后“我”做卫生，去倒垃圾。因为太迟了，“我”急着回家，就把垃圾倒在教学楼后的拐角处了。现在回想起来真后悔。 |

## 欣赏点作文

# 记小学阶段最感动的一件事

重庆考生

小学阶段即将画上圆满的句号，此时坐在考场上，一件件往事涌上心头。然而，最触动我的还是下面这件事——

> 总起开头，间接点题。

那天，很冷很冷。我们去操场时，我被课桌一挡，摔倒了。“哎哟——”糟了，莫不是摔伤了吧？甜甜连忙把我扶到了老师办公室。

> **新新好词·感动**
> 感触 触动 激动 感人 感慨万千 感人至深

张老师知道后，马上搬过一个凳子，让我坐在他的对面。“老师，你会治扭伤？”“是不是扭伤，我来检查一下。”张老师轻轻抬起我受伤的脚，轻轻地搁在自己的腿上，并轻轻地脱下我的鞋子和袜子，然后按这按那，边按边问：“痛不痛？”“不痛——”“痛不痛？”“痛！痛——”张老师不慌不忙地说：“看来是这个地方的问题。那你自己扭一扭，看痛不痛？”我扭动了几下：“不痛。”“不是骨折，只是扭伤。”我惊呆了：“老师，你还会这个？”“我经常摔跤，对这个还是能判断的。”看来，久摔成骨伤科医生了！

> **新新好句·感动**
> 感动不是单纯的落泪，不是肤浅的感时伤怀，而是人与人之间心灵上的共鸣。

> 细致描写老师的行动、语言、神情等，既表现老师的关心，又反映老师对扭伤的精通。

张老师拿出云南白药气雾剂喷在我的扭伤处，然后拿出一块毛巾盖在我的脚上。这个间隙，张老师便转身改作业了。不过两分钟，他又给我喷了一次：“就这样不动，痛不痛？”“不痛。”“好！刚开始扭伤，不能动扭伤处。至少在24小时之后，才可以揉一揉，或热敷。”说完，他拿开毛巾，换了喷雾剂喷在受伤处。那往下流的液体张老师也不管，任凭其流在他自己的裤子上。看着张老师像照顾亲生女儿似的照顾我，我的眼里溢满了泪水……

> 描写细致。从老师的处理和语言中看出，老师的确很有一手。

> 泪水，是感激的反应。

就这样反复几次，张老师觉得差不多了，就轻轻为我穿上袜子和鞋子，并让甜甜扶我到教室，还打电话通知了我的爸爸……

我的脚扭伤，张老师完全可以准我的假，让我到校保健室去看，可他却在忙碌中抽出时间让我的扭伤得到及时的处理。这件事带给我的感动总在我心中荡起一阵阵微波。

> 直抒情怀，对老师进行赞美。

### 看点解读

**1. 语言朴实，令人感动** 老师为学生处理受伤的脚，简简单单地写下来，却又让人感觉到事情不简单，“人”不简单。文章没有华丽的辞藻，没有美妙的语言，就像和老朋友聊天那么自然朴实，娓娓道来，但读来却令人感动。

**2. 描写细致，细节动人** 文中真正能打动人的是细节——几个“轻轻地”，一块毛巾拿上拿下，几句看似讲常识却又是叮嘱的话语，都是那么自然地呈现在眼前，却又无时不在打动着当事人和读者。

### 满分思路

**开头：** 总写往事，引出下文。

**中间：** 描写老师对“我”的扭伤的处理，突出老师的关爱。

1. “我”的脚扭伤，同学将“我”扶到老师办公室。
2. 老师细心地为“我”处理。
3. “我”被感动，眼里溢满了泪水。

**结尾：** 直抒情怀，赞美老师对自己的关爱。

## 小考真题

题目：在那些日子里

提示：那些日子，是你在某一个时间段里的记忆。比如告别校园的日子，曾经痴迷于某项活动的日子，跟父母闹别扭的这段时间，与同学友好相处的那段时光……在那些日子里，到底有什么事，什么人牵动着你的心，使那些日子久久地留在你的心中呢？请把它记录下来，表达出你的真情实感。

要求：语句通顺，不写错别字；不少于450字。

——2015年河南固始卷

## 审题指导

这是一道命题作文，题目是一个介宾短语，它表示的只是一个不确定的时间段，命题者的意图是让考生根据自己的生活阅历，选取某个时间段或某个成长阶段内有意义的事或难忘的人来写。至于具体到什么时间，叙什么事、写什么人，则由考生自主确定，可见这个题目的宽泛程度。题目给考生提供的自由选择的空间非常大，从而使考生人人有话可说，有东西可写，再也不用担心无“米”下锅，无从下笔了，符合小学课程标准对写作教学“应贴近学生实际，让学生易于动笔，乐于表达”的要求。作文时，应根据题目的提示和要求精心选材、立意，确定适宜的切入点。具体说来，就是应首先明确“那些日子”的具体所指，即交代清楚是“告别校园的日子”，还是“曾经痴迷于某项活动的日子”，或者是其他的什么日子；然后再明确所写的人与事。只有这样，文章所写的人物与事件才会有所依托，才能显示出其在特定背景及环境下的与众不同之处。

## 立意图解

| 立意 | 解说 |
| --- | --- |
| 在学校的日子 | 和同学们共同生活、学习的那些日子里，“我”感受到了集体的温暖与友爱。 |
| 童年的日子 | 回想起童年时代那些无忧无虑日子里的尽情玩耍，“我”对童年生活充满了向往。 |
| 和老师相处的日子 | 在与老师相处从不理解到理解的日子里，“我”明白了老师的用心良苦。 |
| 离别的日子 | 在即将离别母校的那些日子里，“我”体会到了什么叫难舍难分。 |

## 欣赏点作文

### 在那些日子里

固始考生

六年小学生活就要结束了。回首身处其间的那些日子里所呈现出的一幕幕学习与生活的情景，我感觉就像是一部电视连续剧，虽然故事大多都很平淡，但却也不乏精彩感人之处。

扣题、点题。

将六年的小学生活以“电视连续剧”作比，形象新颖。

记得第一次跨入××小学大门的那天，我们都不约而同地穿上新衣服，背着新书包，在我们眼里，无论周围的环境，还是身边的人，一切都是新的。

第一次的感觉很真实。

起初，我们都有许多不适应，总是表现得很无知，甚至是愚鲁和顽劣、自以为是。这不，在入学之后的第一堂体育课上，我们竟然不听话，只管一起哄闹，结果让体育老师很生气。随后自然是反映到班主任那里。班主任显然也很生气，只见她慈祥的目光中，明显地多了几分严厉。我们一个个都吓得不敢吭声。直到她宣布了“今后谁再不听话就不让谁上体育课”的决定之后，我们才舒了一口气。从此，大家再也不敢在体育课上哄闹了。

上学不久，受到了老师的批评，为“我们”的成长和班集体的形成奠定了基础。

记得一次作文课上，语文老师手拿一本杂志，满面含笑地说：“咱们班‘秀才’的大作又刊登出来了。这次可是在我省一家全国知名的小学生期刊上发表的……”老师的话还未说完，同学们便使劲地鼓起掌来。掌声催促着“秀才”扭捏地走上讲台，他涨红着脸为大家介绍写作的经验，我们全都听得津津有味，满心满眼都是佩服。最后“秀才”撂出了一句出人意料的话语：“我应该感谢大家，没有那些我们一起走过的日子，我绝不可能写出这篇习作。”

“满面含笑”，可见老师难掩喜悦、欣慰之情。

以荣为荣，彰显集体意识。

“秀才”撂出的一句话，再次彰显集体意识。

六年级那年，我的同桌不小心崴伤了脚，行走不便。为了不让她缺课，全班同学用自行车轮流接送她，直到伤愈，我的同桌也没落下一节课。在我们班像这样互相帮助、团结友爱的现象，几乎每天可见，大家都习以为常了。

意在表明这种互相帮助、团结友爱的现象在“我们”班已经蔚然成风。

现在，我们一起生活了六年，班集体不得不解散。回首那些我们一起走过的日子，我们一起编创的这部小学生活电视连续剧便有了这么一个虽不十分动人，却也耐人寻味的剧名：“在那些日子里”。

照应开头，揭示题旨，耐人寻味。

### 看点解读

**1.精心选材，描述具体** 本文不仅选材别具匠心，而且描述很具体。比如为了表现出小学生活的平淡，小作者选取并具体描述了入学那天的所见所感以及上学不久即受到老师批评的情形；而为了表现出小学生活的精彩感人，则选取并具体描述了“秀才”习作发表以及全班同学用自行车轮流接送脚扭伤的同学等事例。

**2.首尾照应，突出题旨** 文章开头“虽然故事大多都很平淡，但却也不乏精彩感人之处”，不仅紧扣题目，交代了发生在那些日子里的故事的特点，而且还起到了引出下文的作用。结尾“回首那些我们一起走过的日子……虽不十分动人，却也耐人寻味”不仅与开头相照应，而且突出了题旨。

## 满分思路

**开头：** 紧扣题目，形象作比，引出下文。

**中间：** 具体叙述六年小学生活的平淡与精彩、感人之处。
- 1.初入校园，“我们”都有许多不适应，在老师的教导下，“我们”成长了。
- 2.同学的习作发表了，他的成功离不开集体的力量。
- 3.全班同学轮流接送受伤的同学，体现“我们”的互帮互助、团结友爱。

**结尾：** 总括上文，照应开头，揭示中心。

# 在那些日子里

固始考生

六月，白色的栀子花开了，那是清甜的味道，干净而饱满，很像我们与她一起相处的那些温馨难忘的日子……

> 充满诗情画意的开头，既点题，又引出下文。

三年前，刚从师大毕业的她，正值青春年华，成了我们三年级六班的班主任。

> 交代时间、人物及其身份。

或许是初来乍到，过于拘谨吧，她在课堂上从来不笑，总是板着个脸给我们讲课，不时还用她那好看却锐利的眼睛瞪一下那些偶尔东张西望不认真听课的学生。我们只要看见她那双眼睛，没有不惧她三分的，不管是谁，一旦发现她的目光射过来，都会吓得一身冷汗，生怕她下了课来找自己的麻烦。

> 写她的严厉，着重突出她那让人望而生畏的目光。

课下，一些胆大的女生尝试着和她打个招呼，也只有在这个时候，她才会咧开嘴笑一下。她长得很漂亮，微笑时如同绽放的花儿一般，只是这花儿在我们面前难得绽放那么一两次。

然而，她在别的班上课时，却是另一番情景。她不仅对其他班的学生笑，而且还和他们打成一片。她就是不对我们笑，不仅不笑，而且对我们过于严厉，这令我们实在不解，大家纷纷猜测，大概因为她是我们的班主任吧。

> 写她在别的班上课的情景，与前面在本班上课的情景形成鲜明的对比。

当时，我们心里很生气，气她对学生不公平，气她总是训斥我们，气她从来不夸赞我们。她也气我们，气我们不懂事，气我们对她不理解，气我们总是贪玩，不按时完

> 揭示师生之间产生矛盾的根源。

成作业。

就这样，我们和她共同气了三年。

也许是长大了，我们终于明白了她对我们的爱，原来严肃也是温暖！

她结婚时，我们给她包了个红包，那是“六六大顺”的祝福，她哭了，流泪的脸上带着幸福的笑容。

有一天晚自习，她累得趴在讲台上睡着了，我们不再说话了，安安静静地，呵护着她。

时间就这样匆匆忙忙地逝去，我们和她一起走过了那三年至今想来最温暖的日子。那些日子里，留存着我们最美丽的人生记忆。

“三年”说明她一直严格要求学生，直至得到学生的理解。

她因得到学生爱的回报而欣慰。

写学生因为理解而体谅老师。

文末点题，突出中心。

**看点解读**

**1.审题准确，切题自然** 这篇文章审题精准，以与班主任老师相处的那些日子所带给自己的美丽人生记忆作为叙述的内容。为避免平铺直叙，小作者紧紧围绕着老师和学生之间那种微妙的情感变化来写，从不理解到理解再到体谅、呵护，情感变化的脉络清晰，读来给人以温馨的感觉。

**2.构思精巧，情节曲折** 小作者采用欲扬先抑的手法，先写同学们对这位班主任的不苟言笑、严格要求不理解，甚至是气愤；后写同学们终于理解了老师的良苦用心：“原来严肃也是温暖”，并给予老师体谅和呵护，情节设计曲折有致，读来耐人寻味。

## 满分思路

**开头：**环境描写开篇，生动优美，引出下文。

**中间：**描写三年间班主任与“我们”相处的点点滴滴。

- 1.“她”作为“我们”的班主任，过于严厉，“我们”因此生“她”的气，“她”也因“我们”的所作所为而生气。
- 2.后来，“我们”明白了“她”的爱，开始理解“她”、体谅“她”。

**结尾：**表达自己的感受，点明中心。

## 小考真题

题目：在学校里，我们经常会去老师的办公室，有时是自己主动去的，有时是老师叫去的。于是，“办公室有请”这样的话不时会从同学们的嘴里诙谐地冒出。亲爱的同学，你去过老师的办公室吗？对于去老师的办公室，你有过怎样的经历和感受？请你结合自身的实际，以“办公室有请”为题，写一篇不少于450字的文章。

友情提示：写出自己的真情实感，不要胡编，更不要套作。

——2014年陕西西安卷

## 审题指导

很显然，“办公室有请”这个题目生活气息很浓。大家都知道，并不是真有“办公室有请”，而是借“办公室”指“老师”。在学校里，又会有几个同学没有被老师“请”过呢？显然，这样的一个题目，令同学们在感到惊喜的同时，也有很多话要说。当然，要想写好这个题目，我们在具体的写作中还需掌握以下几招：

**1.精挑细选**

一般来讲，去老师办公室的原因有很多，比如送作业、请教老师、和老师谈心等。如此众多的事件，我们不可能也没有必要在一篇四五百字的文章里都涉及。这时，我们就要从众多的事件中，选取一件或几件来写，以点代面，写出学生与老师的感情即可。至于挑选的标准，就是挑取那些自己最为熟悉的、感受最深的事来写。

**2.注意细节**

既然是老师和学生之间的事，我们就要注意老师和学生的表现，特别是人物的动作、语言、神态、心理等细节。这些细节描绘得越好，越有助于反映人物之间的感情，从而丰富文章的内容，更好地彰显文章的中心。

**3.突出影响**

我们知道，对于事件的记叙有两个角度，一是事件的过程，一是事件的影响。事件发生后，对当事人或多或少地会有这样或那样的影响。这样的影响，也正是事件的意义之所在。和老师的接触，对自己产生了哪些影响呢？把这样的影响交代清楚、明白，有助于对事件意义的认识与把握。

## 立意图解

| 立意 | 解说 |
| --- | --- |
| 看到老师们专心致志地备课 | 写出自己对老师们敬业精神的钦佩。 |
| 与老师谈心 | 自己转变了学习态度，开始一心一意地学习。 |
| 老师给“我”指出缺点 | “我”改掉毛病，不断走向完美。 |
| “我”大胆给老师提出教学方面的建议 | 得到老师的表扬与肯定。 |
| “我”作为“特邀老师”给老师讲课 | 从一个侧面写出学校在教学方面的探索。 |

## 欣赏点作文

### 办公室有请

西安考生

“可怜啊！放学了，又拖堂！”

> 先声夺人，造成悬念。

那一段时间，这话经常从我们班里异口同声地冒出，而这都是拜英语老师所“赐”。

要升学考试了，可是，我们班有不少同学还吊儿郎当，不认真复习，特别是英语作业和单词，每天都有完不成的同学。

英语老师针对这种情形，就想出一个办法，每天放学后，在我们班搞听写，谁不会，谁就别想回家。

> 交代背景。

这不，那天，听写完后，11个单词我只对了5个。不消说，接下来，我和其他不会的同学一样，“办公室有请”——拿着英语书到老师办公室背。

> 写自己的亲身经历。

背了一会儿，我感觉我差不多都会了。于是，我走到老师的身边，怯怯地问：“老师，您能让我再听写一遍吗？”

> 如此语气，显示自己的小心翼翼。

老师点点头，于是，我合上书，坐在老师办公桌旁边，听写起来。

听写完了，我全对。老师笑着说：“这就对了！”

听了这话，我就像得了“赦令”一样，赶紧溜出办公室，回家吃饭。

回到家，妈妈问我：“怎么回家这么晚？”我将事情的原委告诉了妈妈。

没想到，我的话音刚落，妈妈十分感动地说：“你们这位英语老师真好！”

我一愣：“好？好在哪儿？留在办公室里重背，还算好？”

“傻孩子，你想呀，你没有回家吃饭，老师也没有回家吃饭呀。你们英语老师年轻，家里还有小孩，她这么做是为了什么？不就是督促你们好好背单词，好好学习吗？”

听了妈妈的这一席话，我恍然大悟：我真是身在福中不知福！这样好的老师，我还不满意。

从这以后，我每天再不敢不背单词了。我把妈妈的话跟好多同学讲了，大家也像我似的幡然醒悟了。没过多久，老师再也不拖堂了——为什么呢？因为大家都写作业，都背单词了，老师还拖堂干啥？

> 动作细节，突出了动作之“快”，心情愉快。

> **新新好句·恍然大悟**
>
> 听到那一声呵斥，看到他满脸的悔恨，我才明白，其实我们都误解了他。

> 妈妈的话，点明老师做法的意义。

> 恍然大悟，原来如此。

> 表明经过此事后，同学们改变了以前的做法。

### 看点解读

**1.感受独特，构思新颖** 本文表面上是写自己的经历，事实上，却是借这样的经历，塑造了一个对工作认真负责、关爱学生的英语老师的形象。她之所以拖堂，正是为了让学生完成作业，背好单词。这样一位尽职尽责的好老师，令人敬佩。

**2.先抑后扬，布局巧妙** 刚开始，自己对老师的做法还是有些抱怨的；后来在妈妈的启发下，自己真正认识到老师的可爱与伟大，从而改变了对英语老师的看法。如此先抑后扬，对比鲜明，很好地突出了文章的主旨及人物形象特点。

### 满分思路

**开头：** 直接写出事情的结果，吸引读者注意。

**中间：** 具体写“我”到老师办公室背单词的经过。
- 1.听写不过关，“我”到老师办公室背单词。
- 2.“我”在老师办公室里努力背单词，听写终于过关了。
- 3.回家后，妈妈的一番话让“我”明白了老师的良苦用心。

**结尾：** “我们”都理解老师了，变得努力了，老师也不再拖堂了。

# 办公室有请

西安考生

从幼儿园起，我就当班长。对于老师的办公室，我再熟悉不过了，我哪天不进出老师办公室几趟呢？不料有一天，我竟然有些害怕地走进了老师办公室。

> 心理对比，引出疑问。

那天，我正在班里批改同学们的作业，一个同学一溜烟地冲着我奔来，大口大口地喘着气，有些结巴地说：“老师叫你去办公室。”

> 动作细节及语言细节，形象生动地说明老师找“我”有急事。

我心想：我正批着作业，应该不是班主任让我去吧，可能是数学老师叫我去抱作业吧？

**新新好句·责备**

> 我一抬头，猛地看到老师那双眼睛射出严厉的目光，直刺得我抬不起头来，这种无声的责备，使我惭愧极了。

我正想着呢，同学的一句话打破了我心中的疑问，他说：“班主任正等你呢，快去吧！”听了这话，我一下子愣住了，班主任找我有啥事？

走进办公室，看着班主任那满脸的严肃，我一时间竟有些害怕。

一见我，老师一把就把昨天的作业扔给我，严肃地说：“怎么错这么多？”还没等我开口说话，老师就接着问，“是不是马虎错的？”我点了点头，老师让我回去改，改完后再让她看。

> 老师的表情很严肃，与平日不一样。

改作业的时候，我发现这些错题我并不是不会，就是因为马虎错的，我改完后马上去给老师看。

看完后，老师那一直冷酷无情的脸上终于有了微笑。这下，我一直揪着的心终于放了下来。老师的声音也变得温柔起来：“这就对了，这就对了！”听了这话，我心里美滋滋的。

> 老师的表情有了变化，因为错误被改正了。

现在想来那次去老师办公室，真有点儿“恐怖”！不过，自从那次以后，我再也没有犯过马虎的毛病，再也没有被老师批评过。

> 写事后的总体感受。

假如没有那次“办公室有请”，那又会出现什么样的情形呢？

> 采用假设，进一步突出事件的影响。

## 看点解读

**1.构思新颖，布局巧妙** 本文通过一次老师批评“我”做作业马虎的事，突出了老师对“我”的关爱与对工作的负责，如此构思，很是新颖独到。全文采用“总分总”的结构形式，精巧而紧凑。结尾的假设，在独辟蹊径的同时，画龙点睛，颇似神来之笔，令人称妙。

**2.感受突出，叙述生动** 边叙述边写人物的感受，感受富有变化，真实地再现了当时自己的心理活动，也增加了叙述的生动性与吸引力，文字富有一定的感染力。

## 满分思路

**开头：** 对比设疑，引出下文。

**中间：** 具体写“我”去老师办公室的经过。

1. “我”正在批改同学们的作业，老师叫“我”去办公室一趟。
2. 在办公室里，老师严肃地批评了“我”——因为马虎，“我”做错了很多题。
3. “我”把错题都改正了，老师的脸色缓和了。

**结尾：** 表明这次经历对“我”的影响。

# 欣赏点 8：赤子之心

# 刻画懂事、感恩的心灵

## 小考真题

习作。

毕业前夕，你一定有许多感想，如回忆起许多难忘的经历；回想起朋友之间深厚的友谊；想对父母、同学、老师谈谈心里话……想一想，选择你最想表达的内容写下来。

要求：表达时做到意思清楚明白，语句通顺，有真情实感。题目自拟。

——2017年江苏溧阳卷

## 审题指导

2017年江苏省溧阳小考作文试题，是一个带提示语的自命题作文，应该说这个题目是一个易于让学生产生联想，易于学生发挥的题目。

**1.明确要求，精心拟好题目**

首先要注意明确题目要求，用心拟题。题目是一篇文章的眼睛，可以透视文章的内容，也可以吸引读者的目光，好的题目，总会让人眼前一亮。拟题，可以直接揭示文章内容，如：“妈妈，我想对你说”“那一次，至今让我难忘”，也可以用艺术性的手法拟题，如“心中的那片阴影”“难忘那场风雨”。

**2.扣题行文，叙说力求生动**

拟好题只是写作的第一步，如何扣题行文，让叙说生动形象才是文章成功的关键。如针对“那一次，至今让我难忘”这一题目，写“虽然临近毕业了，可有一件事仍让我记忆犹新，至今难忘”。这样行文不仅可以有效地扣题，还能自然引出对往事的回顾。叙事时应运用恰当的修辞手法和一定的表现手法以求生动、形象，让文章读之有趣。

### 3.画龙点睛，写出深刻感悟

如果仅仅叙事，文章难免流于平庸，画龙的同时不忘点睛，文章就会灵动。能否写出深刻的感悟，从而带给人思考，给人以教益，决定着文章的高下，故点睛之笔不可少。“点睛”不能脱离文章，不可以无中生有，一定要在画龙的基础上；同时“点睛”要恰当，不可以拔高，不可无病呻吟，需有分寸。

## 立意图解

| 立意 | 解说 |
|---|---|
| 难忘师生情谊 | 毕业前，那些和老师相关的镜头会一个个闪现在我们的脑海。不论是关心、体贴，还是批评、教诲，不管是课堂上的一颦一笑，还是课下的嬉戏游玩，都会让我们长久注目，深情凝视。 |
| 难忘同学友情 | 或许是运动场上的同场竞技，或许是学习时的各不相让，或许是跌倒时的相互搀扶，或许是晨风中的朗朗书声……年少的我们，不惧风雨，留下青春的剪影；年少的我们，一同前行，沉淀出深重的友情。 |
| 难忘如山父爱 | 虽然很多时候，您也曾疾言厉色；虽然很多时候，您也有鞭笞杖责，但我们怎会忘记您的付出？为了一家的生活，您远走他乡，一年难得回家一次；为了儿女的前途，您起早贪黑，辛勤耕耘。您那早生的白发，是生活对您的奖赏；您那深深的皱纹，是岁月无情的赐予。您的爱，崇高而博大；您的情，感天而动地，在这样的一个时刻，我在心中默默地感受，深深地感激。 |
| 难忘校园 | 我们不会忘记我们的教室，这儿留下了我们奋斗的足迹；我们不会忘记我们的校园，那一草一木都曾浸染我们的汗水。花园里，有我们漫步的小径；池塘边，留下我们欢快的笑声……很多的场景，让人难忘，我们的喜怒哀乐都化为记忆的音符。 |

## 欣赏点作文

# 老师，有句话要对您说

溧阳考生

老师，有句话我一直想对您说。现在快毕业了，我想再不说就没机会了。

> 设置悬念，引起下文。

不知您是否还记得，四年级时的那次演讲比赛。当时，一个班要抽一人参加全校的演讲比赛，不知谁把我的名字报了上去，这可把我吓坏了，因为我从来没参加过任何比赛，我对自己毫无信心。

> **经典素材**
> 伟人之所以伟大，是因为他与别人共处逆境时，别人失去了信心，他却下决心实现自己的目标。

一开始，您并没有当成一回事，直到班级试讲时，您才明白事情的严重性：我站在台上两腿“筛糠”，前言不搭后语，紧张得要命，两只眼睛盯着屋顶，不知在看什么。

“呵呵，都说 ×× 同学深藏不露，原来 ×× 同学有绝招啊，你看他正盯着房顶寻找演讲的秘诀呢！”一句话让全班的同学大笑起来。我也多少有点儿放松，“我看这样吧，我们把演讲改为提问，你们可以提问演讲的同学，演讲的同学也可以提问其他同学，好吗？”

> 老师想方设法化解“我”的紧张情绪，让“我”找回自信。

一变形式，情况显然就好多了，我的回答越来越流畅了。

下课了，老师找来了有关演讲的视频，和我一起看，一起分析，“你不是没有口才，而是缺少自信！要相信自己能行！”

> 课下，老师鼓励、帮助“我”克服紧张，树立自信。

是的，我行的！我慢慢有了自信。

当然，比赛很成功，我获得了第一名的好成绩。当我上台领奖的时候，我想说：“谢谢您！”现在，我要大声说：谢谢您，是您给了我自信，让我从此改变了自己，一步步走向成功！

> 表达心声。

### 看点解读

**1.巧设悬念，情节曲折** 文章开头设置悬念，引出下文；中间则具体描述老师帮“我”克服演讲比赛的紧张情绪，帮“我”树立自信心。悬念手法的运用，不仅使故事情节有波澜，引人注目，同时也让文章引人阅读。

**2.娓娓诉说，情感真挚** 作者深怀对老师的感激之情进行倾诉，感情真挚。如，“我要大声说：谢谢您，是您给了我自信，让我从此改变了自己，一步步走向成功！”表现出对老师的感恩之情。

## 满分思路

**开头：** 设置悬念，引人思考。

**中间：** 具体叙说那个让人难忘的故事。
- 1.“我”意外被选中参加演讲比赛。
- 2.老师想方设法帮“我”克服紧张情绪，找回自信。
- 3.在老师的帮助下，“我”获得优异成绩。

**结尾：** 表达“我”对老师的感激之情。

# 难忘那场风雨

溧阳考生

那天那场雨好大好大，只见漫天乌云翻滚，电闪雷鸣，瓢泼似的大雨一个劲地往下倒，天地之间一片白茫茫。

> 自然环境描写给全文营造气氛。

我一直认为，父母对我是毫不关心的，我在家里是无足轻重的。不然，父母为什么对我的学习不管不问，为什么一年到头四处奔走却很少回家？

那一天，我考试失利，被老师批评了，我感到心中苦闷，无处诉说，想打一个电话给妈妈。结果电话接通后，“妈妈正忙着呢，哪有那么多的事”，就说了这一句妈妈就挂断了电话。既然谁也不在乎我，我……我一时气恼就逃学了。

> “我”对父母不理解，做出逃学的举动，为下文作铺垫。

老师的电话打到妈妈那里，妈妈立刻慌了，连夜和爸爸一起往家赶。爸爸、妈妈到处奔走，四处打探。

> “立刻”“连夜”等一系列词语表现出父母对“我”并非漠不关心。

尽管那天下着瓢泼大雨，刮着凛冽北风，可他们依然不管不顾。当他们一身泥水站在我面前时，我哭了。当妈妈一把将我揽到怀里时，我感受到了妈妈内心的欢喜；当爸爸将雨衣披在我身上时，我感受到了他双手的震颤……是的，我并非无足轻重，在他们的心里，我是他们的“唯一”，

> 父母的表现让“我”真实地感受到爱。

是他们的所有。

这一夜，不善言辞的父母和我说了整整一宿的话，说了他们的苦，他们的累，他们的希冀，他们的梦想……

难忘那天的那场雨，它让我明白父母的辛苦，它使我懂得父母的爱！

> 交流让“我”更真切地理解了父母。
>
> 突出主旨。

**看点解读**

**1.环境描写，别具匠心** 文章的一大亮点是对风雨的描写，营造气氛，烘托情感，突显主旨。

**2.情感表达，真挚朴实** 作者毫不掩饰对父母的情感，由开始的不理解，到后来的感悟，朴实而真挚，不虚伪，不做作，渗透在字里行间，让人感受真切。

## 满分思路

**开头：** 利用环境描写营造气氛。

**中间：** 回忆那件让“我”改变对父母看法的往事。

- 1.“我”认为父母对自己漠不关心。
- 2.“我”考试失利受到老师批评后，给妈妈打电话，不被理解，选择逃学。
- 3.父母连夜回家寻找“我”，“我”感受到真实的爱。

**结尾：** 彰显文章主旨，突出文章中心。

## 小考真题

“世界上最快乐的事，莫过于为理想而奋斗。”同学们，你们的理想是什么？从什么时候开始有了这样的理想？为实现自己的理想应该怎样努力呢？仔细想一想，写一篇习作，题目自拟，字数在400以上。

——2016年四川乐山卷

## 审题指导

在我们中华民族正努力实现伟大中国梦的今天，写自己的理想、梦想，已经成为一个“时尚”的习作题目。

写什么呢？就是写自己的理想，也就是写对自己的未来的美好想象和希望。只要是“正能量”的、“为人民服务”的、对别人有益的理想，都可以写。当然，如果你偏要写“负能量”的，那对不起啦，你肯定得不了高分！

主要可以写哪些内容呢？一是写清楚自己的理想是什么，二是为什么有这个理想，三是准备如何实现自己的理想。

为了写得有条有理，同学们可以先列出简单的提纲，简单写出有这个理想的原因之一、之二、之三，实现理想的途径之一、之二、之三。

同学们还应该知道，如果能写一个与众不同的理想，或者写出一些实现理想的标新立异又合情合理的途径，那你的习作就更能打动阅卷老师的心，你也就会得到一个更高的分数！

## 立意图解

| 立意 | 解说 |
|---|---|
| 关于职业的理想 | 想一想以后要从事什么职业，如当一名发明家、童话作家、公司老板等。 |
| 关于生活的理想 | 设想以后的生活状态，如追求自由、幸福，可以随时随地去旅行，看看美好的世界。 |
| 关于学习的理想 | 如现在开始努力学习，为考生清华、哈佛做准备。 |

## 欣赏点作文

# 做一名好医生

乐山考生

理想，应该是黑夜里的启明星、汪洋中的灯塔、冬天时的炉火。那么，什么样的理想才配得上这些美好事物呢？在我心里，做一名好医生，就完全配得上！

> 用比喻句开头，生动形象地引出了“做好医生”的理想。

我小时候总爱生病，动不动就往医院里跑。那时我便立志，要做一名医生，让更多人摆脱病魔的纠缠。我的舅舅便是一名医生。有一次，舅舅熬夜抢救了一位病危的患者。第二天，病人家属就请舅舅去他们那里的小医院当副院长，同时还带了菜籽油、大米、水果、白酒，表示感谢，却都被舅舅婉言谢绝了。但从表情上，不难看出舅舅的眼里充满自豪和满足。

> 舅舅对待病人的模范从医行为，让“我”“做好医生”的理想开始“萌芽”。

云南地震发生后，许多伤员第一时间被送往了舅舅所在的医院，医院的走廊上摆满了病床。抢救室里，医生们站在手术台前，不辞辛劳地工作；护士们在每个病房间不停地穿梭，询问病人的情况。舅舅当天就做了三台手术，虽然有些累，但手术的成功却让他倍感欣慰。我当时亲耳听到他拒绝了同事让他休息的好意，坚持战斗在最前线。这些事让我以后当医生的信念更加坚定了。

> 舅舅不辞辛劳地医治地震伤员，让“我”“做好医生”的理想“扎了根”。

假如我成了一名医生，我会尽最大努力救治病人，让他们重获新生。我还会研究药物，帮助那些患有艾滋病、卢伽雷氏症等不治之症的人们。虽然不能够保证完全治好，但能让他们多陪家人一天也是好的。我也会去贫困山区，帮助那些贫困的人们恢复健康。总之，我会用一颗仁爱的心，尽心尽力地履行医生的职责，为人们做出无私的奉献。

> 对理想实现后的展望，表达了自己对“好医生”标准的理解。

为了实现理想，目前我最重要的任务就是考取一个好初中，尽早为能考上医学院打好基础。

现在，我就已经开始学习一些简单的医学知识了。遇到不懂的问题，我就会给舅舅打电话，请舅舅给我讲解。

如果有人还在怀疑我的理想是否坚定，有件事可以说明一切。妈妈告诉我，一天晚上，她听见我在梦中呼喊：“69号病人，准备手术……”

> 用梦呓强调自己对理想的执着，显得更“文艺范”。

**看点解读**

**1.修辞开头，艺术结尾** 小作者在文章开头就用一个比喻句，生动形象地引出了“做好医生”的理想，还描绘了“好医生”在“我”心中的美好形象。小作者用自己的梦呓作为文章的结尾，这一“神来之笔”，出乎读者的意料，给文章平添了文艺色彩，值得点赞。

**2.榜样熏陶，理想确立** 小作者把舅舅这一榜样在工作中的表现及对“我”的影响作为文章的重点来写，既清楚叙述了自己的理想是怎么来的，又明确暗示了“我”将怎么做，使文章重点突出。

**满分思路**

**开头：** 比喻开篇，引出主题——“我”要做一名好医生。

**中间：** 详细描述，突出主题。
- 1. 舅舅认真治疗病人，让“我”“做好医生”的理想开始“萌芽”。
- 2.舅舅不畏艰辛地救治地震伤员，让“我”“做好医生”的理想“扎了根”。
- 3.展望成为“好医生”后的行动，表达对“好医生”的认识和理解。

**结尾：** 升华主题——用梦呓这一神来之笔，凸显自己对理想的执着。

## 我的理想

乐山考生

理想是灯，照亮你前进的路；理想如火，温暖你的心灵。每个人都有自己的理想，我也不例外，我的理想是做一名普普通通的支教老师。

> 一段抒情的文字，引出自己的理想。

小时候，我经常从电视中看到一些和我同龄的孩子，他们得不到很好的教育。一个学校里只有几名老师，孩子们不能全心全意地学习，还得帮家里干农活。我们却不用担心生活上的任何事。妈妈也会对我讲她小时候生活的艰辛，她说那时想好好学习完全是奢望，每天放了学她都必须去割猪草。渐渐地，我对那些孩子产生了同情之心。这同情之心，其实就是浇灌我心中理想“萌芽”的第一桶水。随后见到越来越多的报道，社会上的爱心人士捐钱、捐书、捐桌椅……

> 因电视中的亲眼所见，催生理想“萌芽”，真实可信。

> 妈妈的话进一步催生理想“萌芽”。

于是我渐渐明白，边远山区的孩子们最需要什么了。是钱吗？不是。他们最需要的是能教给他们知识的人！于是，做个支教老师的理想在我心中“扎根”了。

苏格拉底说过：“世界上是最快乐的事，莫过于为理想而奋斗。”可是，为了理想而奋斗又谈何容易？我看到好多人不愿意为了可怜的孩子放弃自己安逸的生活，去边远山区支教的人少之又少。即使是已经去支教了的老师，要不因为忍受不了艰苦的环境，要不因为舍不了名利，很快就离开了山区。想当初，我一说出这个理想，也曾遭到家人的强烈反对。但即使这样，也不能让我的理想泯灭。

现在，我已经开始为我的理想而努力了。现在的我，已经不再是那个懒散的女孩了。因为我知道边远山区的生活十分艰苦，如果我继续懒下去，我的理想就会化为泡影。

到了周末，我会缠着妈妈一起到山上去，体验那些孩子的生活，这是在为上山做支教老师做准备。一旦累了，我想想自己的理想和那些孩子们，全身又有了无限动力。这或许正如斯大林所说：“有理想的人，生活总是火热的。”

我开始认真博览群书了，因为我知道老师一定要博学，才能教给边远山区的孩子们全面的知识，让他们和现在的我们一样，能够学得好。到我的理想实现之时，看着我的学生长大后为社会做出贡献，我一定会感到自豪的。

也许，我的理想并不远大，是普普通通的，但请相信，我一定会为之不懈努力的。

思考山区孩子需要什么，所见、所闻、所思都有了。

引用名人名言，增加文章说服力和文采。

**新新好句·理想生活**

河流的源头，屹立着一座雄伟美丽的雪山，令人神往，我们把它称之为——理想！

叙述自己为实现理想，接连采取的行动。

呼应开篇，表达决心。

## 看点解读

**1.见、闻、思、为，全面观察** 如何把文章写具体、写详细呢？小作者给我们做了很好的示范。在写理想“扎根”时，小作者写了自己的所见：电视里的各种报道；写了自己的所闻：妈妈小时候的故事；还写了自己的所思：边远山区的孩子最需要什么。在写为实现理想而努力时，接连写了自己的多种行动。

**2.具体叙述，突出重点** 在写自己实现理想的所为时，小作者先写自己变勤奋了，接着写自己上山体验山区孩子的生活，再写自己认真阅读。通过具体的叙述，突出了自己为实现理想而努力的这一习作重点。

### 满分思路

**开头**：抒发情感，引出主题——"我"要做一名支教老师。

**中间**：具体叙述，突出重点。
1.所见、所闻、所思，使自己的理想"萌芽""扎根"。
2."我"变得勤奋，上山体验山区孩子的生活。
3."我"开始博览群书，为实现理想而努力。

**结尾**：总结提炼，强化主题——"我"一定会为实现理想而不懈努力的。

## 小考真题

题目：在生活中，面对朝夕相处的亲人、老师、同学……我们常常会觉得有满肚子的话要说——也许是对学习压力的无奈，也许是对亲情关怀的渴望，也许是彼此不能理解的委屈……但却无法一吐为快。那么就让我们拿起手中的笔，给他们说说心里话，尽情地吐露自己的心声吧。

请以"________，我想对你（您）说"为题，给自己最想沟通的人写一封信。把题目补充完整。用具体事例表达出自己的心声。不少于500字。

——2014年贵州贵阳卷

## 审题指导

半命题作文，可写的内容很多，如：想对爸爸说些什么，想对妈妈说些什么，想对老师说些什么，想对同学说些什么，想对朋友说些什么……只要是生活中与我们朝夕相处的人们，总会与我们有这样那样的故事，有无法言说的事情。这些，都可以拿来做习作素材。在具体的写作中要掌握以下几招：

**1. 选材具体**

无论是对谁表达心声，都离不开发生在彼此之间的故事，所以选材很重要，一定要具体。"灯不点着不亮，话不说清不明。"我们可以选择印象深刻的，平时不好沟通的委屈、误会、无奈、感恩等事例来具体描述。如当与同桌有了矛盾而又不好当面认错时，我们可以把产生矛盾的事情真相表达出来，借此化干戈为玉帛。

**2. 详略得当**

关于这个命题，也许我们想起的事情很多，想要说的话也很多，但我们不能把事情简单罗列，不能不分主次和侧重点，更不能同等着墨，一定要做到有详有略，详略得当。印象深刻的，最想说的那件事情我们要把它记叙得最具体，而其他一些不太要紧的事情可以一笔带过。比如我们写"爸爸，我想对您说"，想表达对忙于工作而疏于关怀子女的父亲的埋怨，选择父亲家长会不去开、忘记自己生日、作业从来不检查的三个事例，那么将哪个事例作为重点呢？我想，没有比忘记子女生日更粗心的父亲了，所以应该把这件事详细记叙，而其他事例可以简略一些。

**3.情真意切**

文以情动人。我们只有将自己的情感融于作文之中，用自己的真情去拨弄生活中喜怒哀乐的琴弦，才会产生动人的魅力。当我们酝酿好情感，难忘的记忆就会在自己的笔端缓缓流淌而出。如写“老师，我想对您说”，文中想表达对老师辛苦工作、默默奉献的歌颂与赞美，很自然地就会带着崇敬爱戴和心疼关爱之情说起老师对工作鞠躬尽瘁和对学生无微不至的关怀。这样写出的文章自然感人至深。

## 立意图解

| 立意 | 解说 |
| --- | --- |
| 爸爸，我想对您说 | 希望爸爸改掉抽烟酗酒的恶习，表达自己对爸爸的关心，想让爸爸多陪陪自己。 |
| 妈妈，我想对您说 | 表达对妈妈爱唠叨的无奈、对妈妈施加学习压力的委屈、对妈妈限制发展个人爱好自由的忧伤等。 |
| 老师，我想对您说 | 写老师默默付出的辛苦，对老师身体的关怀，对老师做某件事情的看法，等等。 |
| 同桌，我想对你说 | 感谢同桌一直以来对自己的帮助，对发生在自己与同桌间的一点小误会的解释，等等。 |
| 小草、阳光、大海，我想对你说 | 写小草虽渺小却无私地为人们奉献一片绿色，写阳光普照大地为人们带来温暖，写大海心胸宽广，容纳百川，等等。 |

## 欣赏点作文

### 妈妈，我想对您说

贵阳考生

> **新新好词·亲情沟通**
> 舐犊之爱　循循善诱
> 言传身教　苦口婆心
> 殷切希望　谆谆教诲

亲爱的妈妈：

您好！

妈妈，您一定感到十分意外，与您朝夕相处的女儿会给您写信！在家中，我们无时无刻不见面，彼此之间的谈话更是家常便饭。但是，有些话是不能当面说清楚的，它需要一种媒介来传递。今天，就让我借着这封信来对您说出我的心里话吧！

妈妈，我想说："您不要总是逼我写作业。"作为学生，做作业是天经地义的事。可您却总是逼着我去写，还啰唆个没完，这让我非常烦恼，反而产生与您对着干的想法，做作业就磨磨蹭蹭的。记得有一次周末，我还剩一篇作文，您就一直催我写，嘴里还不停地唠叨："作业还没写完？一篇作文半天只写了这么一点儿，你干什么去了？"听得我头都大了。妈妈，学习是我自己的事情，您说的这些我都知道，您就别再逼我了！我知道您是为了我好，可是也不要经常念紧箍咒啊！虽然我知道，您这是在提醒我，但是也不要一直念吧！这样我好烦啊！

> "逼"写出了"我"对妈妈这种行为的极度反感和无奈。

> **新新好句·亲情沟通**
> 忽视情感与心灵的交流，是一种亲情的缺失。不要让缺少交流成为阻遏亲情的绊脚石！

妈妈，我还想对您说："我考试不理想时，请您不要责怪我，更不要打击我。"记得有一次，我迈着沉重的脚步，一边叹息着语文试卷上醒目的85分，一边往家挪。刚进家门，就迎来了准备对我"严加拷问"的您。您坐在沙发上接过卷子，看了一下这个"天文数字"，立刻气得脸色苍白，扯开嗓子对我训斥道："你怎么才考这么一点儿分，真是越来越离谱了，别说对不起我们做父母的，连你自己都对不起！"说完，您"啪"地把卷子一扔，"别找我签字，要签字找你爸！"我听后没敢说一句话，只是低着头默默地收起了试卷，眼睛里溢满了委屈的泪水。妈妈，您知道此刻我的心里是多么难受吗？我像一棵小树，需要的是和风细雨的滋润，而不是暴风骤雨的打击；我是一个孩子，需要的是您和颜悦色的鼓励，而不是严厉的批评。

> 神态、语言、动作描写，写出了妈妈的生气，非常生动传神。

> 用比喻和对比写出了自己的呼声。

妈妈，我知道您对我期望很大，但是成长和进步总是需要一步一个脚印的，过犹不及——这道理您懂吗？

最后再让我说一次，哦，妈妈，亲爱的妈妈，请不要再逼我写作业，请不要再对我念紧箍咒，请不要再苛刻地打击我，请用正确的方式爱我吧！

> 用排比句写出了作者内心深切的呼唤——渴望得到正确的关爱，触动人的心弦。

这——就是来自您女儿心底深处的声音。

爱您的女儿

×年×月×日

**看点解读**

**1.直抒胸臆，真情实感** 此文题如同跟人对话一般，只要打开感情的闸门，记忆之水便如同泉涌一般汩汩而出。所以“我手写我心”，才能写出真情实感来。本文就通过妈妈“逼”“我”写作业和考差了训斥“我”两件事来写自己的心声，从中流露了自己对妈妈这种做法的不满和反感。

**2.描写人物，方法多样** 文中描写严厉苛刻的妈妈时，运用了语言、神态、动作等多种描写方法，写出了妈妈对孩子学习的督促、对孩子成绩的不满和愤怒，把这位“严母”形象刻画得淋漓尽致。

**满分思路**

**开头：**概括写自己想要与妈妈沟通的一些心里话。

**中间：**具体描述想要和妈妈说的内容。
- 1.希望妈妈不要总是逼自己写作业。
- 2.希望当自己考试不理想时，妈妈不要责怪、打击自己。
- 3.表达自己对妈妈的理解，也希望妈妈能够理解自己。

**结尾：**概述自己的心声，收束全文。

## 爸爸，我想对您说

贵阳考生

亲爱的爸爸：

您好！

爸爸，我想对您说：“请您多陪陪我吧！”这话已经憋在我心里很久了。

直接点明主题。

自从我记事起到现在的十余个年头里，每天我看见的都是您忙碌奔波的身影。白天，您忙于单位的工作；晚上，您还要帮妈妈打理生意。您总是早晨迎着点点晨星出门，深夜顶着一轮皓月回家。为了我和妈妈能过上好日子，您真是操碎了心、跑断了腿。

不分昼夜地工作，表现了父亲的忙碌。

**新新好句·父爱**

恐惧时，父爱是一块踏脚的石；黑暗时，父爱是一盏照明的灯；枯竭时，父爱是一湾生命之水。

爸爸，我知道您是爱我的。

记得有一次，我生病了，高烧持续不退。您彻夜未眠，不停地为我擦拭酒精，并用湿毛巾为我降温。直到我病情稍有好转，您才放了心。

还有一次，我在跳绳的时候不小心把韧带拉伤了，医生建议每天擦药酒、按摩。于是，不管晚上多晚，不管多累，您都会耐心地给我按摩。有时我从睡梦中醒来，还看见您拖着疲惫的身躯在为我擦药酒、按摩，眼睛里布满了红红的血丝，双鬓仿佛也增添了几缕白发。我心疼地哭了，您却边为我擦眼泪边安慰道："哭什么，一点儿小伤就忍不了了？"爸爸呀，您可知道，我哪里是因为这点儿小伤，而是心疼您啊！

> "不管""血丝""白发"，写出了父亲的耐心和对"我"的关怀备至。

但是，自从您当上办公室主任后，您就变了。工作更忙了，应酬也越来越多，有时还会喝得醉醺醺地回家。您知道吗？我多么希望您像小时候那样疼我、关心我的身体，陪我下棋、打羽毛球、骑车啊！可是您总是很忙……从那以后，我就迷上了电脑。每次下班回来看到我玩游戏，您总是冲着我一顿责骂，然后粗暴地把电脑关了。爸爸，您可知道，我希望您不只是一味地阻止我玩电脑，而是能够抽出时间好好陪陪我！我知道再好玩的电脑游戏，也比不上我们父子在一起的快乐时光啊！

> 从前和现在，鲜明的对比。

爸爸，儿子还要告诉您，工作再重要，您也要保重自己的身体，不要太劳累，也不要喝那么多酒。找点儿空闲，找点儿时间，多点儿耐心，将家人陪伴。因为，只有我们一家人健康快乐地生活在一起，才是最大的幸福啊！

> 朴实的语言中透出作者对父亲的关心和期望。

渴望陪伴的儿子

×年×月×日

## 看点解读

**1.有详有略，详略得当** 这是一篇言辞恳切、感情真挚的文章。文中详写了爸爸照顾生病、受伤的"我"和爸爸升职后的变化。前后对比，写出了自己渴望爸爸像以前一样对自己，同时运用了神态、动作、语言、心理描写等方法，非常生动。

**2.首尾呼应，中心明确** 文章开头开门见山地提出请爸爸"多陪陪我吧"，然后写了爸爸对自己态度的前后变化，最后又提出让爸爸"将家人陪伴"，首尾圆合，中心明确。

**满分思路**

**开头：** 开门见山，表达想让爸爸多陪陪“我”的心声。

**中间：** 今昔对比，写出爸爸对自己态度的变化。

1.从前，爸爸整天奔波忙碌，但仍对“我”关怀备至——“我”生病、受伤时，无微不至地照顾“我”。

2.爸爸当上办公室主任后，态度发生了变化——没有时间陪“我”，责骂“我”，粗暴地制止“我”。

**结尾：** 表达自己的期望，恳请爸爸多陪陪家人，呼应前文。

## 小考真题

题目：最________的一句话

要求：将题目补充完整；把这一句话写出来，写一到两件事情来说明，注意表达自己的真实感受；除诗歌外文体不限，不少于500字。

——2011年浙江上虞卷

## 审题指导

本次作文可以从两方面考虑，一种是别人对自己说过的一句话，另一种是自己对别人说过的话。写作思路可以是：什么人在什么场合说过的什么话，对你的影响是什么，你当时的心情是怎么样的。在行文过程中，要注意说话人、听话人的动作和神态，写出主人公“我”的心理活动和得到的启发。

## 立意图解

| 立意 | 解说 | |
|---|---|---|
| 一句什么话让“我”怎么样 | 人对“我” | 做好事后别人的表扬，让“我”乐了开花。 |
| | | 做错事后别人的批评或宽容，让“我”感激不尽。 |
| | | 在急需帮助时别人给予的鼓励，让“我”感受如冬阳般的温暖。 |
| | | 遇到挫折时别人的冷嘲热讽，让“我”一蹶不振。 |
| | “我”对人 | 对朋友的道歉话，冰释前嫌。 |
| | | 对家人的关心话，让家人深受感动，“我”也从中得到了成长。 |

## 欣赏点作文

# 最难开口的一句话

上虞考生

一天放学前，老师给我们布置了两个作业——对妈妈说一句“我爱你”，还要再做一件事来表达对妈妈的爱。老师话刚说完，大家便窃窃私语起来，很快教室里便炸开了锅。只见一位同学站起来，叫道：“老师，你这作业……”他还没说完，另一位同学便打断了他：“我第一次遇到这么难完成的作业，因为太恶心了！”说完，他抖了抖身子，坐了下去。我也觉得这作业太恶心、肉麻了，便低着头，打了个冷战，想：老师呀，你后面的一个作业我还能勉强接受，但第一个作业比较难，这不是为难我吗？

开篇交代最难开口的话产生的背景——老师留的作业之一，为下文埋下伏笔。

**新新好词·温馨亲情**

血浓于水　感恩回报
寸草春晖　恩重如山
天伦之乐　骨肉相连

在放学回家的路上，我向我的好朋友何飞求助，要他帮我出谋划策。我一五一十地说道：“今天老师布置了两个特殊的作业：1.跟妈妈说‘我爱你’；2. 做一件事表达一下对妈妈的爱。第二个我能完成，但第一个比较难，估计我不行。”

进一步突出自己难开口。

他思考了片刻后，说：“这个嘛，我来教你，保证不说一个字，第一个作业便完成了。”他停了停又说：“你用笔把‘妈妈，我爱你！’写在纸上，就可以了。”“我怎么没想到呢？”说完，我便撒腿跑回家了。

朋友建议的做法很天真，充满了童真童趣。

到了家，只见我的房间门上贴着一张纸条，上面写着：“×××，妈妈今天去别人家有事，所以要晚一点儿回来。”

看了这张纸条，我高兴极了。因为我可以做事了，也可以做贺卡了！我便熬起排骨汤，做起贺卡来。当两件事都完成时，楼下传来一阵刹车声。“是妈妈回来了。”我自言自语道。这时，妈妈拎着大包小包上了楼。

叙事不忘写心理，这样的情节才吸引人。

我急忙把熬好的排骨汤端上饭桌，妈妈见到了，用欣慰的语气说：“孩子，你长大了！”我听了，有些不好意思地说：“妈妈，我……”话到嘴边又咽了进去。虽然我已经将对妈妈说的话写在纸上了，但是我觉得这不够有诚意。想到妈妈每天为我、为这个家忙里忙外，我难道连说一句“妈

**新新好句·温馨亲情**

当夕阳开始谱写这没有声音的美丽乐曲——晚霞时，你可听见我的心儿又唱起思恋之曲了？

妈，我爱你”也做不到吗？此时的妈妈已向厨房走去。

于是，我鼓足勇气，再次走到妈妈跟前，深深地吸了一口气，大声地说：“妈妈，我，我——爱你！”

语言，神态、心理描写，再现了“我”难开口的情态。

妈妈听后，脸上露出了灿烂的笑容，一把将我抱在怀里，而且抱得很紧。

有时候，一句看似简单的话，真的到了嘴边又很难开口，就像我这次一样。通过这次特殊的家庭作业，我懂得了孝敬父母并不难，生活中的一言一行都是对他们最好的报答。

结尾写感悟，深化中心。

### 看点解读

**情真意浓，文笔流畅** 小作者选取向妈妈说“妈妈，我爱你”难开口这件事来写，虽然几经退缩，但最终还是靠自己的决心做到了，写出了自己的亲身体验。文章重点描述了自己是如何向妈妈说出那一句话的，通过具体、准确的语言、动作、心理活动的描写，将整个过程刻画得绘声绘色，还原了当时的情景。

### 满分思路

**开头：**交代背景——老师布置对妈妈说“我爱你”的作业。

**中间：**具体描述“我”完成作业的经过。

1. “我”向朋友求助如何完成作业。
2. “我”亲自做排骨汤和贺卡，表达对妈妈的爱。
3. “我”终于对妈妈说了“我爱你”，圆满完成了作业。

**结尾：**表明“我”得到的启示，深化主题。

# 欣赏点 9：同窗友谊

# 抒写结伴行走的情和义

## 小考真题

阅读下面的文字，按要求作文。

在学校里上学，同桌是离我们最近的一个人。在一天天的相伴中，我们和同桌之间发生过这样或那样的事情。

下面就请你从中挑取一件或多件，以“我和同桌”为题，向大家讲述一下。

要求：写出自己的真情实感；不要编造，不要抄袭；400字以上。

——2016年上海宝山卷

## 审题指导

写好这个作文题，我们可以从以下几个方面着手：

**1.准确审题**

首先，对于“我和同桌”这个题目，我们要有一个清晰而准确的判断：这是一篇记事作文，而不是一篇写人作文。也就是说，这篇文章的重点是写自己和同桌之间的事，进而反映自己和同桌之间的情谊，表现同学之间的友情。

**2.精心挑选**

事实上，自上学起到现在小学毕业，我们每个人的同桌往往有很多位，自己和同桌之间的事情又有很多很多。在一篇文章里，没有必要将自己的所有同桌和所有事情都写下来。这时，我们就要挑选，挑选自己印象最深的同桌来写，挑选自己感受最多的事情来写。

**3.事件具体**

挑好自己和同桌之间发生的具体的事后，还要做的就是在写作中，将事情写具体，特别是事件的过程。要注意写好事情发展变化过程中，人物的语言、心理、神态、动作等，通过细腻的描绘，“再现”当时的情景，从而给人留下鲜明而深刻的印象。

**4.感情真挚**

无论是写自己和喜欢的同桌之间的事，还是写自己与不喜欢甚至讨厌的同桌之间的事，都要表达出自己对同桌的真挚情感，从而增强文字的感染力和吸引力。

## 立意图解

| 立意 | 解说 |
|---|---|
| 和同桌共同奋斗 | 写自己和同桌一起解决学习上的各类难题，在共同学习的过程中，体会到奋斗的乐趣。 |
| 与同桌团结互助 | 写自己和同桌一起参加游戏，在互帮互助的过程中，体会到团结的力量。 |
| 与同桌消除误会 | 自己和同桌因一时的误会而闹矛盾，导致两人不说话；后来又因一件小事，消除了误会，两人又和好如初。表现理解和沟通是友情的桥梁。 |
| 同桌帮“我”补课 | 写自己生病了，同桌去医院看望“我”，还帮“我”补习落下的功课，让“我”体会到友情的珍贵。 |
| 表达对同桌的感激之情 | 在同桌的引导和帮助下，“我”改掉了许多小毛病，“我”能拥有这样一个优秀同桌，真是幸运！表达自己对同桌的感激之情。 |

## 欣赏点作文

### 我和同桌

上海考生

谢谢你，我的同桌！

记得那次，由于考试失利，我的心也随之落下了，我渐渐地自暴自弃，整天动不动就骂人，要不就是不完成作业，甚至有过旷课的想法。

当时的我犹如行尸走肉，每个同学都注意到了，但没有一个人管我，劝我。他们好像把我看成了怪物，见到我恨不得避而远之。但是，你和他们不同，你好像每天都在一个角落里偷偷地观察我，静静地看着我。

> 直接抒情。
>
> 因为没有考好，“我”开始自暴自弃。
>
> 写你和大家对“我”的态度，对比鲜明。

这天，你叫住了我，让我在这里等你，你要和我一同回家。一开始我还纳闷，你平时也不这样呀！

> 刻画“我”的心理活动。

咱们俩一同走着，谁都没有说话，但又好像谁都想说。在这样的僵持下，你终于开口了：“喂，你知道你现在像什么吗？”

我呆了，愣在了那儿。你看着我，继续说：“你像一个没有爸爸和妈妈管的孩子，整天在外面混。”你的“混”字说得很重。

> 语言描写，很真实也很有力量。

我还是没有说话，其实当时我很想反驳，可是话到嗓子眼，又收了回去。

“每个人都有一个目标。这句话不是你说的吗？你当时不是有目标吗？现在呢？你以前的志向在哪儿？”你喊道。

我被吓到了，对啊，以前的我的目标在哪儿？我现在怎么了？

> 反思自己，真切而生动。

“走得最慢的人，只要他不丧失目标，也比漫无目的地徘徊的人走得快。这句话不是你以前用来安慰我的吗？那你现在又在做什么呢？”你急了。也许这是你第一次对我急，或许这也是最后一次了。

我低下了头，思索着，往前走了几步，又停下。你跟了过来，又想说些什么。我挥了一下手，意思是让你不要再说了。你看着我，往前走，越走越远，过了一会儿，我看不到你了……

第二天，我来到教室，看了你一眼，发现你正在桌子上写着些什么。我坐到了自己的位置上，按时交了作业。

> “我”交了作业，说明昨天的谈话有效果。

你看见后，冲我笑了一下，然后给我递来一张纸条，上面写着：记住，走得最慢的人，只要他不丧失目标，也比漫无目的地徘徊的人走得快。你也要有你自己的目标！

> 同桌继续给“我”鼓励。

对，我也有目标。那句话，不管对我还是对你，都是一句最重要的话，我不会忘记这句话，同时更不会忘记你。

谢谢你，我的同桌！

> 再次抒情，首尾呼应。

### 看点解读

**1.原因清晰，感情真挚** 因为一次考试失利，“我”变得自暴自弃。可是，这个时候，与大家对“我”的态度不一样的是，同桌在默默地观察“我”，然后找了个机会，苦口婆心地劝说“我”。也正是在同桌的劝说下，“我”幡然醒悟，发生了变化。借此，小作者真切地表达了自己对同桌的感激之情。

**2.对话丰富，个性鲜明** 文章主要记叙了同桌对“我”的话，这些话，符合人物的性格特点，个性鲜明；而且，话语间充满了同桌对“我”的鼓励与希望，富含哲理，能很好地感染人。

**满分思路**

**开头：** 直接抒情——谢谢你，我的同桌！

**中间：** 同桌劝说、开导“我”的过程。
1. 因为没有考好，“我”变得自暴自弃。
2. 同桌找“我”谈心，劝说、开导“我”走出失败的阴影。
3. 同桌给“我”纸条，“我”记住了同桌的话，也记住了同桌。

**结尾：** 再次抒情，与开头相呼应。

# 我和同桌

上海考生

同学们在座位上说说笑笑，仿佛一切都是美好的。可是这好景不长，一阵清脆的上课铃声响了，原本欢快活跃的教室立即变得死气沉沉。随着老师走上讲台，最令我犯困的一节地理课开始了。

> 在对比中，交代了背景，为下文情节的展开作好铺垫。

地理老师一抬头，所有同学都露出着急的表情。不出所料，老师留的地理作业大家都没复习，所有同学像炸开锅了一样商量着。

> 场面描写，突出大家焦急的情景。

当然，我也没有复习，可我表现得却很镇定，那是因为我早和同桌商量好了，悄悄地“提醒”对方。这个方法非常有效，没有失效过，对此我也很放心。

> 先果后因，写出自己“镇定”的原因，推动情节进一步发展。

看看别的同学，都低下头不敢看老师一眼，生怕被叫到。我试探性地看了老师一眼，没有想到，目光正好交会在一起，我赶紧低下头。随后，老师点了我的名字，我被吓出了一身冷汗。

> 细节描写，真切而生动。

看着黑板上密密麻麻的题，我有点儿晕了，立即使眼色给同桌。同桌立刻明白了，在书上迅速地找着答案，并悄悄地提醒了我。虽然答得有点结巴，但还是过关了。我坐下后，瞬间感觉庆幸。

> 有同桌“提醒”“我”，“我”顺利过关。

我不禁为有这样“好”的同桌感到骄傲。时间久了，我们俩的默契越来越好。

> 过渡句，承上启下。

另一次地理课，我信心十足地来迎接一道道问题，因为我有可信的“后盾”。这次我也同样向同桌发出了求救的信号，可不知怎么了，同桌好像没有看见似的，自顾自地在书上做着笔记。我只能凭着记忆答对了几个，然后尴尬地站在那儿，被老师毫不客气地批评一通。

> 情况发生了变化，这次同桌并没有“提醒”“我”。

坐下后，我心里愤愤不平：说好的默契到哪里去了？我准备下课后找同桌好好理论理论。

> 如此心理，推动情节进一步发展。

下课后，我第一时间找到同桌，我问她：“这次地理课，你为什么不帮我？”同桌也没有给我好脸色，转身就走。我十分疑惑。

> 问同桌，可同桌没理“我”，制造悬念。

事后，我问其他同学发生了什么，这才知道：原来地理老师找过我的同桌。老师一直都知道我们悄悄“提醒”的这个计划，实在忍不住了，才找到了我的同桌。老师不想让我们难堪，就私下阻止了这个悄悄的“提醒”。

知道事情原委的我，主动找同桌道了歉，并对她说：“以后就忘掉这悄悄的‘提醒’，我们要以实力证明自己。”

> 真相大白，“我”向同桌道歉，并改变做法。

从此以后，每次上地理课前，我和同桌都会一块复习，上课时也认真听讲，回答问题时再也没有互相提醒过。就这样，我们的成绩在一点一点地提高，我们的友谊也在一步一步地升温。

> 后来的变化。

### 看点解读

**1.对比鲜明，衬托有力** 对于大家没有好好复习而在上课时焦急、慌张的情景，小作者在文中通过场面描写予以形象再现，从而很好地衬托自己有“依靠”的从容，为情节的发展作好铺垫。前后两件事，不同的情形，也很好地突出了事情的变化，进而彰显中心。

**2.描绘细腻，内容丰富** 对于自己以及同桌的神态、动作、语言、心理等，描绘细腻而传神，不仅很好地再现了当时的情景，也很好地丰富了文章的内容。

**3.跌宕起伏，叙述生动** 事情的发展变化，不是一成不变的，而是波澜起伏，曲折而富有变化，叙述生动，极大地吸引了读者的阅读兴趣。

### 满分思路

**开头：** 描写上课前的场面，开头自然。

**中间：** 叙述自己和同桌日常相处的事情。
- 1.自己和同桌上课时默契配合。
- 2.同桌在上课时，没有配合“我”。
- 3.“我”得知事情的真相。

**结尾：** 讲述变化，升华主旨——成绩在提高，友谊在升温。

## 小考真题

请以“学会________”为题，写一篇记叙文。先根据你所要写的内容，在横线上填写上合适的词语，将题目补充完整；写出自己的真情实感；不少于450字。

——2015年江苏南京卷

## 审题指导

这是一道半命题作文。提示里写得很清楚——写一篇记叙文。要注意选取生活中的典型事例，从事例中谈自己的感受。横线上可以填写坚强、生存、忍耐、理解、宽容、关心等表达感受的词语，这样组成的标题属于动宾结构，要与学会做饭、学会骑车、学会下棋、学会折纸等连动结构的标题有区别。

## 立意图解

| 立意 | 解说 |
| --- | --- |
| 学会尊重 | 写同学之间发生了争执，有不同意见时，要学会尊重同学的意见。 |
| 学会忍耐 | 生活中经常遇到让自己生气上火的事，要学会忍耐。 |
| 学会倾听 | 写独生子女往往自以为是，不听别人的意见，“我”想劝告他们，要学会倾听。 |
| 学会理解 | 老师和同学经常误解“我”，给“我”带来不少烦恼，写“我”学会了理解。 |
| 学会宽容 | 写“我”跟父母和同学因小事赌气，伤害感情，写“我”学会了宽容。 |

## 欣赏点作文

### 学会宽容

南京考生

有人说，宽容是人最美好的品质。真是这样，当你宽容了一个人，你的心胸就会打开，坦然且敞亮。那么，请学会

快速入题，表达自己的观点。

宽容吧。

冷战

放学铃声司空见惯地响起，我绷着脸，脸上分明摆出一副不爽的样子，噘着嘴，眼角上挂着泪珠，手上抓着一支坏钢笔，径直走回家去。

“绷”“摆”“噘”“挂”“抓”，用词准确生动。

在我身后，同桌急匆匆地跑过来，神情焦急，脸上刻着满满的歉意。原来，今天下午，同桌不小心弄坏了我的一支新钢笔，我一气之下不理她，不爽的情绪一直持续到现在。

插叙，交代事情原委。

同桌的眼里闪烁着歉意，在我身后跟着。

第二天，我的怒火还没有消，又与她“冷战”了一个上午。

新新好句·环境

晚风微凉，灰蓝色的天幕上点缀着闪闪繁星，与七彩霓虹交相辉映，仿佛海天相接般的美丽。

赴约

下午，我漫不经心地打开笔袋，发现了一张神秘的小纸条，慢慢地打开，只见小纸条上歪歪斜斜地写了以下几行字：

同桌：

对不起，我不该弄坏你的钢笔。放学之后请到秘密基地，不管怎样，我会在那里一直等你的。

你的同桌

描写生动，制造悬念。

我的心收缩了一下，惊诧莫名，望着纸条，嘴里嘟囔了一句：“去就去，谁怕谁呀。”

放了学，同桌拎了一个包，脸上充满歉意而又不失真诚地朝我笑了一下，就急匆匆地跑向秘密基地。我没有立刻追上去，而是在路上逗留了一会儿，才跑向秘密基地。

没有交代“秘密基地”在哪儿，但是都知道，可见两人的友情非同一般。

公园深处有一座小木屋，那便是我们的秘密基地。那里承载着我和同桌认识三年来永不磨灭的友谊，充满了我们的欢声笑语。可今天，我心中的怒火未消，一点儿也不在意什么友谊了。

再次插叙，交代秘密基地。

我悄悄地走向小木屋，透过透明的玻璃窗，我看到了同桌，看到了她那焦急的神情，更看到了她目光中的歉意。

此处可见作者善于描写，用词生动鲜活。

此时，我的心中涌起一番奇怪的滋味，苦涩极了。现在想想，觉得自己做得有些过分了，想要宽容她了。

描写心理活动。

我慢慢地挪进小木屋，同桌诚恳地伸过手来。猛然，我的心惊了一下，只见她的手上写了三个大字“对不起”。我握住她的手，抚摸着那潮湿的墨痕，一股深深的自责感荡漾在心头。同桌红着脸，从包里拿出一个袋子，里面装着一支精致的钢笔。她轻轻地说了一句：“对不起，我真的不是故

小孩子特有的处理问题的方式，儿童化的语言，读来会心一笑。

意的，赔给你。”

**和好**

我僵在原地，许久才说了一句：“没事，我早就宽容你了。”说完之后，我的心中仿佛轻松了许多，心中那个疙瘩突然间消失了。我和同桌和好如初，我们手拉着手，一起走回家去。

> 心理描写真实。

公园里，氤氲的空气中飘荡着玫瑰花的清香，回旋在空中。蓝天，白云，绿草，红花，天边的红霞，向晚的微风，还有我们俩的叽叽喳喳，世界是多么美好，心情是多么舒畅！

> 环境描写。借景抒情，表达内心的愉快。

学会宽容，往往缔造出一种美好的境界。

> 结尾点题，表达内心感受。

### 看点解读

**1.描写生动，词汇丰富** 首先，作者善于运用多种描写方法来刻画人物形象，娓娓叙事，可见写作功底深厚。其次，作者的词汇量很丰富，如“司空见惯”“漫不经心”“歪歪斜斜”“惊诧莫名”等，能熟练且恰到好处地表达自己的意思，非常难得。

**2.立意深远，构思巧妙** 作者先以议论开头，明确表达自己的观点；然后记叙“我”与同桌之间的矛盾纠葛；最后总结感悟，升华主题。宽容也正是个人素养的表现，立意深远。以情节线为小标题，思路清晰，有条理。巧妙运用插叙手法，增强了文章的感染力。

### 满分思路

**开头：** 表明自己对宽容的理解，点题。

**中间：** 通过具体事例，体现学会宽容的过程。
- 1.同桌弄坏了“我”的钢笔，“我们”开始冷战。
- 2.同桌约“我”去“秘密基地”，向“我”表达了歉意。
- 3.“我”和同桌和好如初。

**结尾：** 表达自己的感受，再次点题。

# 学会宽容

南京考生

“若想得到天长地久的友谊，你就要宽容对方，原谅她的错误，早晚会得到相应的回报。”这句话是妈妈教育我的，在感悟这句话的同时，我，真的学会了宽容。

这个星期天，爸爸在济南出差时为我带回了一件礼物，是一个大大的笔记本。玫红色的本皮，闪闪发亮，里面的纸又厚又平滑，一看就很精美。我非常喜欢，小心地保护着，不让它被弄脏。因为怕它折角，所以我把它单独放到一个新抽屉里。

碰巧，邻居家的好朋友来找我写作业，我迫不及待地拿出笔记本给她看。她见了，两只眼睛睁得比平常大好几倍，接过去，仔细地抚摸着本皮，轻轻地翻动着每一张，很是羡慕。我更自豪自己有这么个精美的笔记本了。

我们两个人一起写起了作业，我很快就写完了，她却一直在奋斗。我等得实在不耐烦了，便自己先下楼去玩。过了一会儿，我再上来时，她已经写完了，正往书包里收拾东西。我刚想问她想玩什么，但她却急忙拉上拉链，头也不抬，也不看我，神色慌张地跑了出去，说：“我还有其他事，先走了。”我很奇怪，但也没有多想，只认为他们老师留的任务实在太多了。

时间一点点过去，我猛然间想起自己的笔记本，兴奋地拉开抽屉。笔记本不见了！抽屉里空空如也。我翻遍了桌子上的所有抽屉，都没找到笔记本的踪影。我想了想：怎么会不见了呢？我明明给好友看过之后就放在这儿的呀！家里人不可能动啊！想到这儿，我恍然大悟，没错，我下去的时候只有她留在上面，是她拿了笔记本，对，一定是她！

我烦躁急了，越想越想不通，我是那么信赖她，她却趁我不注意偷拿我的东西！我把苦恼告诉了妈妈，妈妈说：“你若想要笔记本，可以去找她，但必须以宽容的心原谅她。不然，你们这么多年的友谊就毁于一旦了。”我正想着，门铃突然响了。我打开门，是她，她站在门口，手里拿着笔记本。她不敢抬头，眼睛也不敢看我，已经泣不成声，嗫嚅着说：“对，对不起，我太喜欢……这个笔记本了，想

> 开篇引用妈妈的话，说明印象深刻，又为下文作铺垫。

> 描写生动，表达了自己对笔记本的喜爱之情。

> 神情、动作描写，突出好友对笔记本的喜爱，也为下文的故事埋下伏笔。

> **新新好句·宽容**
> 宽容，使友谊变得亲近；宽容，使亲情变得深厚；宽容，使社会变得和谐美丽。拥有宽容，就拥有了无限的魅力。

> 为下文埋下伏笔。

> 心理活动描写，写自己的猜测。如此想法，顺理成章。

> 写妈妈的话，再次照应开头。

跟妈妈也要个……一模一样的，我不应该偷拿走……”

刹那间，真相大白，我心里很气愤，但想起妈妈的话，拍拍她的肩膀：“我原谅你，因为比起我们的友谊，即使再好的东西，也是一文不值。”她终于抬起头，睁大眼睛，看着我，放声大哭。

细节描写，与前文“她不敢抬头，眼睛也不敢看我”对比。

事后，妈妈说我这次做得很好，学会了宽容，对待其他事情也应该持有一颗宽容的心。的确，宽容的力量很强大，它挽回了我们的友谊！

结尾点题，由点及面。

## 看点解读

**1.多处照应，结构严谨** 作者巧妙运用照应手法，如开头引用妈妈的话，文中又通过妈妈的语言描写照应开头，结尾又转述妈妈的话照应标题。又如，前有伏笔，写好友的躲躲闪闪，后有笔记本的失踪及好友的主动认错，真相大白，也是照应。这样写，使文章中心突出，结构严谨，富有感染力。

**2.语言朴实，描写具体** 文章没有华丽的辞藻，娓娓道来，朴实流畅。句式灵活多变，设问、感叹、长短句交替，有叙事，有抒情，自然之中见真情。抓住人物的动作、神态描写，很具体，人物形象呼之欲出，给人真实之感。尤其是对自己的心理描写细致入微，折射了小作者善良美好的心灵，令人敬佩！

## 满分思路

**开头：** 引用开篇，开门见山。

**中间：** 具体描述“我”宽容偷拿“我”的笔记本的朋友的事。

1.爸爸送给“我”一个笔记本，“我”非常喜欢，朋友见了也很羡慕。

2.朋友神色慌张地离开了“我”家，随后“我”发现笔记本不见了。

3.朋友主动承认是她偷拿了笔记本，“我”原谅了她。

**结尾：** 照应开头，深化主题。

## 小考真题

题目：同学们，你们一定去过很多地方、接触过很多人、做过很多事情，你们一定会有不同的感觉。好好回忆一下，以“这种感觉真好”为题，写一篇文章，注意表达真情实感。

——2013年天津红桥卷

## 审题指导

这是一篇命题作文。可以写的内容实在是太多了，可以写参观了一处美好的风景，心中充满对祖国大好河山的热爱之情；可以写做了一件有意义的事情，心中充满自豪感；可以写接触过一个与众不同的人，产生了一种奇妙的感觉；可以写读了一本好书，懂得了很多道理，感觉自己长大了……无论选什么内容，一定要写出自己真实的感受，要做到“我手写我心”，不能无病呻吟。

## 立意图解

| 立意 | 解说 |
|---|---|
| 参观一处风景后的感受 | 比如参观秦始皇兵马俑、颐和园等。 |
| 做了一件有意义的事情 | 如给一年级小同学佩戴红领巾等。 |
| 认识了一个有趣的人 | 如小老外来“我”家做客等。 |
| 读了一本有教育意义的书 | 如读《钢铁是怎样炼成的》有感。 |
| 一家人坐在一起聊天的感觉 | 突出和谐、幸福。 |

## 欣赏点作文

### 这种感觉真好

天津考生

金秋十月，天高气爽，我和同学们去灵湖游玩。

> 交代时间、地点、人物及事件。

一路上，我们踏着金色的落叶，迎着俏皮的凉风，沐浴着初秋的骄阳走在临海大道上，路边的隔离带上，一簇簇菊花争奇斗艳，五彩缤纷，就像节日的礼花，仿佛在夹道欢迎我们；一丛丛翠竹更加浓绿，似乎在迎接冬天的到来……真是秋色迷人，秋景似画。

> 环境描写，衬托出小作者秋游时无比欢快的心情。

“到啦，到啦！”人群中有人欢呼，我抬头望去，灵湖广场展现在我们眼前，哇，好大的广场！足有十几个篮球场那么大，广场中间矗立着一根灯柱，高耸入云，好像孙猴子的定海神针，又像一根擎天柱，顶上有四盏大灯，我想：要是夜晚，这四盏大灯一定会像小太阳一样，把广场照得如同白昼。

> 一连串比喻，突出了广场的“大”和灯柱的“高”。

穿过广场，来到灵湖水边，湖中心有两座小岛，分别叫东山岛和湖心岛，像两颗碧玉点缀在湖水中，也让我想起了“遥望洞庭山水色，白银盘里一青螺”的诗句。

> 由眼前的美景联想到了古人的诗句，真是如诗如画，美不胜收。

一艘艘自划船随波荡漾，游客一边享受泛舟的乐趣，一边与秀丽的湖光水色合影，为秀丽的灵湖景区增添了一道美景。我想：要是我也能在这碧波荡漾的湖面上泛舟，一边唱“让我们荡起双桨，小船儿轻轻推开波浪……”那该多爽啊！我和同学们漫步在湖堤上，湖边绿树成荫，一棵棵柔柳轻拂着水面。水里有小鱼小虾，我们情不自禁地把手伸进水里来个突然袭击，希望能抓住几条小鱼小虾，可这些家伙机灵着呢，没等到我的手下水，它们就跑得无影无踪了。

> **新新好句·美好景物**
>
> 秋风吹到小河边，河流泛起微笑的脸；夹岸的柳树向风招着手，柳叶也激动地扭了起来。

欢乐的时光总是那么短暂，我们还没有玩够，就要回去了，依依不舍地告别灵湖。灵湖那轻灵优雅的古典江南园林、错落有致的建筑风格、清静幽深的古朴情怀、清丽脱俗的湖光山色留在了我的脑海中，灵湖犹如一部大气不凡的交响乐，既具地方时代特色，又与市民生活紧密结合，激起了我强烈的自豪感，使我更加热爱自己的城市和家园……这种感觉真好啊！

> 恋恋不舍地离去，灵湖的美却永远留在心底，激发了“我”强烈的自豪感，点明中心。

**看点解读**

**1.移步换景，脉络分明** 本文采用移步换景法，生动地介绍了灵湖的美景，条理清晰，脉络分明，读来感觉有条不紊、线索明晰。

**2.浓浓真情，贯穿始终** 小作者以饱满的热情，轻松的笔调，带“我们”游览了灵湖，无论是绘景还是写人，字里行间满是浓浓真情，读后令人动容。

## 满分思路

**开头：** 开门见山，交代时间、地点和人物。

**中间：** 具体描写“我们”游览灵湖的美景。
- 1.描写在临海大道上所见的美景。
- 2.描写在灵湖广场上所见的美景。
- 3.描写灵湖美景和泛舟湖上的快乐。

**结尾：** 抒情收束，点明中心。

# 欣赏点 10：校园点滴

# 描绘校园生活的真善美

## 小考真题

习作。

“勤于学习”“善于合作”“乐于奉献”“敢于挑战”是当代少年应有的好品质。请围绕上述某个关键词，通过具体事例展开叙述，完成本次习作。题目自拟。

要求：语句通顺，事例具体，感情真挚，字数不少于400个。

——2017年浙江嘉兴卷

## 审题指导

2017年浙江省嘉兴市的这道小考作文试题属于一道自拟题作文。这类题目往往为考生提供了一个简明的引领性提示，然后要求考生自己拟题写作文。“题好一半文”，题目的好坏直接关系到文章的质量。所以，写自拟题作文，重点是在认真审题的基础上自己拟定一个确切的题目，然后按照命题作文的方式来完成。

**1.审题目**

题目中给出了四个关键词——“勤于学习”“善于合作”“乐于奉献”“敢于挑战”。四个方面所涉及的具体事例非常广，因此考生从生活中选择合适的事例并不难，事例的恰当性、描写的具体性、刻画的生动性，决定了本次习作的成败。此外，作文中，还应该有××“是当代少年应有的好品质”这方面的议论，既达到题目提出的要求，又强调文章的主题。

**2.审内容**

本次习作，只能选写题目中规定的四个内容，不能超越。“学习”，是通过阅读、听讲、研究、观察、理解、探索、实验、实践等手段获得知识或技能，如我们平时所说的“给自己充电”就是指学习；“合作”，是指个人与个人、群体与群体之间为达到共同目的，彼此相互配合的一种联合行动，如两人配合做好实验就是一种合作；“奉献”，主要是指为别人默默付出，心甘情愿，不图回报，如牺牲休息时间为班级办黑板报就是一种奉献；“挑战”，实际就是一种竞赛，是一种知难而进的自信、一种运筹帷幄的睿智、一种随机应变的技巧，如勇于改掉自己的不良习惯就是一种挑战。针对四个内容，比较一下，觉得哪个内容材料丰富、写起来得心应手，就写哪个内容。

**3.审文体**

至于文体，可以写成记叙文，也可写成议论性文章。但作为一名小学生，建议还是写驾轻就熟的记叙文，开头点出文章的观点（即主题）；然后用具体事例加以说明；最后首尾照应，进一步强调主题。总之，文体的确定既要符合题意，又要自己的能力能够达及。

## 立意图解

| 立意 | 解说 |
| --- | --- |
| 勤于学习，充实自己 | 随着知识经济时代的到来，没有知识的人，越来越寸步难行了。其实可怕的不是没有知识，而是没有学习的意识。最可悲、最无望的人，就是那些贫困、没知识且没有学习意识的人。在经济飞速发展的今天，知识更新的速度不断加快，为了适应社会的需要，每个人都必须认真学习，提高自己；勤于实践，充实自己；不断改造，完善自己。如自我充电的教师、不断提高自己的业务水平的医生、活到老学到老的爷爷、向同学学习某一专长的伙伴……都是写作对象。 |
| 善于合作，走向成功 | 合作常常有意外的收获，甚至带来许多惊喜，因此团结合作是现代人必须具备的基本素质。不少人懂得如何合作，让自己过得更快乐、更成功。因此，学会合作、懂得合作，是人生中必需的一课。如自己与同学共同合作，获得了“头脑风暴”的一等奖；与人合作演小品，获得成功；野炊中与人合作，烧出可口的饭菜；与同桌合作做实验……都是合作的实例。 |
| 乐于奉献，不图回报 | 生活中，奉献是必不可少的，它不仅仅是一种美德，更是个人价值的体现。在我们的周围，不也有很多乐于奉献的人吗？如老师不辞辛劳，为我们讲课，教育我们；家长早出晚归，时时牵挂着我们，还为我们准备好一切；学生倾其所有，把零花钱全部捐献给了贫困山区的同学；还有像牛一样辛勤劳作的普通工人、农民、清洁工……他们都是默默奉献、不求名利的楷范。 |
| 敢于挑战，知难而进 | 人生是充满挑战的，困难、挫折是我们必须要面对的，我们要敢于行动，敢于挑战，努力去克服一个个的困难，这样我们才能真正长大，取得成功。只要敢想、敢做，就有机会获得你想要的一切！如勇于挑战困难，最终战胜困难；勇于挑战自己，使胆量变得更大；勇于挑战别人的纪录，最终获得了突破…… |

## 欣赏点作文

# 乐于奉献的“胖阿姨”

嘉兴考生

乐于奉献是我们每个少年应有的品质。一提到“奉献”，我就想到了教师楼里的“胖阿姨”。至于胖阿姨叫什么名字，我也不知道，只知道她是一位中学老师。

> 开门见山，交代人物。

一提起胖阿姨，附近没有人不竖起大拇指的。就说那楼道吧，原先胖阿姨家还没搬过来时，那里原本是个卫生死角，不是这里有痰迹，就是那里有糖果纸……可自从胖阿姨搬过来后，那楼道每天都干干净净的，叫人看了眼前一亮。

> 对比描写，突出“胖阿姨”搬来后的变化。

开始，我总想不通：老师们都忙，特别是女老师，下班回家不是“柴米油盐”就是要照顾孩子，有时还要备课、批改作业，“自扫门前雪”还来不及呢，哪儿有空去管那“他人瓦上霜”？

> 小作者的“想不通”，反衬了“胖阿姨”的高尚——不管多忙，不忘奉献。

> **名人名言**
>
> 奉献乃生活的真正意义。
>
> ——阿德勒
>
> 人当活在真理和自我奉献里。
>
> ——庞陀彼丹

一次偶然的机会，我彻底改变了想法。那是一个大热天的中午，我去教师楼的小伙伴家借书。刚来到楼下，“沙沙”的声音伴着一阵咳嗽声就从上面传来。我循声顺着楼梯走上去，刚到二楼转角时，就看到一个胖胖的身影。那不是胖阿姨吗？只见她一手握着扫把，一手拿着簸箕，正一级一级地往下扫着。呀，这么热的天，大家都恨不得躲在空调屋里休息，可胖阿姨却带病顶着炎热坚持打扫公共卫生！我赶忙说：“阿姨，别忙了！天这么热，您又感冒了，还是休息休息吧！”胖阿姨直起身来，一见是我，微微一笑说：“啊，是沛沛呀！不要紧，我快扫完了。早上起晚了，没来得及，这会儿扫一扫，就当是减肥吧。”说完，她又弯下腰去继续打扫了。

> 对话之中见高尚——把打扫公共卫生当作减肥。既幽默，又是内心的真实表白。

想着她刚才风趣的话语，看着她一步一步往下挪的身影，我不禁思绪万千。是呀，要是人人都有胖阿姨的这种精神，我们还愁居住环境不整洁吗？

后来，我们这些小伙伴在胖阿姨的影响下，也和胖阿姨做着同样的事情。我相信，有了像胖阿姨这样的带头人，我们的社区将会更加美丽、更加文明！

> “胖阿姨”的奉献精神将会发扬光大。

**看点解读**

**1.人物特点鲜明** 小作者善于抓住人物特征，以一个“胖”字勾勒出主人公的外形，再用具体事例表现了主人公乐于奉献的精神。由于描写生动逼真，“胖阿姨”乐呵呵扫地的形象跃然纸上，让读者对其心生敬意。

**2.结尾升华主题** 文章赞颂的是“胖阿姨”乐于奉献的精神，文末交代“我们这些小伙伴在胖阿姨的影响下，也和胖阿姨做着同样的事情”，凸显了榜样的力量，也升华了文章的主题。

**满分思路**

**开头：**交代“胖阿姨”是一位中学老师。

**中间：**写“胖阿姨”扫楼梯的事。
1.概写“胖阿姨”的乐于奉献。
2.“我”听到有人扫楼梯，发现是“胖阿姨”。“我”劝“胖阿姨”不要带病扫楼梯，但“胖阿姨”坚持扫。
3.“胖阿姨”的行为让“我”思绪万千。

**结尾：**表明“胖阿姨”的奉献精神将会发扬光大。

# 学习中的“苦”与“乐”

嘉兴考生

那天，我们在语文老师的主持下，开展了“学习中的苦与乐—实话实说”主题活动。

刚上课，语文老师就宣布：“今天我们一起来说说‘学习中的苦与乐’。你平时在学习中有什么‘苦’，说出来让大家帮你解决；‘乐’呢，自然是和大家一起分享喽！”

“乐”倒是不多，可“苦”却五花八门、各不相同。活动一开始，就有人站起来说：“阅读困难。”话没说完，又有人抢着说：“背课文记不住，今天背了明天忘。”“哈哈哈……”教室里沸腾了，大家笑得前仰后合。原来是班上有名的“马大哈”，他从没完整地背出过一篇课文。

当我们止住笑后，老师继续说道：“除了这些，还有什么困难？”同学们你一句我一句，好不热闹！当大家诉够“苦”时，老师看着我们一个个垂头丧气的样子，微笑

开门见山，点明主题。

语言描写突出了老师启发得当，营造了宽松的氛围，让学生“敢说”。

描写精当，发言场面活灵活现。

**名人名言**

学习知识要善于思考，思考，再思考。
——爱因斯坦

百学须先立志。
——朱熹

着说：“看来，大家的苦还真不少呀！这可怎么办呢？难道我们要在苦中毁灭吗？”我们只是摇头。“那谁来当我们的救世主呢？谁为我们学习中的‘苦’支招呢？”

> 场面描写细腻，突出了活动有一定难度。

刚开始，教室里静得能听见针掉在地上的声音，只有一双双期待的眼睛你看看我、我看看你。我想打破寂静，便总结了自己的学习经验：“关于阅读，不仅要多读，还要用心去读，去理解，要在重要段落旁边随时记下自己的感受。至于背课文，我觉得用熟读、多背、反复练习、抄写等方法很有效。”后来，不少同学都毫不吝惜地将自己的“法宝”倒给了大家。同学们不光把这些学习方法记在本子上，更记在了心里。大家都觉得这样的交流对自己的帮助太大了。

> 重点叙述自己的学习经验，略写他人“倒法宝”，详略得当。

通过这次活动，我明白了，在学习中难免会有困难，只要我们不断探索，善于寻求答案，就会有意想不到的收获。同时，我们还要学会总结学习方法，选择适合自己的方法来学习。这样，我们的学习就会收到事半功倍的效果。

> 总结活动收获，点出文章中心。

### 看点解读

**1.场面活跃** 文中重点描写了两个场面，一是诉“苦”，二是支招。不管哪个场面，都描写得极其活跃，让人如身临其境。特别是“马大哈”的发言，更是生动真实，活灵活现。

**2.主题明确** 文章的题目和开头，就直接点明了主题——“学习中的苦与乐”；主体部分紧紧扣住主题写场面；结尾围绕活动进行总结，进一步阐述主题意义，起到了画龙点睛的作用。

## 满分思路

**开头：**点明主题活动的内容。

**中间：**记叙主题活动的经过。
- 1.老师宣布主题活动开始。
- 2.同学们诉“苦”。
- 3.大家共同支招。

**结尾：**总结主题活动的收获和意义。

## 小考真题

题目：________，我想对你说

——2016年江苏南京卷

## 审题指导

许多时候，出于这样或那样的原因，我们的心里话一时说不出来。不过，心里话除了用口说出来，还可以用笔把它们写出来。这不，这次作文写“________，我想对你说”就给大家提供了这样一次机会，大家就不妨敞开心灵，将自己的心声倾诉出来。

**1.选好倾诉的对象**

老师、家长、同学、亲戚，只要自己有心里话跟他们讲，他们都可以成为我们的倾诉对象。但是，在一篇文章里，我们又不可能对所有的与自己打过交道的人倾诉心声。这样，就需要选择。也就是说，在写自己的心里话前，我们得想好自己准备跟谁倾诉心声。一般来说，一篇文章里，选定一个或两个倾诉对象比较适宜。

**2.理清倾诉的内容**

想说的心里话也许会有很多。不过，再多的话，我们也要一句一句地说。对于所要倾诉的心声，在写之前，要好好地进行一番梳理，想好主要说什么，哪些先说，哪些后说，哪些作为重点说。如果没有想好，提笔就写，想到什么就写什么，那样的话，容易造成前后内容杂乱，也没法让读者了解你到底想讲什么。

**3.注意倾诉分寸**

不论把自己的心里话讲给谁听，在具体写作时，都要注意说话的分寸。倾诉时，不要一味地指责别人，满篇全是牢骚，不要出现不文明的语言，更不可以辱骂别人。因为倾诉并不是吵架。

特别提醒大家的是，在向爸爸、妈妈、老师等长辈“倾诉”时，还要注意礼貌，恰当使用敬语。

## 立意图解

| 立意 | 解说 |
| --- | --- |
| 想对妈妈说 | 妈妈，“我”想对你说，别再让“我”上那么多的辅导班了行不？ |
| 想对爸爸说 | 爸爸，“我”想对你说：晚上别有那么多应酬，每晚早些回家，“我”和妈妈都很担心你的健康。 |
| 想对爷爷说 | 爷爷，“我”想对你说：不要再溺爱“我”了，“我”已经长大，懂事了！ |
| 想对姥姥说 | 姥姥，“我”想对你说：谢谢这么多年你对“我”无微不至的关爱和照顾，“我”一定好好成长，以后好好报答你。 |
| 想对老师说 | 老师，“我”想对你说：作为你的学生，非常荣幸！希望在以后，能做你一辈子的学生。 |
| 想对同桌说 | 同桌，“我”想对你说：认识你，真是高兴！正因为你的帮助，“我”取得了一个又一个进步！谢谢你！ |

## 欣赏点作文

### 博轩，我想对你说

南京考生

博轩，你知道吗？今天你的玩笑可把我吓得不轻。

> 采用设问，概括文章的主要内容。

上午第二节课上课铃响后，我像平常一样走进教室，刚坐下，你就问我：“你去方英杰那儿看你听写单词错了多少个了吗？”当时，我感到很疑惑：平时你也不和我说这些呀！今天是怎么了？

> 运用联想，突出听到你问“我”时的疑惑心理。

接着你笑嘻嘻地说：“你好像错了25个，不对，是27个。”听到你这话，我的心仿佛像从30米的高空摔了下来，一下子提到了嗓子眼。你知道吗？这样的成绩对于一个中等偏上的学生来说，打击实在不小。

> 采用夸张的手法，突出了当时心里的失望与紧张。

接下来的整整一节课，我都没有好好听，只是一个劲儿地合计，我怎么会错那么多呢？这下，可怎么跟老师、家长交代呢？

> 受到影响，上课时没有好好听。

下课后，我连忙去方英杰那儿。博轩，你不知道，这个时候，我每走一步，心就跳得更快一些。我想，如果我真的像你所说的那样，就惨了，就算家长原谅我，老师不让我抄课文17遍，我自己也不会原谅我的。

> 对后果进行设想，这也说明对自己的要求还是比较高的。

到了方英杰那儿，我结结巴巴地问她：“他们都说我错了27个单词，是真的吗？”她低下头，翻笔记本。我则在心里默念：千万别，千万别！

她对我笑着说：“你才错了3个，不用抄课文。”

> 揭示真相。

我再仔细看她的笔记本，原来是高佳欣错了那么多，她的名字和我的名字写在了一起！

看到这儿，我的心才“通”地一下掉回到了肚子里，但是腿还在发抖，我跑不了步了。

事后，博轩，我去问你，没想到你说：“我跟你开玩笑呢，不是你，是高佳欣。”

老天，你是开了个玩笑，可是我却担惊受怕了整整一节课！

> 概括“你”开玩笑的后果。

博轩，我想对你说：你以后可不能再开这样的玩笑了！

> 提出希望，收束全文。

## 看点解读

**1.感受丰富，情感真挚** 因为同学博轩的一句玩笑话，害得“我”整整一节课提心吊胆，没有好好听课。如此感受独特而丰富，很好地充实了文章的内容。字里行间的呼告，情感真挚动人。

**2.脉络清晰，叙述生动** 小作者按照事情发生的先后顺序叙述，并很好地注意了其中人物的表情、语言，特别是自己的心理变化，将事情的前因后果写清楚的同时，事情也显得曲折，有起有伏，能很好地吸引读者的注意力。结尾的呼吁也顺理成章。确实，这样的玩笑有些过分，让人紧张，让人上不好课，是不能再开了。

## 满分思路

**开头**：通过设问，概括文章主要内容——博轩，你的玩笑把“我”吓得不轻。

**中间**：具体讲述“我”被吓的经过。

1.上课时，博轩说“我”英语错了27个单词。

2.“我”非常吃惊、担心，整整一节课没有好好听。

3.下课后，“我”得知了真相，原来是博轩开的玩笑。

**结尾**：提出希望——你以后可不能再开这样的玩笑了！

# 组长，我想对你说

南京考生

组长，我想对你说，请你不要这样，请你以后不要对你的组员置之不理，也不要不理会你的组员向你提出的问题。如果这些你都做不到，那你这个组长根本就不合格。

> 开门见山，交代想对组长所说的话。

我们生活在一个组，这个组等于一个大家庭。只有我们组员与组长你共同奋斗，我们组才会进步。可是，组长，你却——

> 用“你却”自然引出下文。

那天上语文课时，语文老师说：“今天把第十四课《秋天》背过。组员找组长背，组长找老师背。”这不，一下课，组长你就去找老师背。组长你背会之后，就不管我们了。就算我们主动找到组长你背，你也总会说那句口头禅：“等一会儿，再等一会儿！”再要不，你就让我们去找副组长背。

> 用背课文一事写出组长对组员的不关心。

还有，我们组员每次问组长你问题，你总是不耐烦地推却：“我还有作业没有写完呢，等会儿教你。”次数多了，现在，我们大家有什么问题也不爱找你问了。

> 再用问问题一事说明组长对组员的不关心。

……

> 用省略号巧妙略去组长的很多问题，引人想象。

组长，真的，难道你没有发现，现在大家都对你有意见？组长，我想对你说，看到这篇作文时请你不要生气，希望你能改掉你这个毛病！要不，我们组永远也不会进步，也有被解散的可能。

> 顺理成章地提出希望，真诚恳切。

**看点解读**

**1.脉络清晰，层次分明** 小作者开门见山地提出了自己对组长想说的话：希望组长负起责来，不要不理组员；然后通过叙述两件具体的事，说明了自己提出这个想法的原因；最后提出希望，首尾呼应。文章想法清楚，原因具体，结构紧凑，内容充实。

**2.言辞恳切，饱含情感** 尽管是对组长提意见，但是，作者的言辞并不激愤，而是极为恳切，字里行间洋溢着自己对于组长的信任与希望之情。

**满分思路**

**开头：**开门见山提出希望——请不要对组员置之不理。

**中间：**叙述两件与组长有关的具体的事。
- 1.组长不管组员的背诵情况。
- 2.组长不给组员解决问题。

**结尾：**呼应开篇，再提希望——为了我们组，希望你改掉毛病。

## 小考真题

题目：课间，我们出现在操场上，楼道里……课间，会有我们愉快的笑声，活泼的身影……每一个课间，不论短与长，我们都认认真真地度过。因为，课间属于我们。

亲爱的同学们，你有过怎样的课间呢？课间，又给你留下哪些印象呢？下面就请你结合自身的生活与学习实际，以“______的课间”或“课间的______”为题目，写一篇450字左右的记叙文。

要求：首先根据自己所要写的内容，在横线上填写合适的词语，将题目补充完整；写清事情的经过，把人物的活动写具体、写生动，写出自己的真情实感。

——2014年江西南昌卷

## 审题指导

上学的我们谁没有过课间呢？看到这个题目，我们马上就要积极展开联想，想想与课间有关的人和事；想想自己经历过的众多的课间中，有哪个（些）课间给自己留下的印象比较深刻；然后再想想，为什么会有这样深刻的印象；接着再回忆一下当时的情景，想得越清楚，真正动笔写起来，就会写得越充实具体。

在具体的写作中，我们需要掌握以下几招：

**1.确定一点**

无论是事情，还是感受，有关课间的素材并不少。在一篇四五百字的文章里，不可能也没有必要将这些内容全写上。只需从中挑选自己最为熟悉的、感受最深的一点来写。比如“热闹的课间”“课间的思考”“可怜的课间”“一言难尽的课间”等。

**2.事件具体**

无论从哪个角度切入题目，我们都要通过具体的事来表现。事件具体与否，决定文章的中心鲜明、突出与否。所以，在具体的写作中，我们要将事情写具体，注意对人物动作、语言、心理等细节的细致刻画。

**3.由人及己，由己及人**

课间既是大家的，也是属于个人的。我们既可以写大家在课间的表现如何，也可以写自己在课间的表现如何。如此由人及己，由己及人，既容易打开写作思路，也容易充实文章的内容，从而更好地凸显文章的主旨。

## 立意图解

| 立意 | 解说 |
|---|---|
| 有趣的课间 | 写课间里发生的有趣的事。 |
| 课间的哭声 | 课间为什么会有哭声呢？后来呢？ |
| 课间“大战” | 男女生在课间，你不让我，我不让你，好不热闹！ |
| 课间老师还在忙碌 | 为了帮助我们更好地成长，老师在课间没有休息。敬业的老师，可爱的老师！ |
| 唉，课间乱象 | 课间里发生的不好的现象，也可以写一写。 |

## 欣赏点作文

### 课间的交流

南昌考生

刚上学时，父母就对我说：“上课如果听不懂，下课一定要及时问老师，和老师多多交流。”

> 父母的提醒。

以前，同学们几乎一下课就跑去问老师问题，到后来是一有空就和老师说话，都成了老师无话不谈的“好朋友”。那时候，大家课间都抢着去问老师各种各样的问题，得到老师认真讲解的同学，心里比吃了蜜还甜；而那些因为时间关系而没有问到老师的同学，总是抱怨时间太短，但在下一个课间一定会再来问。

> 描写以前的情形，与下文形成对比。

> 比喻生动、形象。

那时，我们在课间学到了很多，和老师的关系也是亲密无间的，我们都是快乐的。

随着年龄的增长，我步入了六年级。可是，我渐渐地发现，大家好像都很害怕老师，就算上课听不懂，下课也绝不会去问老师，更别说把老师当朋友了。原来老师身边的那一片繁茂的丛林，早已变成了荒凉的土地。

老师也多次讲过，高年级学习不像低年级那样简单，课上不可能全部理解，课下要多来问老师。尽管老师这么说，而且我们也学习了如何正确认识师生间的关系，但同学们还是不愿意去问老师问题。在课间，更多的同学还是在玩乐中度过，不会的问题也越积越多。

我身为学习委员，课间多次去办公室找老师问问题，希望可以通过我的行动，带动同学们也能一起去问老师问题。可是每次我从办公室出来时，同学们都会怒视着我。“真虚伪，看他爱学的。”“哼，就会去办公室拉近和老师的关系，好让老师关照他！”同学们私底下说着。我感到非常不解：为什么这样就是虚伪，难道师生关系就应该是敌对的吗？

是我们长大了，变成熟了，还是变聪明了，不用去问老师问题了？

我真心希望同学们能正确看待与老师的关系，所谓“良师益友”，不就是课上为师生，课下是朋友吗？

现在的课间与之前已有天壤之别。

比喻贴切，令人印象深刻。

描写同学不听老师的劝告的现状。

**新新好句·交流**

在交流中，想法得到了很好的碰撞，思想的火花不断飞溅；在交流中，我的视野得到拓展；在交流中，我走向成熟。

“我”被同学嘲讽。

提出疑问，引人深思。

表达真切的希望。

**看点解读**

**1.构思新颖，感受独特** 当太多的同学将笔墨集中于课间的玩与乐时，小作者却将思考转向师生关系。如此构思，自是新颖别致，令人拍案叫绝。通过课间大家不爱问老师问题这个侧面，很好地写出了自己的感受与思考，主旨深刻。

**2.对比鲜明，主旨突出** 现在的课间与以前的对比，“我”与他人的对比，在多重的、鲜明的对比中，突出了在课间学生与老师关系的变化，凸显了文章的主旨。

## 满分思路

**开头：** 引用父母的提醒，引出下文。

**中间：** 通过对比，写出课间交流的变化。
- 1.从前，“我们”课间经常和老师交流，师生关系亲密无间。
- 2.现在，“我们”课间不愿问老师问题，变得害怕老师，“我”去找老师问问题还被嘲讽。

**结尾：** 表达“我”的疑问和期望，引人深思。

# 课间的反省

南昌考生

学会反省，人就会更加完美。

每每一下课，总有一群同学狂奔出去，但也总有一群同学坐在教室里写作业，或是预习，或是复习。而我则是那群狂奔而去的同学中的一员，并且常常是在打完上课铃两分钟后才回到教室。此时，老师往往早已到了，也早就开始讲课了。结果可想而知，我总是比别人少听一点。

而且，我还因此落下了一个很坏的习惯。每次快下课时，我的心就已飞到九霄云外，所以，老师最后讲的内容我几乎都听不进去。有时，老师在最后几分钟才讲重点内容，可是，我早就“闭关锁国”，听不进去了，只等着下课的铃声响起。

这样一段时间下来，我的成绩一落千丈，竟然已经滑到了班里的“最基层”，这是怎么回事呢？

我仔细回想着我的每一天，突然发现我一节课有效的时间并没有多少，课间也没有好好利用起来，这就是我成绩一落千丈的原因。

我要改变这一切，我不能再这么下去了。于是，我渐渐改掉了这个坏习惯，不再是一下课就狂奔出去，而是充分利用课间时间，静静地在教室里写作业、复习或预习。在这样的改变下，我的成绩奇迹般“复活”了，如同坐上了火箭一般直线上升。

我离强大还很远，照这样走下去，我以后一定会更加完美。我自信，我坚信！

**新新好词·反省**

反躬自问　闭门思过
三省吾身　扪心自问

可怕的坏习惯。

大词小用，语言生动。

坏习惯的结果：成绩下降。

反思，为下文的变化作铺垫。

**新新好句·反省**

反省，是一座桥梁，可以使自己与“自己”时时沟通、交流，保证自己与“自己”永远零距离，从而不断地完善自我，让自己做得更好。

**看点解读**

**1.自我反思，凸显成长**　因为课间疯狂，不好好珍惜学习时间，从而导致自己的学习成绩下降。如此经历，足以让人惊醒。可喜的是，小作者意识到了这一点，并以实际行动做了改变，很好地凸显了青少年的成长，主题深刻。

**2.语言生动，文采斐然**　文章遣词讲究，像大词小用“闭关锁国”，移用“复活”“最基层”等，极富有表现力；恰当地运用了比喻、拟人、对比、反问、设问等修辞手法，语言形象、生动，充分彰显了小作者的语言表达能力。

### 满分思路

**开头：**表明反省的作用，点题。

**中间：**具体叙述“我”反省的过程及结果。
1.写自己课间和上课时的坏习惯。
2.“我”的成绩一落千丈，“我”开始思考原因。
3.经过反省，“我”做出了改变，成绩迅速提升。

**结尾：**表达自己的决心，照应前文。

## 小考真题

题目：生活，是多么丰富，又是多么快乐呀！它由一个个精彩的瞬间组成。这些精彩的瞬间常常令我们难以忘怀，请选择你印象最深的一个场景写出来，注意写出真情实感，字数在500以上。题目自拟。

——2012年浙江杭州卷

## 审题指导

这是一个写场面的自拟题目的作文。可写的内容很多，如：运动会上的精彩瞬间、课堂的精彩瞬间、文艺演出时的精彩瞬间、课间活动时的精彩瞬间……只要是精彩的场景都可以写。不过，在描写时，要注意整体与局部、点与面的结合。

## 立意图解

| 立意 | 解说 |
| --- | --- |
| 运动会场上的精彩瞬间 | 描写拔河、跳绳、接力赛等体育比赛精彩的瞬间。 |
| 课堂精彩的瞬间 | 描写师生课堂上的互动，体会老师传授知识的精彩瞬间。 |
| 课间活动的精彩瞬间 | 描写课间生活，大家玩耍的场面，体会到课间生活的快乐。 |
| 社会生活的精彩瞬间 | 描写街头偶遇偶像的精彩瞬间。 |
| 家庭生活的精彩瞬间 | 描写一家人一起猜谜语的活动场面，体会家庭生活的乐趣。 |

## 欣赏点作文

# 那精彩的一瞬间

杭州考生

在生活中，我们经常为一个精彩的瞬间而鼓掌，如马戏团小丑的表演、海洋馆动物们的精彩演出等。但我却为一只母鸡的精彩瞬间而鼓掌。

> 开头与众不同，点出自己为一只母鸡而鼓掌，吸引读者的眼球。

外婆家的鸡妈妈孵出了一群小鸡。鸡妈妈是一只黑母鸡，它的身后跟着一群小鸡。多数小鸡长得像鸡妈妈，是黑色的，少数小鸡是黄色的。有妈妈带着的小鸡很幸福，很安详，饿了就叽叽地叫，吃饱了就来回走动，累了，鸡妈妈就张开翅膀，让小鸡钻进它温暖的翅膀下睡觉。天天如此，就好像有一个标准的作息时间。

> 写出小鸡在鸡妈妈的照料下过着幸福的生活。

有一次，我听到小鸡们叽叽叽地叫个不停，我就撒米喂小鸡，小鸡们吃饱后，欢快地跳跃，互相追逐、嬉戏，看到小鸡们这么快活，我就笑着离开了。

> **新新好词·动物**
>
> 友好　友善　淘气
> 嬉戏　贪玩　贪吃
> 机敏　高大　强壮
> 慢悠悠　圆鼓鼓
> 圆滚滚　灰溜溜
> 惹人喜爱　自由自在
> 无忧无虑　蹦蹦跳跳

回到厨房里放好米盒，突然听见一阵“咯咯咯”“叽叽叽”“喵喵喵”搅和在一起的声音。我急忙出去看个究竟，只见一只小猫已钻进网内，吓得小鸡们惊慌得“叽叽叽”地乱叫。

我知道猫是会捉小鸡吃的，我也挺着急。这时只见母鸡一边“咯咯咯”地安慰着小鸡，好像在说：“别怕，别怕，看妈妈的。”然后它张开双翅，看上去像一个圆球，竖起全身的羽毛，向小猫猛扑过去，一边扑打，一边跳起来啄咬，还发出一阵阵尖锐的威胁声。而小猫却一边“喵喵喵”无奈地喊着，好像是说：“我是无意进来的，对不起，请饶了我吧！”一边东奔西跑寻找出路，小鸡们则紧紧地跟在母鸡后面，担心地注视着这个不速之客。

> 这只母鸡可真勇敢，为了自己的孩子奋不顾身。

有只小鸡被吓蔫儿了，不知如何是好，左跑两步，停下，右跑两步，停下，最后慌不择路，尖叫着跑向跟鸡妈妈相反的方向。鸡妈妈看着它，急促地叫着。

> 点面结合，单独写一只吓蔫儿了小鸡，渲染了紧张的气氛。

我着急地冲着离群的小鸡喊：“错了，错了，你妈妈在那边！”这只小鸡好像明白了我的意思，壮着胆子从我面前飞快地跑过，奔向鸡群，转眼就跑到鸡妈妈身边。

就这样扑腾了一会儿，小猫好不容易从围墙的缝隙里钻到了围墙的另一边。一场惊心动魄的打闹终于结束了。

这精彩的瞬间让我震撼不已，原来，动物也这样爱自己的孩子呀！这就是人们经常说的母爱的力量吧！有妈妈的爱护，小鸡们真幸福！这一幕让我想起了我的母亲。

> “扑腾”写出了猫、鸡大战的激烈。
>
> 抒情点明主题，含义深刻。

**看点解读**

**1.选材新颖，立意深刻** 生活中精彩的瞬间有许多，然而作者却另辟蹊径，选择了母鸡保护小鸡这一个精彩的瞬间来写，赞美了母鸡对自己孩子的爱。而作者的用意并不局限在这里，还让我们联想到自己母亲对子女的爱，这样文章就更有深意了。

**2.点面结合，场面描写** 作者在描写母鸡和猫作战这个场面时，注重了点与面的结合，先从整体出发，写了众小鸡的反应，再写局部，找到一只吓蔫儿了的小鸡这个点，进行了细致的描写，文章有详有略，场面刻画细致，不失为一篇精彩之作。

**满分思路**

**开头：**对比开篇，总领下文。

**中间：**具体描述猫、鸡大战的精彩瞬间。

- 1.小鸡在鸡妈妈的关怀下幸福地成长着。
- 2.一只小猫无意间闯入了小鸡的网里，鸡妈妈挺身保护小鸡，和小猫对战。
- 3.小猫逃走了，“战争”结束了。

**结尾：**引发联想，深化主题。

# 欣赏点 11：大爱无疆

# 捕捉社会生活中的大爱

## 小考真题

习作。

近年来，表示“赞同”“喜爱”的网络用语“点赞”被人们广泛运用。2015 年元旦，国家主席在新年贺词中为伟大的人民点赞；生活中，我们也会由衷赞叹某个人或某种行为。你最想为谁点赞？为什么想为他(她)点赞？请以“我为_______点赞”为题写一篇习作。

**要求：注意挖掘生活中的真实素材，表达情感，文中不要出现真实姓名和校名。**

——2017年山东日照卷

## 审题指导

2017年山东省日照市小考作文试题“我为________点赞”是一个半命题作文，其命题形式，是小学作文的流行趋势，即“导语+半命题”。点赞，是学生为人处世的重要能力之一，该命题旨在引导考生在成长过程中，学会关心他人、肯定他人与欣赏他人，让考生树立积极向上的价值观。这也完全体现了国家“立德树人”的教育理念。在微信流行、正能量得以不断传播的今天，这样的命题保证了考生有事可写，有情可抒，确保了每一名考生都能放胆写作，表达自己的心声。

试题的导语用了三分之二的篇幅引导考生明白什么是“点赞”，“点赞”在哪些场合中被广泛运用，然后才引导考生对某人或某种行为“点赞”，以便进行写作。这样的提示性导语，有助于考生拓宽写作思路，产生较强的表达欲望，从而写出精品。这样的命题，顺应了课程改革的需要，立足于核心素养的形成，引领作文教学改革的前进方向。

**1.审题目**

审题时要抓住关键词“点赞”。标题中的“点赞”，在《现代汉语词典》

中的解释为“用手机、电脑等在网上点击‘赞’的标记表示称赞，也泛指赞扬、支持”。该网络语来源于网络社区的“赞”功能。送出和收获的“赞”的多少、“赞”的给予偏好等，在某种程度上能反映出一个人的品格以及其处于何种状态。点赞的背后，反映的是点赞人的情感倾向。写作时要体现出“真”“善”“美”的主题来，对要点赞的人表达出“赞同”“喜爱”之情。

**2.审内容**

从内容上看，“我为________点赞”引导考生关注他人，注重成长体验，表达自己的态度或认知倾向，表现明确的支持态度。可见“关注他人”“体现成长”类主题，是当下各地考查的热点。题目中的横线上，填的“人物”可以是具体的某个人，也可以是某类人；可以填人称代词“他”或“她”，也可以填具有某种象征意义的人名，还可以填“消防官兵”“警察叔叔”“老师”“医生”等职业名词。

**3.审文体**

至于文体，可以写成驾轻就熟的记叙文，通过一件具体的事，反映一个人的某种优秀品质或某种高超的技艺，从而为他（她）点赞；也可以紧紧围绕值得点赞的某种品质或技艺，写成有叙述、有议论的抒情性散文。总之，只要是符合题意的，就可以放手一试，尽情展示。

## 立意图解

| 立意 | 解说 |
|---|---|
| 点赞老师，珍惜情谊 | 为了我们的成长，可亲可敬的老师们既关心我们的学习，又关心我们的生活，跟我们结下了深厚的情谊。写作时，可以点赞老师对我们思想、生活、学习上的关心，让师爱播种在我们的心田；或点赞老师高超的教学方法，让智慧的清泉在我们心底流过。当“我”和同学之间出现矛盾时，老师如何公平、公正地解决；当“我”的物品“被窃”时，老师如何巧妙地帮“我”找回……都可以成为写作的素材。 |
| 点赞老板，坚守诚信 | 在“大众创业、万众创新”的今天，有许许多多的“创客”成为老板，他们不但有创新精神，而且诚实守信、友善待人。点赞“创新”，可以联系自己的生活，谈谈被称为“新四大发明”的高铁、支付宝、共享单车、网购给日常生活带来的好处。点赞“诚信”，可以谈店老板不贪占顾客遗漏在店铺里的东西，当然还可以点赞他们不卖假货、带领大家共同致富、热心公益等。 |

续表

| 立意 | 解说 |
| --- | --- |
| 点赞同学，致敬友善 | 在成长的旅途中，同学给了我们无私的帮助，让我们感受到了人间的温暖，感受到了生活的美好。“我”家没有电脑，无法打印老师布置的作文，同学帮助“我”打印；“我”没有英语听写纸，同桌爽快地将她的听写纸撕下一大半给“我”；下雨时，“我”没带伞，同学跟“我”共同打一把伞，把伞倾斜到“我”这边，而他自己半个身子都被淋湿了……这些友善的举动都值得点赞。当然，同学爱学习、讲文明等其他行为同样可以点赞。 |
| 点赞医生，引领文明 | “救死扶伤，实行革命的人道主义”，是对医生的最好褒奖。在与医生接触的过程中，他们高尚的医德、精湛的医术、文明的行为，都成为人们学习的一面镜子。我们可以点赞他们想病人之所想、急病人之所急的优秀品质，可以点赞他们精湛的医疗技术，也可以点赞他们文明的举止、果断的作风、甘于奉献的精神等。 |

## 欣赏点作文

### 我为她点赞

日照考生

天很黑，雨淅淅沥沥地下着，回家的路似乎没有尽头，雨水顺着伞向发丝上流淌，滑下一颗颗惹人怜爱的珍珠，转眼消失不见。眼前出现了一朵花，我捡起来一看，是朵白玫瑰，虽被雨水冲刷，却依然美丽。于是，便想起了如花的她，想起她如花的笑，我愿意为她点赞。

> 开篇描写环境，引出花，从而引出“我”愿意点赞像花一样的人，引起下文。

她很普通，长相平平，是那种会被淹没在人群中的人。她独自经营着的一间小花店，很不起眼地坐落在县城的角落里，就和她一样，默默无闻，悄声无息。但，她有一颗如花的心……

> 用简洁的语言，概括出鲜花店老板和她的花店的普通，为的是衬托老板那颗如花的心。

一个肃杀的秋天，天很凉，我因为去郊外游玩而坐错了公交车，来到了这个陌生的地方，好不容易才找到了站牌。站在那儿等车，我就发现了这个花店，店名叫什么，已经记不清了。我怀着好奇心走了进去，看见了她，正如花一般笑着。店内装饰得很温馨，空气中洋溢着浓郁的花香。

> 店外与店内形成鲜明的对比，体现出花店的与众不同。

“进来看看。”她对我嫣然一笑，四目相对，恍然间我没有了拘谨和羞涩，心也像沉浸在浓郁的花香中，想着：“挑朵花吧。”我便一心一意地选花，花的品种很多，我花了很长时间才选中了心仪的一朵月季，不好意思地朝她笑笑。但她丝毫没有嫌我慢，依旧温柔地笑着。

付钱时，她轻声说；“小妹妹，你这么可爱，就收你五元吧。”我付完钱后，正要走，突然，她叫了一声：“小妹妹！”便急忙从花丛中穿过，来到我身边。“怎么了？”我疑惑地问。“你的手表。”我一抬手腕，才发现手表不见了。她把手表递给我，莞尔一笑，轻轻地说：“以后一定要保护好自己的东西啊！”然后又用如花般的笑容，送我离开。

> 人物的语言、动作、神态刻画逼真，表现出人物心灵的纯洁与美好。

坐在公交车上，我想起一篇文章，题目好像叫“如花的心情”，文章的主人公用“赠人玫瑰，手有余香”的方式让更多人感受花的芳香，这与她是多么相似啊！

> 补叙一个与“她”相似的人物，进一步表现花店老板的美好心灵。

白玫瑰固然美丽，但她更美，不在外貌，而在内心。我，为她点赞……

> 照应开头的“白玫瑰”，点赞人物的美好心灵。

## 看点解读

**1.角度新颖** 文章描写了一位普通的花店老板，表明“我”为她如花般的心灵点赞，立意新颖，与众不同。作者主要通过描写花店老板如花般的笑容来展现她纯净、美好的内心，并在文中营造了一个充满花香的意境，而且在结尾补叙了一个与花有关的故事，通篇给人以美的享受。

**2.善于铺排** 无论是对白玫瑰的描写，还是对老板、对花店的描写，以及补叙的那个故事，考生都极尽铺排之能事，以散文的笔法和抒情的笔调，尽情地挥洒，不蔓不枝地娓娓道来，足见考生驾驭语言的功力之强。文章首尾点题，文中多次强调“如花的笑容”，凸显人物的品质。

## 满分思路

**开头：**环境描写，引出下文——“我”要点赞如花般美丽的她。

**中间：**回忆“我”与花店老板之间的一段往事。
- 1.“我”来到一间普通的花店，遇到了如花般笑着的她。
- 2.挑选花朵时“我”不小心落下了手表，花店老板发现后急忙还给了“我”。
- 3.“我”想起曾经看过的一篇文章，觉得里边的主人公和她很像。

**结尾：**照应开头，再次强调“我”要为她点赞。

# 我为医生点赞

日照考生

我的好友的弟弟生病了，在住院治疗。我十分喜欢那个讨人喜欢的小弟弟，于是，在周六的间隙和好友一起去看望他。不过这也是经过深思熟虑的，因为我二姨也在这家医院当医生，也不知道为什么，我总有点儿害怕见到身上总有消毒水味道的二姨。

> 开门见山，交代事情的起因。

> “深思熟虑”，说明“我”其实不想来，因为害怕医生身上的那股味道，暗示对医生没有好感。

刚踏入医院的大门，一股浓烈的消毒水味儿扑面而来，我不禁用衣领遮住口鼻，用很细微的声音问好友：“在哪一层啊？这味儿熏得我都要晕了！”

好友笑眯眯地回答：“十六层，习惯了就好！”

我很不满地瞅了她一眼，说：“这儿的医生是不是都是药泡的？整天在这里也成‘药人’了吧！”

> “我”夸张的说法，好友的回答，“我”的调侃，语言生动活泼，进一步表达对医院这种味道的不满。

好友对我的调侃无动于衷，径直把我带到了电梯旁。电梯门刚开，我们的脚刚踏进去，那位按电梯钮的小姐就快速地说：“请大家都下去，我们要运送病人了！”一听这话，人群便像流水一样涌出电梯。

几位医生推着一位病人进入电梯，家属含着眼泪也进入了电梯。我望着医生那张劳累的脸和家属那张即将崩溃的脸，对自己之前说的那些话羞愧不已。

> **经典素材**
>
> 长路奉献给远方；玫瑰奉献给爱情；我拿什么奉献给你，我的爱人？白云奉献给草场；江河奉献给海洋；我拿什么奉献给你，我的朋友？
>
> ——歌曲《奉献》

因为电梯不能坐，所以我俩选择了走楼梯。“我们要从一层爬到十六层，想想就累啊！”我一边爬一边埋怨。好友听了说道：“要不要来比赛看谁先到！”听到比赛，我顿时来了劲头，连忙说：“好好好，就比这个！”我心想：“怎么说我以前也是个跑步爱好者，这点儿实力还是有的！”就在我俩激烈比赛中，我刚踏上第十层的楼梯就看到一位身穿白色衣服的医生在倚着门歇息，好像一只白色的鸽子。听到我们吵闹的叫声，他睁开眼看了一下表，然后匆匆忙忙地离开了，离开前还朝我们笑了一下。

> 用“白色的鸽子”来比喻医生，美好、恰切、形象。医生的动作、神态，表现出他的敬业与友善。

我去看了一下小弟弟便匆匆走了，因为我要去找我的二姨，送给她一个充满敬佩和感激的拥抱，送给她一个大大的赞。

> 呼应开篇，对医生有了崇敬之情，态度发生转变。

一位哲人曾说过：“医生是文明世界的精华。”今天，我又学到了许多，懂得了为医德高尚的医生点赞，你呢？

以名言结尾，画龙点睛。

**看点解读**

**1.欲扬先抑** 本文欲扬先抑，构思新巧。考生没有一开篇就点赞医生的敬业与奉献精神，而是说自己害怕医生身上的那股消毒水味儿；而在电梯前看到医生疲惫的脸时，“我”的态度发生了初步改变；当“我”爬到十楼，看到一位歇息的医生时，对医生更是充满了敬佩与感激，态度又一次发生了改变，点赞之情油然而生。“抑”是铺垫，是衬托，是为了更好地“扬”。欲扬先抑的手法，增强了文章的感染力和表现力。

**2.语言生动** 考生的情感丰富而真实，语言生动而活泼。“我”和好友刚踏入医院大门的一番对话，充满儿童情趣；对医生的动作、神情的描写，真实而传神；对医生的比喻，恰当而形象。结尾以名言作结，使文章意蕴深远。

**满分思路**

**开头：** 开门见山，交代起因，暗示“我”对医院、医生没有好感。

**中间：** 具体写“我”对医生的态度发生转变的过程。

1. “我”和好友在电梯前看到一脸疲惫的医生，“我”的态度初步发生改变。
2. “我”和好友跑步比赛上到十楼时，看到劳累的医生在休息，“我”的态度进一步发生了改变。
3. “我”要去找二姨，送给她一个充满敬佩和感激的拥抱，送给她一个大大的赞。

**结尾：** 名言结尾——“我”懂得了为医德高尚的医生点赞。

## 小考真题

我们每个人在生活中都会碰到自己解决不了的事情。人帮人，我们的生活会多一份快乐；人帮人，我们的生活会添一份美好。著名数学家华罗庚曾说：人家帮我，永志不忘；我帮人家，莫记心上。请以“谢谢你帮我”或“我来帮你吧”为题写一篇不少于400字的文章。

——2016年湖北武汉卷

## 审题指导

这是一道命题作文，可供选择的有两个小题目。两个小题目的题眼都是“帮”（即“帮助”），只是帮助的对象不同。前一题要求写自己被别人帮助，后一题是“我”来帮助别人。帮助，指以出钱、出力或出主意的方式相助别人，所以，我们选材时可以考虑从多方面选择一个拿手的内容来写。此外，题目从多方面对我们进行了启发，在“帮助”的主题下，你如果考虑到“帮助获得快乐”“帮助别人就是帮助自己”“不忘他人帮助之情”“我帮他人，不足挂齿”等立意，你的文章就有可能写得与众不同。

## 立意图解

| 立意 | 解说 |
|---|---|
| 出钱助人 | 可以写用金钱来帮助别人，如为重病儿童捐款，为灾区群众捐款。 |
| 出力助人 | 可以写出力气来帮助别人，如帮助老人推车，搀扶老人过马路。 |
| 以智慧助人 | 可以写出主意来帮助别人，如出智谋让别人脱险、帮别人解决难题。 |
| 别人助己 | 可以写别人对自己的帮助，如你生病了，同学帮助你补课。 |

## 欣赏点作文

# 谢谢你帮我

武汉考生

站在三清山顶向下望去，除了一些奇石怪松，还有一条条在雾色中若隐若现的栈道。我想独自走过栈道。

看着下方空荡荡的道路，我的心里也是空荡荡的，对这条栈道没有一个底。任凭别人信誓旦旦地对我保证这条栈道十分坚固，但我的双脚还是不住地颤抖，迟迟不敢迈出第一步。

> 环境描写，突出险要。

> “颤抖”，用词准确，突出了害怕。

也许是恐惧、紧张使得感觉器官变得特别迟钝，许久，我才发现搭在自己手上的柔软小手。手的主人比我矮了整整一大截，正扬起脸来，冲我露出一个如同阳光一般温暖的笑容。他用稚嫩的声音对我说：“姐姐，我和你一起走。”说着，像个男子汉一样拍了拍那并不结实的胸膛，勇敢地跨出了第一步——我不敢跨出的第一步。这算是“初生牛犊不怕虎”吗？

> 神情、语言、动作描写细腻，把人物写得活灵活现。

只见他故作大胆地走在我的前方，一边故意地用力踩踩前方的石块，一边回过头来，说：“走过来吧，这里很安全。”别人都告诉我这里很安全，但是，我却只相信面前这个乳臭未干的小男孩的话——虽然并不大声，却说得异常坚定，让我觉得分外可信。虽然，他握着我的手，早已渗出许多汗水。也许，他也很害怕。

> 运用对比手法，突出了小男孩的话产生的不同效果。

好不容易走到山顶，我蹲下身子，问小男孩：“为什么愿意拉着姐姐走呢？”他偏着头，认真想了一会儿，才说道：“因为我觉得姐姐需要我的帮助，所以我要拉着姐姐走。”说完，他向他的父母走去，还不忘回头冲我一笑。

> 对话描写到位。小男孩的回答充满童真。

我直起身子，平静地望着他一点一点远去的背影，心中早已不再平静——那简简单单的一句话，如同几块千斤巨石，投入了原本平静的湖面，湖面顿时漾起了层层涟漪。谢谢你，小弟弟，是你帮助我战胜了胆怯！

> 结尾表达对小男孩的感激，同时扣题。

**看点解读**

**1.叙事清楚，结构完整** 习作开篇描写环境，突出地势的险要。然后描写小男孩帮助“我”战胜胆怯的经过，表现小男孩的勇气。结尾直抒情怀，表达对小男孩的感激。文章叙事清楚，结构完整。

**2.对比描写，形象鲜明** 文章采用对比的手法：一个是高大的姐姐，但胆小怯懦；另一个是矮小的弟弟，但勇敢无畏——人物形象特别鲜明。尽管是一面之交，但小男孩的高大形象已深深印在小作者的心底。

**满分思路**

**开头：** 描写环境，突出险要，引出下文。

**中间：** 记叙小男孩帮助“我”战胜胆怯的经过，突出其勇敢。
- 1.小男孩伸出柔软的小手要牵“我”。
- 2.“我”拉着小男孩的手走过栈道。
- 3.“我”问小男孩拉着“我”走过栈道的原因。

**结尾：** 描写心情，表达感激。

## 谢谢你帮我

武汉考生

那天下午放学，雨突然“哗哗哗哗”地下起来，不足十分钟，外面就成了“汪洋大海”。

> 描写环境，衬托困难。

家长们都穿着雨衣，打着雨伞，全副武装，陆续将自己的“宝贝”接走了。不一会儿，教室里就只剩下我一个人了。怎么办呢？爸爸出差了，妈妈又去上班，本来打算乘公交车回家的，可外面又下这么大的雨……唉，我真是倒霉透了！

> 直接描写遇到的困难，为后文作铺垫。

等了近一个钟头，老天爷也好像有意跟我作对，雨非但没停，反而越下越大。我正想一脚趟过去，突然一个声音传来：“小朋友，过来！遇到麻烦了吧？你好像和小宇（他的儿子）同路呀，我可以带你一程！”我扭过头去——原来是一位家长。只见他骑一辆老式自行车，前梁坐着他的儿子。我像见了救星似的，连忙冲了过去——虽然还夹杂着一丝犹豫。

> 描写人物语言，体现了真诚帮助。

上了车，他递给我一件雨衣，他与儿子合穿另一件。车上多一个人，骑起来绝对不一样。每当上坡见他费力的样子，我真恨不得跳下车来步行，可雨又下那么大！有一次下坡，车把手差点失控。我想，如果他儿子坐我现在的位置，就不会妨碍他握车把手了。“小朋友，你家住哪儿啊？”这时传来他的问话。“西关中段。”我回答道。于是，他顶风冒雨将我送到家门口。

细致描写因帮“我”而带来的困难，表现了家长的不易。

下了车，我脱下雨衣，塞进他的车篓中。“谢了，叔叔！”“别客气……”

车子掉转头往回走了——啊，我惊呆了！原来他为了送我多走了一程！目送那对消失在雨幕中的父子，我的眼睛模糊了……此时，我只能在心里暗暗祝福：谢谢您，叔叔！您全心帮助了我，祝您一生平安！

多送“我”一程，更显家长的高尚。

**看点解读**

**1.精心选材，事例感人** 在极度为难之时，能得到别人雪中送炭的帮助，怎不让人感动异常！“车子掉转头往回走”，才知他是专程送“我”，出乎意料，这样更能感动人。

**2.多法表达，凸显主题** 本文的成功还得力于环境的描写，突出了“帮”的必要；心理描写真实，字里行间无不流露出对家长的感激。

## 满分思路

**开头：** 描写天气，突出困难。

**中间：** 详写雨中家长送“我”回家的经过。
- 1.下雨了父母有事，不能来接“我”，“我”无法回家。
- 2.一位同学家长主动带“我”回家。
- 3.同学家长往回走，“我”才知道他多送了“我”一程。

**结尾：** 表达感激和祝福——谢谢您，祝您一生平安！

# 谢谢你帮我

武汉考生

上个星期天，亲戚家办喜事，请我们去喝喜酒。爸爸骑着摩托车，带着妈妈和我在回来的途中，摩托车的速度突然变慢，最后竟停了下来。

> 暗示要出现困难。

只听爸爸嘀咕：“哎呀，车没油了，可怎么回去呀？”我说：“那还不简单，到加油站加油呗！”爸爸苦笑道：“这前不着村，后不着店，我上哪儿加油呀？”就在我们焦急万分的时候，一位开拖拉机的老爷爷在旁边停了下来。老爷爷高高瘦瘦的，面容慈祥，他关切地问爸爸发生了什么事。爸爸告诉他，车子没油了。我也不由自主地埋怨起爸爸来：“谁让你走的时候不检查一下！”爸爸显得很无奈：“我骑车只不过半年多时间，不也是个新手嘛！”老爷爷听着我们的抱怨，对我们说：“我看能不能想想办法吧！”说着就走了。我们等了一会儿，不见人来。我们思量着：人家都不认识我们，凭什么帮我们呀？况且，那老爷爷说话并不十分认真，别指望他了。我们只好推着车慢慢地走。虽然公路很平坦，但推起车来也很费劲。我不住地埋怨爸爸，爸爸就像犯了错的小孩子，低着头一声不吭。

> 通过“我”和爸爸的对话，展现遇到的困难。

> 描写老爷爷的外貌，突出慈祥。

> **新新好词·无私**
>
> 慷慨　大方　奉献　贡献　大公无私　铁面无私

> 描写心理，写出失望，与后文形成鲜明对比，反衬老爷爷的高尚。

正当妈妈也忍不住开始埋怨爸爸时，那位老爷爷却开着拖拉机赶来了。他停下车子，一边拿出一个塑料瓶子，一边朝爸爸喊：“嗨，小伙子！别推了，我给你拿油来了！”他让爸爸把油箱打开，麻利地把油倒进去。当爸爸要给老爷爷油钱时，老爷爷却推辞说：“嗨，这么点儿油给什么钱呀！出门在外哪有不为难的？如果真让小姑娘和你媳妇推着车走回去，我猜你的耳朵几天都要灌脓了！”说完，他、爸爸、妈妈和我都爽朗地笑了。

> 不收油钱，更显老爷爷的高尚。运用行动、语言描写，突出人物特点。

啊，多么善良的老爷爷呀！是您帮助我们解决了难题。好人有好报，我衷心祝愿老爷爷健康长寿！

> 抒情点题，自然得体。

**看点解读**

**1.选材精当，主题深刻**　素不相识，却给人无私的帮助，老爷爷品德多么高尚！习作歌颂了人与人之间的真诚关心，反映了新时期良好的社会风尚，事情虽小，但主题深刻。

**2.描写细致，形象鲜明** 小作者详写“我们”的为难，以及老爷爷的关心、送油后的对话，逼真地再现了当时的情景，很好地塑造了老爷爷的高大形象。

## 满分思路

**开头：** 交代事件，点出问题。

**中间：** 记叙老爷爷的帮助“我们”，突出高尚。
- 1.老爷爷关心“我们”，说帮助想办法。
- 2.“我们”等不来老爷爷，只好推车回家。
- 3.老爷爷为“我们”送来了油，还不收油钱。

**结尾：** 抒发感激之情，点题。

## 小考真题

题目：乌云的背后是阳光，成功的背后是付出，严肃的背后是关爱……关注和思考“背后”能让我们的思想更加深刻，情感更加丰厚，人格更加成熟。

请以“________的背后”为题，写一篇文章。

要求：将题目补充完整，文体自定；有真情实感，不得套写抄袭；用现行规范的汉语言文字表达；不少于500字；文章中不要出现真实的地名、校名和人名。

——2015年河南郑州卷

## 审题指导

审题时要理解“背后”的含意。“背后”，相对于“面前”“当面”“表面”而言。人们容易被表面（面前）的东西所左右，其实那背后的东西也许更值得我们关注。

题目中对空白处的内容没有加以限制性的说明，没有设置备选词语，相对来说，填词较为自由。因此我们可以考虑填词语，比如“我”“妈妈”“批评”；也可以填写短语，比如“那一声呵斥”“那缕炊烟”等。

在具体的写作中要掌握以下几招：

**1.选择自己能够驾驭的材料，小角度切入**

可以写自己考试成绩很好就骄傲起来，老师严厉地批评了自己，心里感觉很委屈，妈妈得知后，和蔼地讲老师的批评是对自己的帮助，于是我明白了批评的背后是关爱等。

**2.要有细节描写**

通过细致地描绘人物的语言、动作、心理、神态来凸显人物的性格、心理世界以及温暖的感觉。如写到老师批评自己，细致地描绘自己的内心感受，来突出“委屈”的感觉。

## 立意图解

| 立意 | 解说 |
|---|---|
| “我”的背后 | 写“我”的背后有妈妈、爸爸无微不至的关怀和照顾等，来表现浓浓亲情。 |
| 微笑的背后 | 写自己需要做小手术，但很恐惧，妈妈一直微笑着陪伴“我”，微笑的背后是爱和坚强。 |
| 奚落的背后 | 写自己因为成绩差而一蹶不振，好朋友奚落“我”，后来“我”才明白他使用的是激将法。“我”明白了奚落的背后是友谊。 |
| 花开的背后 | 写一盆草，经历风吹雨打，最终开放出美丽的花朵。花开的背后是坦然面对挫折。 |
| 写好作文的背后 | 写自己为了写好作文如何的读书积累句子等，写好作文的背后是辛勤的劳动。 |

## 欣赏点作文

### 笑容的背后

郑州考生

去年一个冬天的早晨。天空还没有睡醒，一片朦胧。我向学校赶去。

路过一个包子馆，门前的蒸炉上冒出一缕缕白烟，在昏暗的灯光中直入云霄，格外耀眼。丝丝缕缕的香气沁人心脾，一股馋意涌上我的心头。

买几个包子吧。我心里想。老板刚好出来，端着一个篮子，边掀盖子边喊：“出锅喽！”一个个雪白的小包子像一个个白胖的小精灵，浑身散发着面食独有的香气。表面的褶

> 交代时间、地点、人物。

**新新好词·美食**

唇齿留香　垂涎三尺
玉盘珍馐　饕餮大餐
回味无穷　色味俱佳

皱一道道紧密地排列着，像给它们穿上了美丽的衣裙。

我刚要开口，完了，早上走得匆忙，没有带钱。怎么办？

再看这些包子，像八卦阵一样排列着，胖嘟嘟的笑脸是如此诱人。这个一定是牛肉馅的，如果咬上一口，一定香香的，我不由自主地咽了口唾液。

老板似乎看出了我的心思。拿起袋子，熟练地装进了几个包子，微笑着递给我说："小朋友，拿去吃吧！""可是……""没关系的，上学别迟到了。"他笑得更甜了，在这笑容的背后，满是热情。

我和他素不相识，他这样慷慨，对于我，真是雪中送炭啊！

初春的阳光洒在他的笑脸上，我微笑地接过包子。

几天后，我在放学路上看到一个小朋友正在搬着一个大箱子，非常吃力。我热情向前，帮她搬回家。我的脸上始终浮现着笑容，这背后是助人为乐。她的脸上也绽开了笑容，这背后是感激之情，以及像我一样传递笑容的决心。

笑容的背后是助人为乐。笑容的背后是感恩之心。将笑容传递下去吧，你终会感受到它背后的温暖。

> 比喻修辞，生动形象地描绘出包子的外形，突出了包子对"我"的吸引力。

> **新新好句·美食**
>
> 烧卖里碧绿的颜色，透出蒸熟后薄如纸的面皮，犹如翡翠一般。轻轻地咬上一口，皮一点便破，吃到里面由虾仁、韭菜和鸡蛋制成的菜茸，爽口清润。

> "我"将善良传递下去。

> 点明事件的意义。

## 看点解读

**1.人间真情，包子传递** 小作者善于选材，善于寻找感情的寄托点。小作者用饱含深情的笔触，借包子铺老板免费送"我"包子，传达浓浓的人间情。

**2.结尾议论，画龙点睛** 文章在叙述一件包子店老板送给自己包子，既饱了自己的胃，又暖了自己心的故事，自然而然地写出了自己的感受，升华了文章的情感：他人对"我"的一点帮助，让"我"感悟到每个人都要去帮助他人，学会感恩，并将爱心传递下去。文章因此而增色。

## 满分思路

**开头：** 开门见山，交代时间、地点、人物。

**中间：** 详细叙述卖包子的老板的笑容以及对"我"的影响。
- 1."我"想吃包子但没带钱，卖包子的老板把包子送给了"我"，他的笑脸让"我"感动，"我"也笑了。
- 2."我"帮助小朋友搬箱子，传递笑容；被帮助的小朋友也笑了，她也会像"我"一样把笑容传递下去。

**结尾：** 点明自己在事件中得到的感悟。

## 小考真题

题目：我得到了________

六年的小学生活即将结束。回顾这六年的学习生活，你一定会有许多收获，如知识、表扬、关爱、理解、友谊、成功……请补全题目，并写一篇文章。字数不少于450字。

——2014年新疆乌鲁木齐卷

## 审题指导

半命题作文，其特点是另一半命题需要考生补全。与命题作文相比较，半命题作文的题材选择范围更大，加上本题贴近考生的生活实际，因此该作文可写的内容很多，如：我得到了知识、我得到了帮助、我得到了启示、我得到了鼓励、我得到了谅解、我得到了成功……只要是对自己的成长有影响的都可以写。在具体的写作中要注意以下几点：

**1.人称的限制**

该题目写作题材甚广，但不管什么题材都要特别注意此命题中的第一人称（我）的限制。比如在写“我得到了关爱”一文时，要注意从自身角度去感受别人的关爱给自己带来的所感、所思，切忌不要从“关爱我的人”或“我对他人的关爱”等“非我”的角度入手。

**2.叙事记叙文**

记叙文分为写人记叙文和叙事记叙文，该题目适宜写成叙事记叙文，记叙文六要素应齐全，详写事情的起因、经过，并且尽量以个人体验说事，以达到真实感人的效果。比如在写“我得到了鼓励”一文时，“我”在何时何地得到了谁的鼓励，这样的鼓励对我产生了怎样的影响，这些在文章中要明确。

**3.以小见大**

作文要出彩，必须善于从平凡的生活小事中提取素材，以小见大。何谓“小”？“小”就是指素材的大众化，让读者觉得这件事就是曾经发生在自己身上的事。何谓“大”？“大”就是“见人所未见”——合乎情理的独特的个性化感悟。比如写自己因为撒谎而被父母打了一顿，小作者不是简单地将其视为父母对自己的惩罚或教育，而是把这次挨打视为一种成长的体验，这就是“见人所未见”。

## 立意图解

| 立意 | 解说 |
|---|---|
| “我”得到了自信 | 因为自己的胆怯，“我”得到了来自老师、同学、亲人的鼓励，从而变得自信起来。 |
| “我”得到了启示 | “我”从生活的平凡小事中得到了启示。 |
| “我”得到了关爱 | 在集体生活中，“我”得到了来自同学的关爱；在家庭生活中，“我”得到了来自亲人的关爱。 |
| “我”得到了成功 | 因为自己的坚持不懈，因为自己的努力，“我”得到了成功。 |
| “我”得到了教训 | 生活中难免会做错事，会做傻事，“我”从中得到了教训。 |

## 欣赏点作文

### 我得到了陌生人的关爱

乌鲁木齐考生

“人类最崇高的行为是‘奉献’，人世间最温暖的力量叫‘关爱’。”每当我看到校园走廊墙壁上的这句名言时，我就会想起那件往事。

名言扣题，“往事”二字自然引出下文。

去年暑假的一天，妈妈给了我充足的钱，让我独自一人乘坐大巴车去遂宁的外婆家。这是一辆新车，车内被打扫得干干净净，玻璃擦得透亮。第一次出远门的我，心里有几分担忧更有几分窃喜。

**新新好词·关爱**

疼爱　喜爱　偏爱　宠爱
嘘寒问暖　无微不至
关怀备至　呵护至极
精心照料　体贴入微

没过多久，车子出发了。刚开始时，道路平坦，车子行驶得很平稳，我心情愉快地欣赏着沿途迷人的景色。那一弯弯梯田，那一块块玉米地，还有路边那些不知名的野花……这可是城里不可能有的独特风景呀。

可是好景不长，车子慢慢驶入山路了，大巴车在弯曲的山路上颠来簸去。我慢慢地难受起来，窗外的景色变得不再迷人了。我的胃越来越难受，我甚至想通过睡觉的方式来克服这种难受。

正面描写、侧面描写相结合，突出小作者晕车时的极度不舒服，为下文埋下伏笔。

“哇——”我终于没能控制住自己，我吐了。车厢里弥漫着一股恶心的酸臭味。我不知道此时车上的人是什么样的表情和感受，但我觉得好尴尬、好难堪。

就在我忙着用纸巾擦我身上的秽物时，售票员阿姨立即吩咐其他乘客把窗户打开，然后拿着笤帚和畚箕向我走来，还一个劲儿地说：“没事，没事，我打扫干净就好了。”我难为情地说：“阿姨，还是让我自己来打扫吧！”“没关系，你把你的衣服擦干净吧。”售票员阿姨很麻利地把我刚才弄的“战场”打扫干净了。

就在这时，坐我身后的一位满头银发的老奶奶递来一个橘子。“孩子，吃吧！吃了会好受一些。如果不吃，把橘皮剥下来闻一闻，也会好一点儿。”前排一个五六岁的小妹妹递过来一颗葡萄味的水果糖，说：“哥哥，给你吃！吃了就不晕车了。”

越来越多的人向我伸出了援助之手——有人递来湿巾纸，有人主动要把靠窗的位置让给我，还有关切的话语……一时间，我感动得不知说什么好。我口里含着那颗葡萄味的水果糖，鼻子闻着橘子皮的味儿，感觉好多了，窗外的风景又变得美丽了。

事情快过去一年了，但每当坐上大巴车，我就会想起大巴车上和蔼可亲的售票员阿姨；每当我看见橘子，我就会想起那个满头银发的老奶奶；每当我看见葡萄，我就会想起那个小妹妹……我将无条件地把这种关爱传递给我身边的每一个人，因为“得到他人的关爱是一种幸福，关爱他人更是一种幸福”。

**新新好句·关爱**

爱是一种无私的奉献，犹如灿烂、充满朝气的太阳，给人温暖、力量和希望。

点面结合，重点突出。

文章三处写到窗外的风景，前后照应，足见小作者思维的严谨。

名言结尾，情真意切。既做到了首尾照应，又升华了主题。

**看点解读**

**1.首尾照应，主旨深刻** 本文开篇使用一个比喻句诠释爱的伟大魔力，直接引出下文，简洁明了；结尾以关爱的名言收束全文，既照应了开头，又总结了全文，升华了主题。

**2.景物描写，烘托心情** “崭新的大巴车”“干净的地面”“透亮的玻璃”“弯弯的梯田”“不知名的野花”预示了一次愉快的旅行；得到大伙的帮助，满心感激的“我”感觉窗外的景色更美，实际暗示了人们的行为美、社会的风气美。

**满分思路**

**开头：**引用名言，引出下文。

**中间：**具体写“我”以此乘坐大巴晕车，人们给“我”帮助和关爱的事。

1. 暑假，“我”独自乘坐大巴去外婆家。
2. 坐在大巴上，一开始道路平坦，“我”欣赏沿途美景，心情愉悦。
3. 道路变得颠簸，“我”晕车吐了出来，车上的乘客都来帮助、关心“我”，“我”非常感动。

**结尾：**引用名言收尾，照应开头，点明中心。

# 我得到了鼓励

乌鲁木齐考生

一个鼓励的眼神，能让人拥有自信；一句鼓励的话语，能让人战胜困难。梅老师的鼓励就让我找到了自信，克服了跳长绳的恐惧。

> 引出主题，语言自然、简洁。

那是去年冬天的一个大课间，一直不敢跳长绳的我又悄悄溜到了花坛的后面。同学们乐此不疲地穿梭在长绳之间，而我却度日如年般等待大课间结束。“小玉，为什么不去跳长绳？”不知什么时候梅老师已经站在我身后。“我……我不会跳。”我胆怯地回答。“不会跳就学嘛！”梅老师用鼓励的眼神看着我温和地说。“我真的不会跳！长绳会打到我的脸。”话没说完，我竟然跑回了教室。

> “溜”“度日如年”准确地写出了“我”对跳长绳的恐惧，为下文得到老师的鼓励作铺垫。

大课间结束了，梅老师走进教室，温和地对我说：“小玉，我想和你谈谈。”我意识到事情的严重性，心里十分忐忑。我一声不吭地跟着梅老师走出教室来到走廊。“‘人非生而知之者，孰能无惑？’不会跳长绳，咱就认真学。这个世界上没有一个人生下来就什么都会。咱们班那些长绳跳得好的同学，哪一个不是经过反复练习呢？明天我亲自给你甩绳，放心，我保证长绳不会打着你的脸，咋样？”“那……好吧。”望着梅老师慈祥的脸庞，我别无选择，只好答应了，但心中依然是十万个不愿意，因为此时“长绳”仍然犹如一只凶恶的老虎盘踞在我心中。

> **新新好词·恒心**
>
> 坚持　执着　坚毅
> 坚持不懈　持之以恒
> 锲而不舍　百折不挠
> 水滴石穿　坚定不移

> 神态、语言描写，梅老师温和、慈祥的态度以及春风化雨般的话语，对“我”来说是极大的鼓励。

第二天了，大课间了，跑完长跑，又开始跳长绳了，梅老师果真给我们甩起了长绳。全班同学秩序井然地排起了“长龙”，我自然排在“长龙”的尾端，但还是很快就轮到我跳了。我咬紧牙关，紧闭双眼，冲了进去，双脚不由自主地起跳，落地，再起跳，再落地……耳边传来长绳打在塑胶地板上的啪啪声，紧接着我听见了老师和同学们给我的加油声——“小玉，加油！小玉，好样的！”我越来越放松，心中便不再那么害怕了。当我睁开双眼时，我看到了梅老师灿烂的笑容和慈祥的脸庞，看到同学们手舞足蹈为我喝彩的样子。那一刻，我知道我成功了！原来长绳并非我想象中的凶恶老虎，对它的恐惧其实是缘于我内心的胆怯。

“‘世上无难事，只怕有心人。’小玉，你成功了……”梅老师走过来搂着我的肩说。我知道，我的这次成功离不开梅老师的那一个个鼓励的眼神和一句句鼓励的话语，它们将一直鼓励我去战胜成长路上的一切困难。

> **新新好句·恒心**
>
> 锲而舍之，朽木不折；锲而不舍，金石可镂。

> 文章最后既揭示了中心，又照应了开头。

**看点解读**

**1.首尾照应，结构严谨** 文章开头“一个鼓励的眼神”“一句鼓励的话语”句式整齐，紧扣标题，引出下文；结尾照应开头，并引用名句，言有尽而意无穷。

**2.语言生动，形象鲜明** 好词、好句，小作者信手拈来；语言描写、动作描写生动形象；人物个性鲜明突出，一位胆小、不自信，最后在梅老师的鼓励下获得成功的“我”的形象跃然纸上，一位慈爱、温和、关心学生的梅老师更是让人难以忘怀。

## 满分思路

**开头：** 开篇扣题，引出下文。

**中间：** 详细写“我”得到梅老师的鼓励战胜恐惧的经过。

1.“我”不会跳长绳，梅老师知道了，希望“我”能学一学。

2.梅老师找“我”谈话，为“我”讲道理，并表明亲自给“我”甩绳。

3.“我”去跳长绳，老师和同学们都为“我”加油，“我”成功了。

**结尾：** 表明鼓励对自己的影响，深化主题。

# 欣赏点 12：良心拷问

# 揭示假恶丑，呼唤真善美

## 小考真题

习作。

四季有春夏秋冬，人生有酸甜苦辣。我们在品尝人生的滋味中懂得了人生，不断成长。

下面就请结合自身的实际，以“________的滋味”为题写一篇文章。

要求：首先在横线上加上适当的词语，补全题目，扣题作文；不少于450字。

——2017年北京延庆卷

## 审题指导

**1.审题目**

半命题作文是考生最容易发挥的作文命题形式，考生可以根据“自身的实际”，即掌握的素材，在题目横线上填充恰当的词，如成功、失败、后悔、心痛、挨罚等，填入的词就是作文的中心内容，考生在写作过程中不能偏离这个中心。另外，还要注意，选择的素材要符合题目的要求—“在品尝人生的滋味中懂得了人生，不断成长”，即素材要能反映“人生”和“不断成长”这两个内容。

**2.审内容**

“滋味”在《现代汉语词典》中的解释为“味道”，或“比喻某种感受”。“味道”是它的本义，“某种感受”是它的比喻义。如果按字面意思仅写某种东西的味道，必然使立意浅薄且低俗；如果能抓住“滋味”的内涵，深入挖掘，那么文章的立意就会高人一筹。考生可以选择那些在成长过程中，给自己带来难忘、深刻的体验和感受的事情，表现这些事情让你在某些方面有了收获和认识。

**3.审文体**

因为“滋味”比较抽象，针对这一话题，再结合题目要求，在文体上尽量选择记叙文、随笔等文体来写。

## 立意图解

| 立意 | 解说 |
|---|---|
| 迟到的滋味 | 由于前一天晚上陶醉于玩游戏睡得很晚，第二天早上起晚了，从来都是提前到校的“我”头一次上课迟到，在老师责备和同学们嘲笑的目光下灰溜溜地回到了座位上，感到从未有过的羞愧和自责，“我”下定决心以后再也不贪玩游戏，再也不迟到了。 |
| 后悔的滋味 | 课间在走道里和同学们玩“踢人大战”时，“我”趁小明不备，从背后偷袭，一脚把小明踢倒在地，在“我”正暗自偷笑时，小明的头碰到了门槛，血流不止……这件事让“我”十分后悔，也让“我”意识到：以后无论做什么事都不能鲁莽。 |
| “名人”的滋味 | “我”以前没有任何特长，在众多同学中也毫不起眼，可是，由于“我”不怕辛苦，努力练习，在那次演讲比赛中获得了一等奖，由此成为众人所瞩目的“明星”，“我”也因此事感悟道：有付出就会有收获。 |

## 欣赏点作文

### 心痛的滋味

北京考生

“不就是回来晚些吗，怎么了？”

说完这句话，生气的我头也不回，摔门而去。

> 先声夺人，制造悬念，引人注意。

你说，我怎能不生气？

> 以反问句作过渡。

今天是星期六，中午我便跟爸爸、妈妈讲了，下午出去玩。当时，爸爸点了头，妈妈也同意了，还叮嘱了一句：“早点儿回来！”

> 从事情的起因写起。

下午上完辅导班，在小区门口买了些好吃的，我便去朋友家，和几个好朋友一道投入网络游戏的“战斗”中。

等我从热火朝天的“战斗”中抬头看时间，妈呀，8：30！你可不知道，我和妈妈约好的回家时间是6点以前。

说时迟，那时快，我立马和朋友打了个招呼，就快速地向家里跑去！

> 引用谚语，突出当时的动作之快。

一进门，爸爸就一脸阴沉地问我："去哪儿了？"

我未经思索，随口便答："小A家。"

"你知道我们等你等得多着急吗？"

"放假了呀！"我还是满不在乎的口气。清明节放假三天，还不允许我"放松"一下呀！

形象描绘自己当时满不在乎地回答爸爸问题的情景。

可我的话音刚落，爸爸便气势汹汹地走过来，给了我一拳。那时，我根本没有防备，这一拳重重打在我的脸上，火辣辣地疼，于是，我便生气地朝爸爸喊出了开头的那一句。

怎能不生气？

就因为我回家晚了些，你就打我一拳？

反问，与第三段呼应。

走出家门的我，在公园里转了一圈又一圈。天色越来越晚，我也越来越饿，怎么办？先回家再说吧，我劝自己。

推开家门，走进餐厅，我看到餐桌上的饭菜一点儿没动，依旧冒着热气。

妈妈走了过来，微笑着对我说："快吃吧，一定很饿了。"

在我狼吞虎咽地吃完后，妈妈讲了刚才发生的事。原来，六点半，爸爸、妈妈见我还没回家，就到处打电话找我，爸爸一着急，还骑着车子去公园、网吧、超市找。"可没找到你，你说大人担心不担心？"妈妈问我。

通过妈妈的话，道明了爸爸生气的原因。

原来如此！

单独成段，以示强调。

将心比心，人同此心。我挨打，心痛；我在朋友家玩游戏玩得不亦乐乎，可正着急到处找我的爸爸、妈妈，正心急如焚，他们不也心痛吗？我只是任性地考虑了自己的感受，却没有为他们考虑过。我真是太自私了！

引用谚语，引出自己正确而深入的思考。

恍然大悟后，我走进爸爸的房间，诚恳地向爸爸道了歉，爸爸原谅了我，并再次叮嘱我："下次再要晚回家，先给我们打个电话！"

我点点头，说："我牢记在心！"

怎能不牢记呢？孩子会心痛，父母亦会心痛呀！

在反问中总结全文。

**看点解读**

**1.选材典型** 父母打孩子，孩子会心痛，父母又何尝不心痛呢？本文作者以自己的亲身经历和感受形象而生动地演绎了这点。倒数第四段从自己和父母两个角度进行了正确而深入的思考，认识正确，进而点明了文章的主旨。

**2.结构严谨** 开头先声夺人，制造悬念，引人注意；正文部分从事情的起因写起，第十三段和第三段前后呼应，过渡自然，前后内容衔接紧密；结尾总结感悟，引人深思。文章在结构上富有变化，分段明显，层次清晰，秩序井然。

**3.手法多样** 文章对于事情发展变化过程中人物的语言、动作、心理、神态等，描绘细腻而传神，很好地再现了当时的情景，同时，也丰富了文章的内容，凸显了文章的中心。

**满分思路**

**开头：**写生气说出的话，先声夺人，引出下文。

**中间：**具体描写事情的前因后果。
- 1.“我”向爸爸、妈妈请求上完辅导班后出去玩。
- 2.回家晚了，爸爸打了“我”一拳，“我”摔门而出。
- 3.从外面回来，妈妈告诉“我”爸爸生气的真相，“我”恍然大悟。

**结尾：**“我”给爸爸道歉，并牢记爸爸的要求。

## 生活的滋味

北京考生

生活的滋味，有好也有坏，有甜也有苦，但是，它们都给予我深刻的影响。

> 生活的滋味给予“我”深刻的影响，概括全文的主要内容。

**甜**

“预备——跑——”

> 先声夺人，引人注意。

这是我们学校的体育比赛现场。

看，现在场上的是我们班的男生队，不过，他们跑得没有想象中那么好。我们女生队，一定要转败为胜。

> 在对比中突出女生队的责任重大。

上场了，大家安排我做第一棒。呀，我猛地想起上次接力赛，我做第二棒时，曾被第一棒的人一不小心打了一个鸡蛋黄大小的包，我这次不会也打到后面的同学吧？

> 交代上次接力赛的情形，写出了“我”的担心与紧张的心理。

可是，时间不允许我多想，我硬着头皮当了第一棒。开跑了，那个与我比赛的女生在起跑时就慢我一拍，我的自信心不由得大增，我轻松地穿过第一个障碍，第二个障碍若隐若现地出现在我面前，这么高，我跳得过去吗？可已经迫在眉睫了，我双手一撑，轻松跃过，原来也不是很高嘛！我再回头看看那位女生，第一个障碍刚过，不用说，第一棒，我赢了！

> 具体描写了“我”在比赛中的经历与感受。

第二棒也以快半拍的速度传了下去，最后我们班获胜，学校还给我们发了奖品，我心里甜甜的，因为我们班又多了一份荣誉。

这种甜的滋味让我体会到：无论什么事，都不要在做之前就打退堂鼓，我们要勇敢地尝试，只有才能创造出更灿烂的人生。

> 描写从甜的滋味中获得的感悟。

**苦**

英语课上，身为英语课代表之一的我，正在专心听课，不料发生了一件事，使我恨不得找个地缝钻下去。

> 从事情的结果写起，制造悬念，吊人胃口。

老师正在抽测 3A 短文，我们都屏住呼吸，“小 C！”庆幸不是我，因为我背得磕磕绊绊的，如果叫我站起来背，肯定背不下来。

可我不是预言家，事情也有突变的时候，“小 A！”啊，不会吧！我站起来，从牙缝里小声地挤出“我背得还不熟”这六个字，小得只有我自己能听见。

> 因为不会背，所以说话的声音很小，描写真实、形象。

老师生气而又无奈地瞪了我一眼，摆摆手，让我坐下。接着，老师又叫了小 D 同学，她很熟练地背了下来。听着她那熟练的声音，我更加羞愧，心里也很苦涩，真恨不得地上有个裂缝，让我掉进去。

如果昨天晚上写完作业后，我再用心地多读几遍，今天就不会是这样的结果了。我体会到：只有付出，才能收获。

> 描写从“苦”中获得的感悟。

生活中的众多滋味，让我懂得许多道理，促进了我的成长。品味这些不同的滋味，我的人生因此而丰盈，我的生活因此而丰富。

> 概括总结了生活中诸多滋味对于“我”的影响及作用，进而点明主旨。

我在这里说：“谢谢你，滋味！”

### 看点解读

**内容丰富，主题深刻：**作者从“甜”和“苦”两个方面，写出了自己所品尝到的生活滋味；行文中不仅具体地写了事情的经过，而且还写出了对于滋味的体会，点明了事件的意义，主题深刻。

**结构新颖，描写细致：**文章开头点题，总领全文；中间用了两个小标题“甜”和“苦”来引领生活中的两件事；结尾总结全文，表示对“滋味”的感谢。小标题的结构形式很新颖，使人对文章结构一目了然。作者对人物的行动、语言、心理等描述非常具体，而且使文章内容丰富、充实，同时很好地突出了中心。

### 满分思路

**开头：** 概括介绍生活中有很多滋味，它们都给予“我”深刻的影响。

**中间：** 通过两个具体事件，表现“我”生活中的“甜”和“苦”。

1.具体描写“我”参加接力赛并获奖的过程，尝到了甜的滋味，并阐述从中获得的启示。

2.在英语课上，老师让“我”背课文，“我”不会背，但其他同学背得滚瓜烂熟，“我”感到很惭愧，尝到了苦的滋味。

**结尾：** 直抒胸臆，抒发自己对于生活的滋味的感激之情。

## 小考真题

按要求作文。

题目：我错了

要求：①把事情的来龙去脉写清楚，写具体；②写出自己的真情实感；③语句通顺，标点正确，书写端正；④字数不少于400。

——2016年天津宁河卷

## 审题指导

根据要求，这是篇写事的作文。“我错了”起码有两方面的意思：一方面是“我”确实错了；另一方面“我”并没错，可“我”却挨批了。也就是说，可以写自己确实错了，也可以写自己没错而被冤枉了。在写作的时候，我们要按照事情发展的顺序，把事情的来龙去脉交代清楚。至于写作的顺序，顺叙、倒叙、插叙均可。还有一点要注意的是，作文必须贴近生活，方能写出真情实感。

## 立意图解

| 立意 | 解说 |
| --- | --- |
| “我”不该撒谎，“我”错了 | 妈妈，“我”不该撒谎骗您，说自己考试考得好，让您伤心、失望。 |
| “我”不该偷玩电脑，“我”错了 | 爸爸，“我”不该不听您的话，偷偷玩电脑，把您好不容易整理好的文档给弄没了。 |
| “我”不该不守诚信，“我”错了 | 好友，“我”不该不守诚信，没有参加你的生日聚会，让你伤心。 |
| “我”不该作弊，“我”错了 | 老师，“我”错了，“我”不该考试的时候作弊。 |

## 欣赏点作文

# 我错了

天津考生

我有个小表弟，整天横行霸道。因为背后有奶奶撑腰，所以我受他欺负，经常是敢怒不敢言。

交代表弟是个什么样的人。

一天，我正在家看电视，突然，一阵急促的踢门声传了过来。我松弛的神经在0.01秒之内急速绷紧了，大脑顿时响起警报声：只有那该死的表弟才会这样“敲”门。我以旋风般的速度关了电视，藏起零食，这才心不甘情不愿地去开了门。

“绷”“响”“关”“藏”写出“我”对小表弟的敢怒不敢言。

小表弟一进门，就冲我大声嚷嚷：“怎么这么慢哪，你是不是想找死？”说完，便踢了我一脚。我见奶奶尾随其后，便看了奶奶一眼。心想，奶奶会说表弟两句；不曾想，奶奶竟无动于衷。

细写表弟的霸道以及奶奶对小表弟的溺爱。

谁叫我是主人，小表弟是客呢。我咬咬牙，把奶奶和表弟安顿好之后，准备关上房门看课外书。这时，表弟跑过来说：“表姐，陪我玩。”我慢条斯理地说：“不！我为什么要陪你玩？我要看书！”“我命令你！”“不行不行！就是不行！！”“你不陪我玩？好，你会后悔的！”表弟说完，拿起一本我心爱的课外书就开始撕。“不要！”我大叫着，夺过了那本书，可怜我的书已是伤痕累累。“快陪我玩！”没办法，我只好陪他玩了。

**新新好词·欺负**

欺凌　欺侮　恃强凌弱　盛气凌人　欺软怕硬

“我命令你”“你会后悔的”进一步彰显出小表弟的霸道。

下午，我和表弟还有奶奶一起看电视，我感觉有点儿口渴，便倒了三杯水。不过，我为了报复表弟，便在表弟杯子里加了点盐，还放了点自来水。谁料，狡猾的表弟立即跟奶奶换了一杯水。“表弟，拿错杯子了。”嗨！我这是越描越黑。结果可想而知，我被奶奶臭骂了一顿！

写“我”想整整小表弟，谁料竟被识破，还遭了奶奶的一顿臭骂。

唉，真是赔了夫人又折兵！原想报复表弟，不曾想反被表弟整了一顿！这买卖，亏大了！

换个角度来思考，难道不是我错了？如果我能“以德报怨”，会出现类似的情况吗？

点明主旨，指出待人接物要“以德报怨”。

**看点解读**

**1.情节曲折，引人入胜** 故事情节的处理上，小作者可谓匠心独运。从结构上来看，可以说是总—分—总这一典型的模式；从故事本身来看，小作者很显然遵循着事情发展的顺序来行文。而且，整篇故事一波三折，很有感染力。

**2.语言描写，灵动逼真** 文中关于小表弟的霸道，可谓一针见血。有关“我”的被动，文中也予以展示。特别是文末，小作者能想到“以德报怨”，可见小作者心存良善。文章的立意也由此高人一筹。

**满分思路**

**开头：** 概括总起。总写小表弟是个什么样的人。

**中间：** 层层推进，描写小表弟来“我”家做客时的霸道行为。
- 1. 小表弟来得威猛。
- 2. 详写小表弟的咄咄逼人的架势。
- 3. 略写小表弟识穿“我”的计谋。

**结尾：** 总结全文，彰显主旋律。

# 我错了

天津考生

今天，我睡得正香，妈妈突然把我叫醒。“今天你妹妹要来，记着好好带她玩。”“哪个妹妹来啊？”“就是你最小的妹妹。”“没搞错吧，她今天怎么会来啊！”我又惊又喜。惊的是，不知她今天会怎么整我；喜的是，妹妹来了，我就有借口找机会玩儿了。

> 写“我”得知妹妹要来时复杂的内心。

不一会儿，表妹来了，她一见到我，立即抱住我，当时我特别开心。因为以前她来我家时都要我拿水，拿“上好佳”，拿水果……折腾个没完。今天，她不但不烦我，还对我这么热情。

> 写妹妹的反常举动。

过了一会儿，我想看电视，可妈妈不让。表妹说：“阿姨，我想看电视，你可以让姐姐陪我看吗？”妈妈二话没说就答应了，还叫我好好带妹妹看电视。我们把电视打开了，里面正放动画片。我问妹妹想看什么，妹妹说：“你想看什

> 写表妹帮“我”说情。

么就看什么吧。”原来，妹妹是借口自己看电视帮我。

真没想到，妹妹今天什么都依着我。临走，妹妹还说她以前错了，不该那样对我。可我，嗨——为什么“我错了”不是我这个做姐姐的先开口呢？

> 写妹妹对“我”的态度；“我”意识到自己的错误。

**看点解读**

**1.欲扬先抑，步步为营** 文章为了表扬妹妹的转变，以及妹妹对“我”的顺从和帮助，在文章开头竭力渲染妹妹以前的娇蛮。

**2.语言朴素，真情流露** 情感来自于生活。只有贴近生活，写自己在生活中的感悟、感动，才能打动读者的心。而这些并不凭借那些华美的辞藻。

## 满分思路

**开头：** 欲扬先抑。着重交代了“我”得知妹妹要来时复杂的内心世界。

**中间：** 叙写妹妹这次的做法与以前大相径庭。
1. 写妹妹对“我”“少有”的热情。
2. 写妹妹帮“我”说服妈妈。
3. 写妹妹主动向“我”承认错误。

**结尾：** 点明主题。写“我”意识到自己的错误。

# 我错了

天津考生

一天，我正在写作业。突然，一个人头从天而降，我吓了一个半死。这一定是我那霸道的小表妹干的好事，我想。为了不搭理她，我当作什么事都没发生，继续写作业。

> “从天而降”的“人头”让人一惊。

可我一看作业本，上面有个洞。“该死的小表妹，看我不揍你！”我生气地打开门，一出去，便看见一个七孔流血的人跑了过来。这下，我可真的吓掉半个魂了。

> 继续表现表妹恶作剧的离谱。

我很怕鬼。可是，世上哪有鬼呢？我拍拍胸脯仔细想想，除了那个该死的小表妹，谁都不会这么恶作剧。我伸手一抓，面具被拉了下来，果然是小表妹。小表妹冲我笑了笑，做了个鬼脸，跑了。

> 写“我”强打精神揭开表妹的面具。

我一心想报复小表妹。看见她在发呆，便飞快地用绳子把她的脚套住，并把绳子的一头系在门上。小表妹一跑，就

> 写“我”对表妹的报复。

摔了个大马趴。

我终于报复了小表妹。可是，冤冤相报何时了呢？报复别人也不是像我这些厚道人该做的啊！

小表妹，我错了。下次来我家，我会好好陪你玩。

写“我”意识到自己的错误，并决定弥补过失。

**看点解读**

**1.制造噱头，先声夺人** 文章在造势上确实不同凡响，无论是开头的恶作剧，还是中间的“大血人”，让我们在事实面前不得不承认小表妹确实是个古灵精怪的女孩。

**2.过渡自然，层次井然** 文章写小表妹的恶作剧和“我”的报复，叙事线索清晰，过渡自然。整篇文章如行云流水，一气呵成。

**满分思路**

**开头：** 铺垫渲染。表妹的恶作剧给全文定下了基调。

**中间：** 描写“我”与表妹相处的日常。
1. 细写表妹的恶作剧。
2. 交代“我”的心理活动。
3. 写“我”对表妹的报复。

**结尾：** 结尾点题。写“我”觉得对小表妹的报复是错误的，应该采取补救措施。

## 小考真题

题目：告诉你一件______事

要求：先选择一个恰当的词语，把题目补充完整，然后作文；恰当地运用叙述、描写、议论等表达方式；中心明确，内容具体，文从字顺；书写认真，卷面整洁；字数在500字以上。

——2014年安徽合肥卷

## 审题指导

半命题作文，需要考生自由选择一个词语填在文题的横线处，把题目补充完整。例如“告诉你一件后悔的事”“告诉你一件幸福的事”等。具体写作时，需要注意以下几个方面：

**1.事件完整**

要把告诉别人的事件叙述完整。要写清楚事件的人物、事件发生的时间、地点以及事件的起因、经过和结果。例如，写一件后悔的事，首先要把这件事情叙述完整，然后还要交代这件事为什么让“我”后悔。

**2.顺序明确**

叙述事件要按照一定的顺序，或按照事件发生的时间顺序，或采用倒叙，要做到一目了然、条理清晰。例如，写课堂上发生的事情，就可以从上课铃响写起，然后按照老师上课的进度、同学学习的时段这一时间顺序，把事件交代清楚。

**3.首尾呼应**

所写的事件，不管是让人后悔的，还是让人幸福的，都可在开头点出。在事件叙述完毕后，结尾再次总结，做到首尾呼应。例如，开头如果写“那天的语文课上发生的事情，让我现在还后悔着”，那么，结尾一定要简单总结一下“这事本来是很简单的，结果却是因为我，被弄得很复杂，在不经意中伤害了同学，我感觉十分后悔”。

**4.详略得当**

叙述做到详略得当，才能突出重点。例如，写一件幸福的事情，就要把幸福写足、写满。可以通过语言、动作、心理等多个层面，表现这件事情如何让“我”感到幸福的，其他的内容就可以概括写，这样就能做到详略得当。

## 立意图解

| 立意 | 解说 |
| --- | --- |
| 让“我”后悔的事 | 上课时“我”的语言对同学的伤害，引起的后悔；活动时肢体接触造成同学受伤，引起的后悔；考试时，因作弊获得高分而感到后悔。 |
| 让“我”快乐的事 | 老师、家长、同学言语上的鼓励让“我”感觉到快乐和幸福。 |
| 让“我”感到幸福的事 | “我”在放学回家的路上，看到一位清洁工吃力地推着车上坡，“我”赶紧跑过去帮忙推车。助人为乐，让“我”觉得很幸福。 |

## 欣赏点作文

# 告诉你一件让我最愧疚的事

合肥考生

今年我已经11岁了，在记忆中，往事多如繁星。其中很多很多早已坠入浩瀚的宇宙，消逝得无影无踪，但有一件事却让我久久难忘，深深愧疚。

那是几年前一个燥热的夏天，天空好像一个巨大的蒸笼，热得知了都不愿叫一声，鸟儿也好像都被热晕了，没了踪迹。我在外面与小伙伴们玩耍，大家热得都像水洗的一样。于是，有人建议去附近的小店去买点饮料喝，我也兴冲冲地跟去了。

> 正面描写和侧面描写相结合，写出夏天的炎热，为下文作铺垫。

到了小店我才发现，我根本就没有钱，只有一张从路边捡来的玩具纸钞。怎么办？买还是不买？不买吧，我觉得在小伙伴们面前失了面子；买吧，这是一张假钞，我又觉得对不起那位和蔼的卖货老人。

> 心理描写，表现出“我”内心的矛盾。

就在我要下定决心不买的一刹那，同行的小伙伴中传出了一个声音：“哎，你怎么还不买啊，是不是没有钱？穷光蛋吧！”我顿时被激怒了，虚荣心立刻占据了上风。我把那5元假钞叠了起来，善良的老人想都没想就装进了衣袋中，我买了一瓶最贵的饮料，在小伙伴们面前炫耀着说：“看到没有，这个比你们的都要好。”随即便听见小伙伴们“哇哇”的羡慕声，我的虚荣心得到了极大满足。那一年我8岁，我觉得那是我人生中的一个污点，至今都感到愧疚。

> **新新好词·炎热**
> 火辣 灼热 闷热 炙烤 烫手 烈日当空 夏日炎炎

> 揭示“我”做出愧疚事情的原因。

打那以后，每次经过那个小店时，我都不敢正视那位老人，而且这种愧疚的感觉越来越强烈。终于有一天，我鼓起勇气，准备去向那位老人承认错误，并把那张让我愧疚的5块钱换回来。可是，当我来到小店门口时，发现小店关门了。我向别人打听，才知道那位老人已经去世了。

> 写出“我”的醒悟并决心改正。

当初要是我不犹豫，早点来到小店，或许还能见到那位老人。现在老人走了，我要把这个愧疚携带一生了啊！

**看点解读**

**1.环境描写，烘托气氛** 作者熟练运用环境描写，把天气写得十分炎热，为下文买饮料和做出让“我”愧疚的事情作好铺垫。

**2.情节曲折，愧意难忘** 作者做出愧疚的事情，而且也知道自己的错误并且下定改正的决心。可是，那个被骗的老人却去世了。这让本来就很愧疚的“我”更加愧疚。这样写，也使得文章的情节更加曲折，能引起读者阅读兴趣。

**满分思路**

**开头：**开门见山，点明主题。

**中间：**具体写“我”用假钞买饮料这件让“我”最愧疚的事。
- 1.天气炎热，“我”和小伙伴们决定去小店买饮料喝。
- 2.为了满足虚荣心，“我”把假钞给了卖货老人。
- 3.“我”愧疚不已，想把假钞换回来，但卖货老人已经去世了。

**结尾：**再次强调“我”的愧疚，总结全文。

## 告诉你一件最隐秘的事

合肥考生

记忆如潮,忽起忽落。唯有一件别人眼里微不足道的小事，却永远隐藏在我心中。

那是一个闷热的盛夏。我经历了一次平常但又意义非凡的考试，考试前夕，每位同学都像是即将赶赴战场进行血腥厮杀的战士，神经紧绷,面色凝重。而我却是个例外，一副无所谓的样子，因为我平时的成绩就像随手可抓的沙砾一样，极其普通。所以，老师也不怎么关注我。但最近我换了一个同桌，这位新同桌可是一位了不得的“大人物”，老师面前的“小红人”，是谁呢？她就是我们的班长大人。估计老师是怕我影响班长大人的形象，因此最近盯我盯得特别严。如果我这次考砸了，估计“小命”可就难保啦！可成绩也不是想考好就能考好的啊！怎么办呢？我左思右想，急得像热锅上的蚂蚁，在房间里团团转。

> 比喻修辞，生动、形象地写出了考前的紧张。

> 语言幽默，富有表现力。

> 心理描写，比喻修辞，写出“我”矛盾的心情。

突然，我想到了一个“好主意”：不如，考前做份小抄，到时一抄了之。不行，丢成绩也不能丢了人格，我是谁啊？班级里最具潜力者，能干那种事吗？我的心纠结着，都快纠结成疙瘩了，似乎觉得已经往下坠了。可是，也还是没纠结出结果。算了，明天到学校再随机应变吧。

激烈的思想斗争，说明“我”心中的矛盾。

第二天来到考场，看到有的同学开考前仍在背课文，我真的没底了。“还不如做份小抄，又省事，还不费脑子。”我自言自语嘀咕着。“不可以，这样比成绩低还要无耻……”好像班长听到了我的嘀咕，在公开警告我。“管那么多干吗，先过了这关再说。”这时，我耳边有两个声音，如果说一个是拯救我的天使，另一个就是引我堕落的撒旦。

**新新好句·犹豫**

是去还是不去呢？我在屋门前踱来踱去，几次想去敲门，可伸出手又马上缩回去了。

考试开始了。我看着班长飞快地答题，心里羡慕极了。看来优异成绩是和勤奋连在一起的。虽然，那次考试我还是很普通，但我放弃了虚伪，保住了人格，也明白了一个道理：人要有上进心，不进则是退。当你有了向上的想法，勤奋就会伴随你。

后来的每次考试，我的成绩都能和班长一比高下。其实，班长一直都不知道，她就是我向上的目标。

点出隐秘的事件。

**看点解读**

**1.有意铺叙，引人注意** 作者所写的事情很小，就是偷偷把班长作为竞争对象，但是文章前半部分，铺叙很多，很能引起人们注意，起到很好的表达效果。

**2.心理描写，细腻生动** 文章采用大段的心理描写，平时的不求上进、考前的焦虑、作弊的计划以及最后幡然醒悟等，都是通过心理描写完成的，这也正好切合文题中的“隐秘”。如果不是结尾的点题，我们还真不知道作者心中有如此隐秘的事情，表现出小作者的写作潜力。

## 满分思路

**开头：** 开篇点题，吸引读者。

**中间：** 详细描述考试前“我”的激烈的思想斗争。

1.成绩平平的“我”换了一个新同桌——班长，考前心理压力巨大。

2.为取得好成绩，是否选择作弊，“我”进行了激烈的思想斗争。

3.看到有的同学考前还在背课文，“我”的压力更大，思想斗争更激烈了。

4.开考后，受到班长的影响，“我”决定向班长学习，放弃了作弊的念头。

**结尾：** 揭露“隐秘的事”，点题。

## 小考真题

题目：1. 我应该这样做　2. 我不应该这样做

要求：在这两个题目中选择一个，写一件自己曾经做过的事；做到内容明确、具体，条理清楚，语句通顺，书写工整，标点正确；写出自己的真情实感，不少于500字。

——2011年上海嘉定卷

## 审题指导

这是一道二选一的命题作文，属于记事的习作。这次作文的重点，主要体现在“应该”“不应该”的辨析上。“应该”“不应该”这是道德、社会约束的范畴。这个题目看似两个题目，其实是一个题目，两者在某些层面是一致的：如果那件事“我”不应该这样做，“我”就应该那样做。文章在立意上是统一的，一个是正面说，另一个是反面说。写作时，选择自己最擅长的表达方式，将自己印象最深的一件事细致刻画，讲清楚“应该”或“不应该”的理由，表明自己的观点。

## 立意图解

| 立意 | 解说 |
| --- | --- |
| “我”应该坚守良心 | 面对金钱的诱惑，“我”抗拒了金钱，坚守了良心底线。 |
| “我”应该帮助他人 | 面对求助的手、弱小的手、孤立的手，“我”应该伸出援手，赠人玫瑰，手有余香。 |
| “我”应该学会坚强 | 学习上的挫折、交往中的不快、朋友的误解，“我”应该意志坚强地往前走，走出一片天。 |
| “我”不应该轻言放弃 | 困难是弹簧，你弱它就强，放弃就是失败，坚持总会成功。 |
| “我”不应该骄傲自满 | 获得了成绩，应看到前面还有更高的山，谦虚才能更进一步，骄傲终会摔得很惨。 |
| “我”不应该丧失自我 | “我”的个性、“我”的主张、“我”的道德底线，都不应该丧失；拥有完整的自我，才能拥有美好的未来。 |

## 欣赏点作文

# 我应该这样做?

上海考生

音乐课上，我正佝偻着背坐在位子上。在教室里，这个位子最不显眼。在我眼皮底下，那头发蓬乱的小脑袋们摇来晃去的，像一排排着横队的鸭子。我隐隐感到有些好笑。

何老师在上面严肃地盯着我们，因为我们班是她口中所谓的“教过的最乱的班”，所以她管得特别严，要求也就特别高了。

而此刻我嗓子正痒痒的，想大声唱又怕被老师骂。我听见四周环绕着的旋律是那样矫情，那些音符从正发育的嗓子里挤出来显得有些怪异。我就是在此刻冒出恶作剧的念头的。那个念头就像一个出其不意的魔鬼，潜入我的心，然后它就开始膨胀开来，甚至不等我思考，一个忽高忽低的声音就从我的喉咙底冒了出来，像有什么尖锐的东西在玻璃上划动那样刺耳和惊心。同学们和老师顿时神色大变，而同学们更多的似乎是幸灾乐祸，似乎还夹杂着赞许，是为我那“勇敢”的行为表示鼓励?

音乐课结束时，我第一个溜出教室。我感到老师的目光正追着我，恨不得撕破我的衣服。

而我，只能逃，逃得远远的。

同学们随后都拥了出来。他们议论着刚刚那出其不意的一幕，甚至带着无法掩饰的快感和满足。

阿秀说：“你可真够勇敢的啊！”

我连忙摆手：“你就把这件事当作一个小插曲吧！”我可不想因为这件事而成为班上的焦点，或者背负扰乱课堂秩序的罪名。

这下更撩拨起阿秀的好奇心了：“小插曲？嗯，你是不是——又有什么计划了啊？”

我脸一红，说：“我哪有啊！我的为人你还不清楚？”

“那可不一定哦……”

“好了好了，算我词不达意，好不？”

> “佝偻着背坐”，眼中的同学是排队的鸭子，一个小“叛逆”者立在眼前。

> 正是老师的“严”，摧残和压抑了我们的“活力”。

> 环境是“矫情”的，是“被老师骂”怕了的，但难以压抑“我”的“活力”，发出“刺耳和惊心”的声音。

> 同学的表现，表明他们也是被压抑久了：学生的活力需要释放，教育也需要释放。

> 阿秀赞我“勇敢”，并询问“我”的“计划”，进一步印证在学生心中渴望教育的改革。

**新新好词·音乐**

陶醉 沉醉 醉心 悦耳
动听 悠扬 婉转
五音不全 余音绕梁
绕梁三日 天籁之音
荡气回肠 不绝如缕

阿秀摇头："你的想象力总是那么丰富，我觉得你绝对是个搞艺术的料！"

"嗨，别提了！"

"哈哈，那吃饭去了哦。以后别干这种事了！"

我也想笑，嘴却有点变形，连忙转身走了。我坐在饭桌前，一脸的疲惫，愣愣地看着前方，心中有一丝淡淡的忧伤。

> 心生忧伤，应是凭一己之力难以改变教育现状的忧思。

我不知道音乐课上的举动到底做得对不对，为什么同学们竟会把我当成凯旋的英雄？

> 结尾提问，实际是对能否挑战教育现状的追问。

**看点解读**

**1.思想深刻** 文章表面上写的是一个学生在沉闷的音乐课上发出怪声，并被同学们"赞成""勇敢"的小事情，实质上，透过这件事，深挖出学生对缺乏活力的教育现状的不满，他们渴望释放被"严"重压下的少年活力。

**2.手法成熟** 作者娴熟自如地运用对比手法，充分表达了自己的思想感情。师生的对比：老师"严肃""管得严"，还"骂"，我们班"最乱"，我发出怪声。"我"和同学们的对比：同学们"像一排排着横队的鸭子"，"我"则"佝偻着背坐在位子上"；同学们唱歌是从嗓子里"挤出来"，"我"的声音是"从我的喉咙底冒了出来"。

**满分思路**

**开头：**点明时间、地点、人物，交代背景。

**中间：**具体写"我"在音乐课上打破沉默的经过及大家的反应。
- 1.音乐课上，"我"发出怪声，老师和同学们神色大变。
- 2.下课后，同学阿秀赞"我"勇敢，"我"成了同学们心中的"英雄"。

**结尾：**写"我"的反思——挑战教育现状到底应不应该？

# 欣赏点13：少年心事

# 真实展露心情、心态、心思

## 小考真题

把下面的题目补充完整，完成作文。字数不少于400。文中不要出现真实的校名、人名。

在通讯技术高度发达的当今社会，书信已经逐渐被人们淡化，但书信的意义却没有衰减。那种一笔一画的真诚，那种字斟句酌的情谊是无法替代的。

请你给一个人写一封信，以“给________的一封信”为题，内容自定，一定要表达真情实感，还要注意书信的基本格式。

——2017年河北保定卷

## 审题指导

2017年河北省保定市小考作文试题“给__________的一封信”，其命题形式是半命题作文，而且是书信的形式。因为现在信息技术十分发达，书信对小学生来讲越来越陌生，所以作文时要特别注意书信的格式。一般来说，书信格式主要包括五个部分：称呼、正文、结尾、署名和日期。

**1.称呼**

称呼也称“起首语”，是对收信人的称呼。称呼要在信纸第一行顶格写，后加冒号，冒号后不再写字。称呼和署名要对应，明确写信人和收信人的关系。

**2.正文**

正文通常以问候语开头。问候是一种文明礼貌行为，也是对收信人的一种礼节，体现写信人对收信人的关心。问候语最常见的是“您好”“近好”。依时令节气不同，也常有所变化，如“新年好”“春节愉快”。问候语写在称呼下一行，前面空两格，常自成一段。问候语之后，常有几句起始语。如“久未见面，别来无恙”“近来一切可好”“久未通信，甚念”之类。问候语要注意简洁、得体。

接下来便是正文的主要部分——主体文，即写信人要说的话。这一部分，动笔之前，就应该成竹在胸，明白写信的主旨，做到有条有理、层次分明。若是信中同时要谈几件事，更要注意主次分明，有头有尾，详略得当，最好是一件事一个段落，不要混为一谈。

**3. 结尾**

正文写完后，都要写上表示敬意、祝愿或勉励的话，作为书信的结尾。习惯上，它被称作祝颂语或致敬语，这是对收信人的一种礼貌。祝愿的话可因人、因具体情况选用适当的词，不要乱用。结尾的习惯写法有两种：①在正文写完之后，紧接着写“此致”，转一行顶格或空两格写“敬礼”。②不写“此致”，只是另起一行空两格写“敬礼”“安好”“健康”“平安”等词。一定要另起一行空两格，不得缀在正文之后。也可以在正文结尾下另起一行写“祝你”“敬祝”，再空两格写上“安好”“健康”等。

**4. 署名和日期**

在书信最后一行，署上写信人的姓名。署名应写在正文结尾后的右方空半行的地方。日期一项，用以注明写完信的时间，写在署名之后或下边。有时写信人还加上自己的所在地点，尤其是在旅途中写的信，更应如此。

## 立意图解

| 立意 | 解说 |
|---|---|
| 给爸爸（妈妈）的一封信 | 我们生活在家庭中，身边充满了温馨甜美的亲情。爸爸、妈妈不仅养育了我们，还给予了我们许多他人无法代替的关爱，面对父母，我们心里总有一些话想要表达出来。比如，每当你写完作业的时候，爸爸都会检查你的作业；每当你睡觉的时候，或者踢掉被子的时候，妈妈就会给你盖被子；等等。把这些事情写出来，表达出对爸爸、妈妈的感激之情就是一篇好作文。这样的作文最容易写出真情实感。 |
| 给老师的一封信 | 我们生活在学校里，老师教给我们知识和做人的道理。老师像蜡烛，燃烧了自己，照亮了别人；老师像春蚕，奉献了自己，装饰了别人；老师像园丁，不辞劳累，培育我们。老师的爱，很简单，却给了我们一生中最大的鼓励。老师的爱，就像温和的阳光，我们在阳光下快乐地成长。在“给老师的一封信”中，可以尽情地表达对老师的尊敬和感激。 |

续表

| 立意 | 解说 |
|---|---|
| 给李白的一封信 | 我们可以把思维的触角伸向历史的天空，通过对话古人李白，表达我们内心的情感。李白是唐代伟大的浪漫主义诗人。看了他的作品，你是不是心中有很多想法想对他倾诉呢？不妨通过书信形式把心中的话写下来。比如，对李白诗歌的赞美，对中国古代文化博大精深的赞叹等。 |
| 给手机的一封信 | 随着科学技术迅猛发展，手机的出现使人们随时随地沟通成为可能，它改变了人们传统的通信方式，但是也带来了种种问题。我们该怎样清醒地认识手机的利弊？这是手机本身的缺陷，还是科技给我们带来的困扰？我们该如何对待它？这些都是需要进一步思考的。可以给手机写一封信，表达一下你的看法。 |

## 欣赏点作文

# 给老师的一封信

保定考生

亲爱的老师：

您好！在这里，我要感谢您的教育之恩！

我们的生活和学习，离不开老师的教育，有了您的热情帮助，有了您的谆谆教诲，我们才能够健康成长。所以，我要说：老师，太感谢您了！

老师，您在给我们上课的时候，总是精心为我们制造愉快的课堂气氛，让我们能把答案更清楚、更准确地表达出来。所以，我的成绩有所上升，书面和口头表达能力也提高了，也能够经常举手发言了。所以，我要说：老师，太感谢您了！

老师，您经常在课堂上对我们说：“苦心人，天不负！”正因为您用心良苦的教育，我逐渐对语文学习产生了浓厚的兴趣。我成绩的提高离不开您的耐心教育，更离不开您的全力辅导。我的每一点进步都离不开您的辛勤付出。所以，我要说：老师，太感谢您了！

老师，您总是让我们每读一篇文章后，练习写读后感。

> 表示问候和感谢。

> 在每段段末表达感谢之情，结构整齐，富有美感。

> 写老师的课堂教学情况和“我”的进步，表示感谢。

**名人名言**

有志者，事竟成，破釜沉舟，百二秦关终属楚；苦心人，天不负，卧薪尝胆，三千越甲可吞吴。

——蒲松龄

但是，有很多同学不会写，都觉得很难，就随便糊弄一下。您知道后，没有责骂我们，而是把一些写得好的同学的文章读给我们听，引导我们练习写文章。所以，考试时阅读题里的写读后感受类的题目，我们都能回答得棒棒的。所以，我要说：老师，太感谢您了！

> 对老师的严格要求和耐心引导表示感谢。

老师，您的教导让我终生受益。我以后一定会努力学习，实现我的理想，绝不辜负您对我们的期望！

> 总述老师的教导让“我”受益匪浅，再次表达对老师的感激之情。

祝您

工作顺利

您的学生：××

2017年6月29日

### 看点解读

**1.语言富有感染力** 小作者大量运用了比喻、排比等修辞手法，使文章语言富有感染力。如“苦心人，天不负”，引用了蒲松龄的对联中的句子，使文章富有文采。

**2.层次清晰，结构严谨** 文章主体部分每一段都以“老师，您……”开头，都以“所以，我要说：老师，太感谢您了”结尾，构成了排比段，而且每一段表达的内容侧重点都不同。这样安排，使文章显得层次清晰，结构严谨。

### 满分思路

**开头**：表示问候，感谢老师的教育之恩。

**中间**：具体表达对老师的感激之情。
- 1.对老师的耐心教育表示感谢。
- 2.对老师的课堂教学表示感谢。
- 3.语文成绩提高，对老师的辅导表示感谢。
- 4.阅读能力提高，对老师的引导表示感谢。

**结尾**：照应开头，表达努力学习的决心。

# 给我的一封信

保定考生

亲爱的我：

你好。

我没有记错的话，今年你已经13岁了。13只是一个普通的数字，有人觉得13年很短，可是我觉得13是一个很长很长的词语。13将永远镌刻在我的心灵深处，就像是一座坚固的城池，让我在将来漫漫的人生之路上驻足回望……

> 阐述自己对"13"的理解。比喻句生动形象。

可爱的小女孩，你13岁了，已经长大了，马上就要成为一名初中生了，不能再过衣来伸手、饭来张口的日子了！你要学会自己去面对一个复杂的世界！爸爸、妈妈可以在你小时候帮助你，可是不能帮你一辈子！能够永远帮助你的人，只有你自己！所以，你要学会独立。

> 第一条忠告就是要学会独立。很有深度。

光阴似箭，日月如梭，时间就是金钱，每一分每一秒，你都要珍惜，不要浪费。做事情拖延是最不能要的坏习惯。不信你看，事情拖到最后还是要自己去做，最终学也没学踏实，玩也没玩痛快。想想看，这又何必呢？希望你一定要改正这个缺点！

> **名人名言**
>
> 世界上最快而又最慢，最长而又最短，最平凡而又最珍贵，最易被忽视而又最令人后悔的，就是时间。
>
> ——高尔基

另外，想想吃饭时，你是怎么做的，是否做到了勤俭节约？还有在外面抠鼻子的坏习惯，弯腰驼背像个老态龙钟的老人，自己的东西不分类收拾好，见到老师和同学不爱打招呼，粗心大意……这些坏习惯都可能成为你以后失败的原因！要记住细节决定成败啊！每天和你相处的老师是你人生的灯塔，老师说的每一句话你都要认真地记下来，按照老师的要求去做，就算老师批评你，那也是一种爱！

> 列举自己的很多坏习惯，并指出这些都要改正。

> 赞美老师，希望自己听老师的话，理解老师的批评。很难得。

你也有优点，比如你性格开朗；好朋友遇到困难了，每次你都会伸出援助之手，说明你有爱心。另外，你还是个学习不错的女孩，你还是妈妈的小棉袄、爸爸的小调皮、爷爷和奶奶的开心果……这些优点你要继续保持下去呀！

> 话题一转，写自己的优点。这些需要继续发扬。

人生就像一首歌，你尽情地去唱吧！人生是荆棘路，总有一些岔路口或者绊脚石在考验着你的智慧！我相信你，你会活出精彩的自己！

> 再次运用比喻句，表达自己对人生之路的信念。

你的好朋友：××

2017 年 6 月 29 日

**看点解读**

**1.表达生动** 小作者运用比喻、排比等修辞手法，使得语言生动形象，如“你还是妈妈的小棉袄、爸爸的小调皮、爷爷和奶奶的开心果”“人生就像一首歌”等。同时使用不同的语气进行叙述，加强了表达效果，如：“想想看，这又何必呢？”“这些优点你要继续保持下去呀！”

**2.构思新奇** 文章的标题“给我的一封信”，让人眼前一亮。一般人写信都是写给别人，小作者却是写给“我”，既总结了自己的缺点、优点等，也表达了对自己的要求和期望。这样构思十分新奇，吸引读者阅读。

## 满分思路

**开头：**表达自己对于13岁的认知。

**中间：**对自己提出忠告和希望。
- 1.要学会独立。
- 2.要珍惜时间。
- 3.要改掉坏习惯。
- 4.要保持优点。

**结尾：**展望人生，期待自己成长。

## 小考真题

阅读下面的文字，按要求作文。

人与人之间的交流离不开语言。可是，有些时候出于这样或那样的原因，有些话，我们却没说出口。有些话，也因此存放于我们的心里。

亲爱的同学们，你有多少想说而没有说出的话呢？下面就请你结合自身的实际，以“心中早想说一句”为题写一篇作文。

要求：写明早想说的原因；写出自己的真情实感；不要编造，不要抄袭；400字左右。

——2016年北京延庆卷

## 审题指导

这道能够触及心灵的文题，触摸到人心灵中最柔软的地方，触及到人心灵中最敏感的部位，触动人心灵中最隐秘的角落，因此，能轻易地打开情感的闸门，有事可写，有情可言，有感可诉。

**1.抒真情**

轻轻打开情感之窗。让风儿吹落心灵的浮尘，让阳光照亮心灵的角落，尽情地抒发来自于心底的真实声音，尽情地描绘来自于心灵深处的真实风景，让真挚的人间真情倾泻而出。写作中建议运用细节描写的方法，通过描写动作、描绘神态与情态等突出人物的个性特征。本题适合采用书信体写出心灵轨迹。

**2.审立意**

慢慢转动智慧之门。立意的点是“说一句”，这“一句”的内容，可指感情与愿望，也可指哲理与感悟；这“一句”的对象，可指自己，也可指他人；这“一句”的表达，既可以叙述描写，也可抒情议论。但要抓住“早想”一词，所限定的时间应该是过去，因此无论选择哪种文体，都要交代“未说”的原因。

**3.精选材**

悄悄铺平素材之路。可以在一件令人回味的“高兴事”中说出那一句；可以在一件让人心潮澎湃的“温暖事”中表达那一句；也可以在一件给人启示的“教训事”中说出那一句；还可以在一件挥之不去的“烦恼事”后说出那一句。总之，可以从事件特点这个角度去选材，还可从时间、人物、地点角度去选材。

## 立意图解

| 立意 | 解说 |
|---|---|
| 心中早想对妈妈说一句 | 妈妈，“我”心中早想说一句：您白天忙工作，晚上忙着收拾家务，还要辅导我学习，谢谢您！ |
| 心中早想对爸爸说一句 | 爸爸，“我”心中早想说一句：虽然您的工作离不了应酬，但是每晚应酬后早些回家，好吗？“我”和妈妈都很担心您！ |
| 心中早想对老师说一句 | 老师，“我”心中早想说一句：能拥有您这样一位好老师，真是“我”的幸运！ |
| 心中早想对奶奶说一句 | 奶奶，“我”心中早想说一句：不要再溺爱弟弟了，您的溺爱，对弟弟的成长是不利的。 |

## 欣赏点作文

### 心中早想说一句

北京考生

天空对花草的爱，在那滋润万物的雨水里；雌鸟对雏鸟的爱，在那温暖柔软的羽毛下；母亲对我的爱，在那盏最后灭去的灯里。有一句话早就想对妈妈说，但一直没有说出来。

> 用排比开篇，很有气势，更兼用类比的方式引出“最后灭去的灯”里凝结的爱。

三年前的一个夜晚，七点半，我正端坐在房间里看书，妈妈端着一盘水果沙拉走了进来，轻声说：“姑娘，是不是看书累了，吃点水果吧。”“放那儿吧。”我随口漫不经心地说道。妈妈悄悄地退了出去，这一幕被爸爸看见了。九点半，妈妈又一次进来了，看到我已经睡着了，书也掉在了地上，便轻轻地把我抱到了床上。妈妈给我盖被子，被爸爸看到了。十二点半，我做了个噩梦，蹬掉了被子，而且出了一身冷汗。不知为什么，妈妈又出现在了我的小屋，把被角掖好，静静地注视着我。这一幕又被爸爸看到了。

> 三年前，那时年龄应该不大，不能理解妈妈的爱。

> 七点半、九点半、十二点半，三个时间点，突出了母爱的连续细腻性。

屋里的灯都灭了，大家都进入了梦乡。

> 照应开头段写到的“最后那盏灭去的灯”。

第二天早上，我刚睁开眼，爸爸就走进了我的房间，说道：“你是怎么跟你妈妈说话的？”问得我有点莫名其妙。仔细一想，大概是昨天晚上妈妈给我拿水果时，我的态度不好。爸爸接着说：“你妈妈看到你睡着后，又是把你抱到床上，又是盖被子，你半夜大喊时，你妈妈又陪了你很长时间。”我这才想到，昨天晚上看书时睡着了，而且半夜做噩梦时还大喊了一声。我恍然大悟，妈妈一直在无微不至地关心爱护着我，而我还常想着：妈妈，太烦人了，唠唠叨叨的。

> 通过对比写出了自己真正理解了母爱。

其实好多年以来，我一直想对妈妈说一句话，但碍于“理所当然”的情面，始终没有说出来。我们很多人都觉得父母对我们的爱理所应当，而不愿说出对亲人的感激。

其实母亲关掉的最后一盏灯，不是让黑暗包围我们，而是点亮了心灯，我们真应该说出：“感恩您，妈妈。”

> “理所当然”一词揭示出了孩子认为母亲的付出是“应该的”，写出了孩子的心态，交代不感恩的原因。

**看点解读**

**1.聚集焦点，勇于针砭** 将浓缩了无数个夜晚中妈妈对孩子的爱聚焦在三个时间点上，并通过“我的体验”和“父亲的眼”从点点滴滴的小事中表现出来，对孩子不懂感恩、自以为是进行批评，对孩子思想、情感的转变给予肯定。

**2.正侧描写，水乳交融** 第二段对妈妈关心“我”的直接描写和第四段通过爸爸的话对妈妈的间接描写，使妈妈对“我”的爱更加浓厚，而且都是围绕同一件事，从不同的角度来写，做到了正面和侧面描写有机地融合在一起，突出了文章主题。

**满分思路**

**开头：** 用类比的方式，引出母爱和自己想对妈妈说的话。

**中间：** “我”懂得感恩的过程。
1. 从三个时间点看出妈妈对“我”无微不至的爱，但“我”并不感恩。
2. 第二天早晨爸爸告诉我昨夜的经历，让“我”懂得了应该感恩。
3. 交代从前认为母爱理所应当，现在终于明白了要感恩父母。

**结尾：** 再次回扣开篇的“灯”和“想说的话”，做到首尾呼应。

## 心中早想说一句

北京考生

淡淡的忧伤流淌过心房，结束了纯真的小学时光，坐在考场上，窗外嘤嘤的鸟鸣，呼唤我找回从前的……

> “嘤嘤”鸟鸣，形象生动。

轻风拂过百花，为我们吹来香气，火辣的太阳，燃烧着大地。新生报到那天，我举目四望，看不到一张笑脸，每个人都那么冷漠。进入班级，向周围的人打招呼，都一脸冰霜地看着我，气氛凝重得像冰一样。这时一只手搭在了我的肩膀上，一回头，是一位眉清目秀的小男孩。仔细一打量，没想到我俩衣着非常相似。没等我开口，他便说："你好，我叫小光。我可以坐在这里吗？"他指着我身旁的位置。我点点头，还他一个笑脸，他轻轻坐下。

> 景物烘托。燥热的景物与人表情的冷漠形成反衬。

> 别人的冷漠与小光的热情形成对比。

很长一段时间里，我俩都在一起，各方面都是那么相似，好像彼此是互相复制的一样。这样过了两年多，到了三年级时，我俩便不再说话。这一变化，源于那次班干部竞选。我俩双双参与，又同样竞选同一岗位，选票一公布，我以微弱的优势胜了他。他一开始微笑着向我道喜，不一会儿，一个同学向他了些什么后，他急忙走来责问我："你选前做了什么？为什么不叫我？"我支支吾吾地说："你去打球了。"他怒目相视，说："我本无心与你相争，可如今，你我势不两立。"自那以后，他便有意无意地向我泼冷水，找我一些无意的过失向老师报告。这一切，我都坦然以对，报之以微笑，但内心却隐隐地不安。

> "好像复制一样"突出了两人此时关系的默契。

> "我"坦然面对"泼冷水"，将"我"的宽容与他的小心眼形成对比。

刚上五年级，他转学走了。临行欢送会上，我送的礼物，他直接丢掉了。

我早想对他说一句："那天我请大家聚会，不是为了给自己拉选票，而是为了你，因为我在班级人缘好，我怕竞选时你落后太多，太没有面子，就让他们投你一票。"可你却误会了我，这几年一直与我敌对。

> 此段与前面写的竞选前的聚会和竞选结果公布后他对"我"的质问相呼应。

轻轻地，你走了。我只想说："误会了，我不想解释太多。愿你安好！"

**看点解读**

**1.不落窠臼，别有新意** 一改同学间闹矛盾，后来和好如初，分别时特别不舍的"老套路"，作者别出心裁地写了仅仅因为一次竞选班干部中两人之间的一系列误解，导致了几年的情感对立，直到分别也未化解的故事。不能不说选材新颖、主题不落窠臼。

**2.情节曲折，忧伤自淌** 运用了意外法导致情节的突转，运用了对比和巧合法写出了由相识、相知，到陌路和敌视的全过程。虽然文中的"他"是一个值得批判的人物，随时光的流逝，纯真逐步消失而变得自私，但作者仍流露出淡淡的伤感。

## 满分思路

**开头**：淡淡的忧伤中告别小学时光，考场上听到窗外的鸟鸣引发回忆。

**中间**：回忆“我”与一位同学交往的过程。

1.刚入学时，“我”与他相识，彼此心心相知，持续了两年多。

2.三年级时，“我”与他竞选班干部时发生了矛盾，他敌视“我”。

3.五年级时，他转学“我”送他的礼物被扔掉，“我”说出心里话。

**结尾**：在淡淡的忧伤中，“我”表达对他的祝愿，但不想解释感情破裂的原因。

# 心中早想说一句

北京考生

微风拂过，柳树轻轻摇曳，撒下一片片白毛。在这“漫花”飞舞之际，总能发现一个身影出现在学校的操场上，一个人清扫着，清扫着……

> 由景物描写引出本文的写作对象，以物喻人。

他是我班的室外清扫员，负责清扫班级操场上的分担区，也是每天清晨最后回到班级的人。

> “最后”回班为下文作铺垫。

他扫地时的动作与他人不同。其他人为了早回班，总是神不知鬼不觉地将自己负责区域的垃圾移到别处，然后就潇洒地回到班级。而他总是低着头卖力地清扫，不放过任何一片垃圾，默不作声地清扫着，从不与别人计较。因为这样，他经常遭到别人的欺负——将垃圾故意不小心运到他那里。而他仍旧一声不吭地清理，自然他就成了最后一个回班的人了。好几次我都想跟他说：你不应该这么懦弱。

> “神不知，鬼不觉”一句运用了夸张的手法，突出了这些人的不良品行。

有一天，他打扫完室外卫生，刚回到班级，几个同学传的小纸条被老师发现了。老师询问了几名同学后，便问道：“谁最先传的。”其中一脸凶相的小石说：“就是他。”大家的目光一齐扫向了班级门口，只见他愣愣地站在那里。

> 选择这个“刚回到班级”的时间点更能突出“事件”对小刚来说的莫名其妙，也与前面“最后回班”相照应。

“小刚，是你。”老师嘴一张一合地喘着粗气，小明先是瞬间抬起了头，眉毛似乎顶到了脑门，睁大眼睛瞅着老师，咂巴咂巴嘴，心里想：“这下完了，又要挨批了。”便低下头，手指抠着桌子，发出微小的声响。

> 对老师的神态描写，可见老师特别生气，也与后文对小刚的态度形成对比。

其实全班同学都知道，小刚是被冤枉的，因为小刚在打扫操场卫生时捡到过一张纸，上面写的是小石辱骂老师的话，他就直接交给老师了。小石自然被老师严厉地“教训”了一顿，今天明显是小石陷害小刚。但大家谁都没当着老师的面把真相说出来。

老师也并没有批评小刚，可能是觉得小刚平时表现比较优秀，而且猜想得到，“老实”的小刚不可能做出这样的事，就心平气和地对小刚说：“先回座吧，这事我会调查清楚的。”

> 运用突转的写法使情节逆转，也突出了小刚的品性。

下课后，有同学实在忍不住，劝了小刚几句：“不是我说你，你怎么就这么心甘情愿地被别人欺负啊？”

“我咋的了？”小刚回敬道。

其实我也一直想和他说：“你能不能不这么怯懦，有点儿男子汉气概！”其实呢？

> “其实呢”三个字用得特别巧妙，引人思考。

### 看点解读

**1.描摹人物，对比鲜明** 文中的小刚默默无闻的付出与同是清扫员同学的投机取巧，朴实的小刚表面怯懦与全班不敢伸张正义者的真正怯懦，小石的凶悍无礼与小刚的不再计较，都形成了鲜明的对比，更能突出小刚勤奋、厚道的形象。

**2.剑走偏锋，反向立意** 这个文题的写作，无论从小事切入，还是大事着笔，往往选择高大上的正能量主题来表达，然而本文却重点突出“小刚”无“刚强”的怯懦，表面看揭示了人性的弱点，实则蕴含的却是弘扬人要朴实、厚道的主题。

### 满分思路

**开头：** 用景物渲染场面，点明主人公辛勤地清扫室外分担区。

**中间：** 通过两件事，刻画小刚的性格。
- 1.小刚默默无语地清扫自己和他人分担区的垃圾。
- 2.小石为报复小刚，诬陷他最先传纸条，同学们不敢作证。
- 3.老师不认为是小刚传的纸条，将深入调查，突出其品格。

**结尾：** 对话描写揭示出小刚懦弱背后的刚强和朴实。

## 小考真题

题目：从小到大，同学们一定经历过许多事，它们给你带来的或快乐，或烦恼，或伤心，或启发……请在“那一次，我真________”这一题目的横线上填上一个合适的词语，如激动、伤心、想不到……，将题目补充完整，再动笔写一篇作文。

要求：说真话，叙真事，抒发自己的真情实感；条理要清楚，语句通顺连贯，字数不少于500。

——2015年福建福州卷

## 审题指导

这是一道半命题作文，首先要根据自己准备写的内容把题目补充完整。横线上可以填试题提供的词语，还可以填其他合适的词语，如幸福、惭愧、后悔、痛苦、自豪……尽量补你最熟悉的内容或最难忘、最有教育意义的内容。

其次，要明确这是一篇写事的文章。“那一次”不仅表示只能写一件事，还告诉我们要以回忆的方式去写这件事。所以一定要精心选择自己以往学习生活中储存的那些富有意义，又能感己感人的素材。

最后，要具体写出“那一次”事件的经过，在作文里真切地融入自己的感情，把自己的情感真实地用文字淋漓尽致地表达出来。

## 立意图解

| 立意 | 解说 |
| --- | --- |
| 感动的事 | 可以写那次“我”真感动的一件事，写事情发展的经过，为什么感动“我”。 |
| 伤心的事 | 可以写那次“我”真伤心的一件事，“我”伤心的原因是什么。 |
| 幸福的事 | 可以写那次“我”真幸福的一件事，感到幸福的原因。 |
| 后悔的事 | 可以写那次“我”真后悔的一件事，写清楚事情的经过以及“我”后悔的原因。 |
| 快乐的事 | 可以写那次“我”真快乐的一件事，交代清楚“我”快乐的原因。 |

## 欣赏点作文

# 那一次，我真坚强

福州考生

河蚌忍受了沙砾的磨砺，最终孕育绝美的珍珠；顽铁忍受了烈火的冶炼，最终炼就锋利的宝剑。我一想起那次登山经历，浑身就充满了力量。

用骈句开头，句子优美，切合主题。

那是去年暑假的一天，我随妈妈去登山。来到山下，望着巍峨的高山，我大声喊道："我要征服你！"然后就兴冲冲地往山上跑。刚开始，我精力充沛，一路上兴奋地欣赏着大山的壮丽、神秘。听导游姐姐说，爬上山顶除了能体会到"一览众山小"的壮观，还能找到那清澈泉水的源头。我的兴致更浓了，时而采摘路边的小花，时而撩起清凉的泉水，时而模仿小鸟的鸣叫，时而回过头来向大家报告我发现的"新大陆"。好不逍遥自在！

写出了登山前自己的豪情壮志。

运用排比的修辞手法写出了"我"登山时的兴致勃勃。

然而，好景不长，山路越来越难走，有的地方陡峭，有的地方湿滑，还有的地方得手脚并用才能攀登上去。渐渐地，我体力有些不支了，气喘吁吁，还有些头晕眼花。在似乎没有尽头的山路面前，我屈服了，瘫软地坐在了一块大青石上，再也不肯向前挪动一步。导游姐姐鼓励我说："既然上来了，就不要轻言放弃。记住：坚持就是胜利。"妈妈则问我："你不是要征服大山吗？怎么了？让大山征服了？"

**新新好句·天空**

一块透明的蓝天，像一块丝手帕，蓝天上停留着细碎而洁白的云朵，像是绣在纱巾上的花朵。

精神鼓舞，更能够激励人。

这些话语又激起了我的斗志，我大吼了几声，咬咬牙，迈着坚毅的步伐向上攀登。尽管大汗淋漓，浑身疲惫，但心中却一直有个执着的信念在鼓励着我：一定要不畏艰难，勇敢地向前迈进，坚持，坚持，再坚持！只有坚持每一小步，才能成功一大步啊！山上的路越来越崎岖、陡峭，我的喘息声也变得越来越急促，豆大的汗珠顺着我的脸颊滴到了地上，但我的信念反而更坚定了。终于，我汗流浃背地登上了山顶，望着雄伟的山峰，喝着清冽的泉水，我的心里豪情万丈。

自己给自己加油，心理描写真实感人。

成功在于坚持，这是一个并不神秘的秘诀。那一次，我真坚强，一点儿也不夸张。

用警句收束全文，照应开头，富有余味。

**看点解读**

**1.语句优美** 小作者在文中运用了较多的优美语句，如“河蚌忍受了沙砾的磨砺，最终孕育绝美的珍珠；顽铁忍受了烈火的冶炼，最终炼就锋利的宝剑”，“时而采摘路边的小花，时而撩起清凉的泉水，时而模仿小鸟的鸣叫”等，格言警句，排比修辞使文章熠熠生辉。

**2.感悟深刻** 通过登山这件事，“我”学会了坚持，学会了坚强。“一定要不畏艰难，勇敢地向前迈进，坚持，坚持，再坚持！只有坚持每一小步，才能成功一大步啊”，“成功在于坚持，这是一个并不神秘的秘诀”，这些感悟深刻，富有哲理，给人以有益的启示。

**满分思路**

**开头：** 开篇切题，直接写感悟、事件。

**中间：** 具体些“我”登山的过程，表现“我”的坚强。
- 1.“我”随妈妈登山，一开始精力充沛，逍遥自在。
- 2.山路越来越难走，“我”萌生退意。
- 3.在导游姐姐和妈妈的鼓励下，“我”重新燃起斗志，最终登上了山顶。

**结尾：** 卒章显志，点明主题。

## 小考真题

题目：亲爱的同学们，相信我们每人心中都有一个神奇的殿堂，都怀揣着一个美丽的梦。今天，在初考的日子里，就让我们洒下希望的种子，带着梦启航，带着梦勇敢地开拓……

请以“梦”为话题，自拟题目，写一篇500字以上的文章，文中不得出现真实的校名、人名。

——2014年湖北武汉卷

## 审题指导

话题作文，在初考这个重要时段，引领小学生对未来进行思考，贴近生活，同时有思维含量。在写作时，以下几个问题需要注意：

**1.拟好标题**

标题是文章的“眼睛”。俗话说：“题好一半文。”话题作文允许自己拟题目，因此，我们要努力提高拟题水平，力争使自己拟的题目准确、凝练、含蓄、新奇，让阅卷老师“一见钟情”。如：“我的七彩梦”“梦是开在风雨中的花”等。

**2.独辟蹊径**

选择别人想不到的内容来写，脑子里一闪而过的第一个念头最好舍弃，因为自己最容易想到的往往也是别人容易想到的，这样就容易造成题材“撞车”。认真思考后，选择自己能够驾驭而旁人不容易想到的内容来写。如对一年来发生的点点滴滴作一总结，以梦的形式来展开全文。

**3.拟好提纲**

很多同学喜欢提笔就写，写到哪里算哪里，这样不好。应该用5分钟时间来审题构思，5分钟时间来拟写提纲。把大的框架构思好之后，就容易写了。拟写提纲的时候要想好中心、开头、结尾，以及每段的开头，这样写起来就不容易偏离中心了。

## 立意图解

| 立意 | 解说 |
| --- | --- |
| 梦见成为宇宙飞行员 | 在空中清扫太空垃圾，呼吁人们保护太空环境。 |
| 对自由的呼唤 | 表达对父母与老师过分监督的不满，表达少年儿童希望自由发展的渴望。 |
| 对当军人的渴望 | 表达保家卫国的愿望。 |
| 对当作家的渴望 | 表达对理想的追求。 |
| 对友谊的渴望 | 表达对真挚友谊的呼唤。 |

## 欣赏点作文

### 作家梦

武汉考生

钟表滴滴答答地走着，我又一次伫立在沉默的书柜前。

指尖在书脊上依次划过，独特的触感让我的心如同一片安静的湖被投入了一颗小小的石子，泛起阵阵涟漪。闭上眼睛，放缓呼吸，我细细捕捉书中人的心跳。那是一种特别的

> **新新好词·读书**
> 韦编三绝　学富五车
> 废寝忘食　奋发图强
> 发愤忘食　焚膏继晷

生命力，是我在这个世界上从未听过的最美的乐章，总能让人身不由已地沉浸其中。

> 细致描绘在书柜前的感受，引起下文。

或许是缘分，在我周岁生日上，按照家里的传统，要举行“抓周”仪式。听奶奶说，那天我的面前摆了很多新鲜玩意儿，算盘、剪刀、馒头、尺子、笔和书。我看着眼前这么多好玩的东西，一时间不知所措。我抬头茫然地看看周围一圈眼含期待和鼓励的大人们，低下头，毫不犹豫地伸出胖乎乎的小手，抓了过去。全家人都屏住呼吸，不敢出声。

> 回忆“抓周”。仿佛和书的缘分与生俱来。

我直接抓起了离我较远的书，咯咯地笑了。在爷爷奶奶要把我抱起来欢呼庆祝的时候，我又吭哧吭哧地去拿离我更远的一样东西：笔。

> 自得的神情和心态。

> **新新好句·读书**
>
> 阅读使人充实，会谈使人敏捷，写作与笔记使人精确。史鉴使人明智，诗歌使人巧慧，数学使人精细，博物使人深沉，逻辑与修辞使人善辩。

全家人沸腾了，这意味着我将来会非常喜爱读书和写字。时至今日，我总在想，这是缘分吧！在我还那么小，什么都不知道的时候，最最单纯懵懂的时候，我面对那么多的好东西，却偏偏拿起了一本书和一支笔。在时光的长河中，这个预言渐渐地实现了。3岁起，我便缠着奶奶给我讲故事。6岁的时候，我便可以拿着报纸磕磕绊绊地读下来。8岁，我仰着脸，笑得无比张扬和自信：“等着吧，我要成为一名作家！”

> 概括叙述，3到8岁对知识的渴求以及梦想的确立。

接着，我便开启了一段漫长的旅程。几年如一日，我在读书和写作中度过。现在，读书和写作已经成为我生活中不可缺少的一部分了。而成为作家这个梦想，在我的脑海中也愈发坚定。我沉迷在书的世界，那里，有着与我相同或不同的人的悲欢离合。读着，读着，哭了，笑了。书里的，是疯子，书外的，是傻子。我已经习惯于陷入无限的遐想中而置身于真实的世界外，满脑子都是各种稀奇古怪的想法，然后，按捺不住了，终于提笔写下，那时，我便是神，掌控笔下所有人的命运。心脏剧烈地跳动着，充盈着，饱胀着无与伦比的几近疯狂的快乐。

> 用夸张的笔法，突出写作带给自己的感受。

正是因为有了书，我才拿起了笔。正是因为觉得读书是快乐的，我才找到了属于我的梦想，并且勇敢地向着梦想奔跑。在这个灯红酒绿的花花世界里，我能够寻得一片净土，恪守心灵的宁静，保持昂扬的斗志，不都是因为有了梦想吗？

> 读书让自己拥有了梦想并执着地去追求。

书是一双洁白的羽翼，有了它，我便可以飞翔，穿越所有的阴霾，直达梦想的彼岸。

> 读书实现梦想。升华主题。

**看点解读**

**1.详略得当，中心突出** 文章详细写了“抓周”事件，表明自己与书的缘分与生俱来，还详写了8岁以后读书与写作的酸甜苦辣，写了对“作家梦”的追寻。用三句话略写了3岁时让奶奶讲故事，6岁时磕磕绊绊读报纸，8岁时宣布理想。详写与略写相得益彰，凸显了文章的中心。

**2.用词准确，语言生动** 文章在词语的选择上彰显了小作者的才情。如：“吭哧吭哧”是一个拟声词，生动形象地刻画出一个周岁的孩子费力地去拿书的情形。再如“心脏剧烈地跳动着，充盈着，饱胀着”中“跳动”“充盈”“饱胀”三个动词贴切地写出了自己的激动心情。

**满分思路**

**开头：** 开篇描写场景，引出话题。

**中间：** 具体叙述“我”读书追梦的经历。
- 1.描写抓周趣事——“我”抓了书和笔。
- 2.抓周的预言成真，“我”萌生了当作家的梦想。
- 3.“我”为了实现梦想，不断努力。
- 4.抒发自己对书与梦的情感。

**结尾：** 比喻作结，扣题。

# 自由梦

武汉考生

“砰”的一声，我关上了门，声音很大，不知能否击碎爸爸妈妈心中的抱怨。泪水是突破坚强防线的悲伤，在不经意间滑过眼角……

> 倒叙开头，设下悬念，吸引读者。

我校是县重点小学，教学严格、成绩至上，我每天睡得比鬼晚，起得比太阳早，总是在冥冥中睡去，又在冥冥中醒来，更别提看什么电视节目了。今天是周六，我们每两周才休息一次的周六，我想轻松一会儿，看看自己喜欢的电视节目，爸爸、妈妈却残忍地拒绝了我。爸爸手拍着桌子，吹胡子瞪眼地对我嚷道：“马上就要小学毕业了，还不知道学习！我说不让看就是不让看！”妈妈用诧异的眼神望着我：“这些娱乐节目有什么可看的！”仿佛我的品位是多么低俗！提出的要求是多么过分！

> 描写“我”的学习状态，形象地表现了学习的紧张、劳累，为下文矛盾的发生作铺垫。

> 通过动作、语言、神态描写，形象地表现了父母的独断专行。

唉，我也是个人，我也会累啊！虽然我心里老大不乐意，但一向是乖儿子的我还是默默地回到了自己的房间！趴在床上，我的泪水像泉水一样放肆地奔流着，往事一幕幕浮现在眼前……

那是我才上一年级的时候吧！爸爸、妈妈非常郑重地告诉我说："只有好好学习，将来才能有好的生活。"从此以后，这句话就像长了腿一样跟着我。为了达到爸妈的要求，我每天打着十二分精神，呵护着我的成绩。我的心情也随着成绩的丰收而高涨，如果遭遇不测风云，天气突变，我的心情也会随着成绩的降低而低落。放肆的笑容在我的脸上看不到了，活跃的身影在我身上看不到了，爽朗的笑声在我的话语中听不到了。成长和时间同流合污，残酷地剥夺了我的快乐！

那是一个课间吧？同学们兴高采烈地谈论着所喜欢的明星，谈论着不同的电视节目，我却寂寞地站在一旁，只有听的份儿，无从插嘴，像一只孤零零的小蚂蚁误入了其他的蚂蚁群。我是多么渴望能和同学们一起在课间谈笑啊！

眼泪已经流得够多，我擦擦眼泪，继续思索：为了达到父母的要求，为了分数，我早起晚归地重复着一天又一天，失去了我的自由和梦想，这样的日子要到什么时候？没有自由和梦想的人生还能叫人生吗？爸爸、妈妈规划好的路是我自己的人生路吗？不，沿着旧地图，永远找不到新大陆！我的人生我做主！

擦干眼泪，我推开了门，是的，我要去和爸爸、妈妈沟通了。困扰我多年的烦恼不能再继续下去了。希望我和爸爸、妈妈之间能搭起一座桥梁，帮助我们疏通一切。

**新新好词·怒**

横眉怒视　金刚怒目
雷霆之怒　恼羞成怒
怒不可遏　勃然大怒

比喻，形象地表现了父母说这句话的频率之高以及自己的厌烦。

排比，突出了父母的要求给自己带来的压力以及摧残。

**新新好句·怒**

他脸色有点儿青起来，额上的一条青筋涨了出来，脸上连着太阳穴的几条筋，在那里抽动。

该段以心理描写为主，写出了自己深刻的思索：人生不能缺少自由和梦想。

提出解决问题的方法：沟通。沟通的目的，是为了找回自己的梦想。呼应前文。

**看点解读**

**1.生活为源，选材真实** 因为想看电视而被父母武断并残忍地拒绝，"只有好好学习，将来才能有好的生活"这句话"就像长了腿一样跟着我"，渴望和同学一起谈笑而没有谈资——几个小片段的选取逼真地刻画出一个在"唯分数至上"要求下的孩子的痛苦生活。本文通过典型的小事件，反映了"00后"的学习生活情况，具有鲜明的时代特征。

**2.立意深刻，语言生动** 首先，文章围绕"成长过程当中被父母干涉太多，失去自由和梦想"叙事。面对烦恼，作者进行了深刻的思考，得出结论：

“沿着旧地图，永远找不到新大陆！我的人生我做主！”文章通过多种描写手法，生动形象地描写了人物的语言、动作、心理，突出了人物的心理轨迹。另外，文章借助于比喻、拟人、排比等修辞手法，使得语言亮丽，增强了文章的吸引力。

## 满分思路

**开头**：先声夺人，吸引读者。

**中间**：回忆冲突事件以及自己的感受、思索。
1.概述自己的寄宿学习生活状况。
2.回忆过去父母对自己的严格要求，自己没有快乐的童年。
3.回想课间时自己的孤单。
4.提出自己的想法，表明自己需要一些自由。

**结尾**：提出解决问题的方法，收束全文。

## 小考真题

题目：生活中充满了无限乐趣，读一本好书可以愉悦心灵；看一部好电视剧可以带来对生活的感悟；与人聊天充满了快乐；参与活动其乐无穷……请以“________给我带来的乐趣”为题，写一篇文章。

要求：具有真情实感，不套作、不抄袭，不少于500字。

——2013年河北唐山卷

## 审题指导

要注意审题，“乐趣”是文章写作的重点，题目中所填的内容是文章的中心事件，运用第一人称的写法，通过自己的所见所闻所感表达文章的主题。选材角度要小，文题中所填写的内容越具体，写作起来越容易。

## 立意图解

| 立意 | 解说 |
|---|---|
| 读书带来的乐趣 | 读书时被书中的精彩情节、人物描写、场面描写、独特构思所吸引。 |
| 某个人给自己带来的快乐 | 写这个人幽默风趣的语言、与众不同的气质、别具一格的动作等，给“我”带来乐趣。 |
| 参与活动带来的乐趣 | 学校组织的演讲比赛、小制作、诗朗诵、六一联欢等。 |
| 自己做某件事情带来的乐趣 | 假期帮父母干活，打扫房间，在菜园干活，帮助别人等。 |

## 欣赏点作文

### 写作文给我带来的乐趣

唐山考生

我平时最大的嗜好就是写作文，一有时间，就喜欢写上几句，看着自己这几年写得满满登登的一大摞作文本和日记本，心里就美滋滋的。每当用完一个本子，总像珍宝一样藏在自己的写字台里。每每翻起来的时候，一个个与写作文有关的故事便浮现在眼前，心里充满了无限乐趣。

开头点题并引出要写的内容。

《植物也有心》这是在四年级时语文老师组织的一次观察日记大赛中获奖的作文。我兴致勃勃地观察起含羞草来，觉得它有许多地方好玩有趣，比如，你用手一指它，它的枝叶就会蜷缩回去。对着它，我展开联想和想象，然后运用拟人的手法写了这篇观察日记。几天后的语文课上，老师对我这篇日记大加表扬，我心里就像吃了蜂蜜似的，心里别提有多高兴了。从那时起，我的心里就开始孕育起一个梦——长大当一名作家。

新新好词·写作

冥思苦想　搜索枯肠
浮想联翩　信手拈来
一气呵成　文不加点
首尾照应　画龙点睛

“我”开始孕育作家梦是多么有乐趣的事情。

《温暖》，每次翻到它，全身就充满了快乐的因子。那是六年级上学期，语文老师带着我参加全县小学生作文大赛的一篇获奖作品。为了取得好成绩，老师为我找了好几本作文书，希望我认真阅读，从中能学到一些方法、得到一些启示，一路上对我又是千叮咛万嘱咐。“这次代表学校参加竞赛，你可要用功啊，千万马虎不得，一定要为学校争得荣誉。”听着老师的话，我还真有点儿紧张，生怕写不好就真对不起人民，对不起党了。

此后，我度日如年地等待消息。那天，课间操后，校长把大家集合在操场上说是开一个短会。“今天，我在这里告诉大家一个振奋人心的好消息，××同学代表学校参加全县作文竞赛获得了一等奖。”听到这儿，全场一片哗然，大家纷纷把羡慕的目光投向了我。在众目睽睽之下，我扭捏地走到台前，从校长手里接过获奖证书和奖品，心怦怦地跳得厉害，竟手足无措起来。回到家，我偷偷跑进自己的小屋，津津有味地欣赏起证书和奖品来。

这些年来，每当用完一个作文本子，我都会精心收藏起来，就像那些文物爱好者收藏文物似的，因为它带给我许多生活的乐趣，也带给我鼓励与梦想。

**新新好句·学习**

他正讲得津津有味，忽然一个转身，三步并作两步，眨眼间站到我面前，迅速从我手中夺去那本课外书。

写独自享受获奖后的喜悦，是一件多么有滋有味的事情。

**看点解读**

**镜头组合，中心突出**　文中用三个并列式的镜头，按时间顺序，分别描写了三篇作文中所包含的三个不同故事，并以此来揭示文章的主题。

## 满分思路

**开头：**点明自己的爱好，引出下文。

**中间：**结合自己获奖的经历，表达写作文带给“我”的乐趣。
- 1.四年级时，“我”在班级作文竞赛中受到老师的表扬。
- 2.六年级时，“我”参加全县作文竞赛获奖，受到校长的表扬。

**结尾：**议论收尾，点明中心。

# 登山给我带来的乐趣

唐山考生

心中有一个愿望，总想亲自感受一下登山的味道。不为“会当凌绝顶，一览众山小”，只想体验一下登山带来的乐趣。今年的“六一”正好赶上周末，我和父母一说心中的愿望，他们欣然应允，答应带我去爬青龙山。

点明自己的愿望，引起下文。

青龙山是家乡的一座全国5A级景区，离我家大约有二十里的路程。早晨八点钟的时候，我们就来到了景区门口，看着那座高大巍峨、风景秀丽的青龙山，我心花怒放，随着如织的游人兴高采烈地向上山的小路跑去。

新新好词·景物

巍峨　峰峦　起伏
鸟语花香　悬崖峭壁
树木丛生　流水潺潺
云雾缭绕　乱石林立

我小跑着登上一级级石阶，一心想快点跑到山顶。可身体里的那点儿热情在刚刚登山之初就已经挥发殆尽，登了大约有七八十个台阶之后，我早已是气喘吁吁，大汗淋漓了。我坐在旁边的一块山石上喘气，发现很多刚刚上来的男女老少也都喘着气，乐呵呵地坚持往上爬。有的嘴里还哼着小曲，有的走走停停，有的说说笑笑，有的拄着拐杖一步一步地坚持着，他们的情绪感染了我。我站起来，四下里望望，漫山遍野，绿树野草，就像给大山们披了一个巨大的绿色斗篷，山路两旁开满了各种野花，微风吹来，香气袭人，顿觉得精神倍增，心旷神怡。我不由加快了脚步，跟随着游人向山顶爬去。

运用排比修辞，描写登山人群的情态。

越往上走，山路越陡峭，看到的景物也越美丽。约莫走了半个小时，我浑身上下汗水涔涔，就像刚刚洗过了澡，坐在山石上歇息。往远处望去，只见远处的空地上一片火红，宛如一块硕大的红地毯。赶忙问身边的游人才知道那是新开辟的千亩芍药园。我赶忙掏出手机，对着那里的美景拍起照来。看着手机上那些风光优美的图片，我的心里别提有多高兴了。

描写登山所见的美景让人心旷神怡，乐趣横生。

俗话说得好，人逢喜事精神爽。我乐呵呵地随着人流向前涌动，虽然早已气喘吁吁，可登山之乐，非丝非竹，虽苦犹乐。这时只听人群里有人喊，坚持啊，不到山顶非好汉。我想，自己虽非好汉，但也不比别人差，坚持吧，诗人汪国真曾说，没有比脚更长的路，没有比人更高的山。想到这

引用名人诗句，增添文采。

儿，我兴趣盎然地加快了步伐。

大约又过了一个小时，我终于登上了山顶。站在山顶的望海楼上极目远眺，山峦起伏，绵延百里；树木丛生，百草丰茂；道路如织，农田碧绿。此时的我大有当年曹操登临碣石山的感慨，不禁吟出了“幸甚至哉，歌以咏志”。清风吹拂，神清气爽，举起手机忙不迭地拍起照来。

此时我想，登山虽苦，可苦中有乐，要想获得人生的乐趣，就需要寻觅，需要跋涉，需要付出。奇特的美景往往在险要之处，想要欣赏到它，的确需要一种坚韧不拔的毅力，一种勇攀高峰的勇气，一种百折不回的精神。

> 写登顶看到的景色，让人顿生联想，充满趣味。

> 结尾点明文章主题。

**看点解读**

**1.叙事具体，层次清楚** 文章按照时间顺序，详尽地叙述了作者登山的全过程。有起因、经过、高潮和结局，情节完整具体，环环相扣，层次清楚。

**2.叙议结合，画龙点睛** 文章通过记叙、描写的表达方式写出了登山的全过程，结尾运用议论的方式点明文章的主题，是典型的画龙点睛的写法。

## 满分思路

**开头**：点明登山的愿望，引出下文。

**中间**：具体描写自己和父母登青龙山的经过。

1.来到青龙山，“我”向上山的小路跑去。

2.登山之初的热情过后，“我”气喘吁吁，周围登山的人感染了“我”，“我”加快了脚步。

3.继续向上攀登，“我”看到了更美的风景，非常高兴。

4.“我”坚持不懈地攀登，终于到达了山顶。

**结尾**：表达自己的感悟，点明主题。

# 欣赏点14：纯真情怀

# 生动展示童真、童趣

## 小考真题

题目：那一刻，我真________

要求：①先把题目补充完整，可选“高兴、快乐、悔恨、内疚、幸福……”，再根据题意作文；②内容真实、具体；叙述清楚，详略得当；表达出真情实感；400字以上；文中不要出现真实的学校名称。

——2017年重庆万州卷

## 审题指导

2017年重庆市万州区小考作文试题“那一刻，我真__________”，其命题形式属于“后空式”的半命题作文。这类作文有一半或一部分的命题权握在考生手里，选材有较大的自由度，有利于考生发挥自己的写作水平。正所谓“题好一半文”，考生补写文题时应注意两点：一要使作文容易写作，比如本题，如果补充成“那一刻，我真高兴”，就比补充成“那一刻，我真崇高”好写。二要内容健康，如补充成“那一刻，我真恨不得抽他几耳光”“那一刻，我真是在犯罪”“那一刻，我真该死”等题目，则是很难得高分的。

**1.审题目**

这是一道半命题式的作文题目，所补充的词语便是考生要表达的主题。这个主题是需要用事例来印证的。虽然题目限定的时间是“那一刻”，但所写之事发生在“那一刻”之前。因为“那一刻”是即时产生的情感，只是一个结果。

**2.审立意**

“那一刻，我真__________”，此题目中心没有限制，考生可以根据自己掌握的材料，或根据初步确定的材料，确定一个积极的、充满正能量的主题，如“原谅伤害过自己的人”“宽容别人的过错”等。

3.审内容

“那一刻，我真＿＿＿＿＿”要重点写好两方面的内容。一是“那一刻”所发生的事情。除了把事情的起因、经过和结果交代清楚之外，还要把最能刺激人的情感的情节、动作、语言等写具体，这样才能触发真情。写事情可以用顺叙的方式记事，在最后揭示“那一刻”的情形，以点明主题。当然，也可采用回忆的方式来写。其结构安排可以为“现实（那一刻）—回忆—现实（现场）”。该怎么进行“现实”与“回忆”的循环，以及循环的次数为多少，则视事情本身而定。二是情感的表达。这一部分的内容不需要太多，但一定要是真情的流露。考生可以借心理描写来表现，也可以用议论的方式直抒情怀。

## 立意图解

| 立意 | 解说 |
| --- | --- |
| 获得成功，倍感高兴 | 每个人都有获得成功的时刻。如果你坚持不懈，勇往直前，不向困难屈服，那么，胜利也就在不远的前方对你招手。如学骑自行车、学做望远镜、学做家务……有恒心就一定会成功。当然，成功也包括精神方面的，如养成了节约的好习惯、培养了坚毅的性格……只要根据自己的目标，不断地去奋斗，体现出自我的价值，都是成功的。当你获得成功时，那一刻一定是高兴的。 |
| 相互关爱，甚感幸福 | 关爱，就是关心爱护，相信每个考生身边都有来自各方的关爱。别人关爱我们，我们也要关心爱护他人，世界上才充满爱！关爱他人可以从小事写起，譬如帮助一个同学辅导功课、鼓励受挫折的同学、扶一个盲人过马路、陪老人谈心……这都是关爱他人的表现，如果你给予了别人关爱，那一刻，你自己心里肯定也是幸福的。 |
| 助人为乐，获得快乐 | 助人为乐是我国传统文化的闪光点。助人为乐，是正直、善良的人主动去给予他人无私的帮助，并从中感到快乐。如见人遇危险时，先人后己，临危不惧，见义勇为，那一刻，我们看到了他闪光的心灵。 |
| 深感内疚，后悔莫及 | 内疚是指对一件事情或某个人心里感到惭愧而不安的一种心情。一个人由于自己的过失对他人产生伤害，一般会产生强烈不安、羞愧和负罪的情绪，从而试图努力弥补自己的过失。如为自己对母亲撒谎感到很内疚；不慎出了事故，心里十分内疚……这种时候总是后悔莫及的。 |

欣赏点作文

# 那一刻，我真惊讶

重庆考生

开学认领班委职务时，“卫生角保洁员”和“门长”两个职务“名花无主”。

等了一阵，坐在后排的李俊走上讲台，在那两个职务后面写上了自己的名字。顿时，教室里掌声雷动。李俊，个子矮矮的，穿着简朴而整洁，上学年才从邻近学校转来。

新学期谈“我的理想”时，李俊说：“我的理想是自己挣钱给爷爷、奶奶买床电热毯。”同学们面面相觑。我是知道的，她父母双亡，和爷爷、奶奶住在廉租房里，靠低保维持生活。

李俊每天都来得很早，把讲台收拾得干干净净，把教室里的垃圾都捡到后面去。她也经常到卫生角去看，如果发现地上有垃圾，便捡起来扔进垃圾桶。

李俊每天放学后倒垃圾时，都会把里面的可回收垃圾拿到废品收购站去卖。她每次出校门，门卫都假装检查，实际是偷偷地塞进去几个饮料瓶。日子就这样一天天过着。

那年五月，老师说有个贫穷山区学校需要帮助，那所学校的几十个孩子需要一张乒乓球桌、一些课外书，每人还需要一双放在学校的胶鞋（因为每逢下雨，那里山路难走，他们到学校时，鞋子都湿了）……老师还说，愿意捐什么都可以，明天带到学校来。

第二天，教室里的书堆成了小山。李俊交来一个鼓鼓囊囊的黑色塑料小袋子。大家很好奇。老师问：“可以拿出来看看吗？”她点了点头。老师拿出来一看，是一捆零钱。大家目瞪口呆。那些零钱，面额最大的是一元，其他都是毛票。老师和几个班干部数了好一阵才数完，一共196.6元。教室里突然响起了雷鸣般的掌声。“李俊，你不是要给爷

“名花无主”表示，没人愿意干，用以反衬李俊的行为。

采用对比的手法写李俊，更突出了她的高尚。

**名人名言**

爱人者人恒爱之，敬人者人恒敬之。

——孟子

人生是花，而爱是花蜜。

——雨果

门卫的行动，既进一步衬托了李俊家庭的困难，又表现了其对李俊的关心与帮助。

家庭贫困的李俊竟向山区同学捐献了近两百元，对比手法起到反衬作用。

爷、奶奶买电热毯吗？”“离冬天还早，还来得及。现在正是下雨的季节，那些同学不能穿着湿鞋子上课。我这点儿钱肯定不够，我以后再给他们捐。可惜的是，我家里除了课堂上用的书，一本课外书也没有。”听了她的话，全班安静极了。好多同学眼里都含着泪花，有的还抽泣起来。要知道，这些钱都是李俊卖垃圾得来的。

那一刻，惊讶伴着感动，占据着我的心。

> 同学们捐的书“堆成了小山”，可李俊家“一本课外书也没有”，对比之中更显贫困。

> 结尾点题，干脆利落。

**看点解读**

**1.巧设悬念** 文中多处留悬念，引发读者思考，吸引读者往下读。比如，挣钱给爷爷、奶奶买电热毯，对于一个天天要上学的同学来说，怎么挣钱？用什么方式挣钱？这是一个悬念。买电热毯需要多少钱？挣多久才够？这是一个悬念。给山区学校捐书、捐物，李俊会捐什么？这是一个悬念。募捐的现场，一个黑色袋子里装的是什么？这是一个悬念……一个个悬念，既推动故事向前发展，又不断凸显主题。

**2.对比鲜明** 全文对比强烈是又一个亮点，如两个职务无人问津，李俊却主动承担；同学们的课外书堆成了小山，李俊家却一本课外书也没有；李俊家靠低保维持生活，可她却为山区同学捐献近两百元钱……对比之中，李俊的善良品性被表现得淋漓尽致。

**满分思路**

**开头：** 李俊主动认领“卫生角保洁员”和“门长”两个职务，乐于为班级服务，乐于吃苦。

**中间：** 通过具体事情，表现李俊的高尚品质。
- 1.具体描述李俊家庭的情况。
- 2.写李俊“工作”情况和门卫帮助李俊的事情。
- 3.家庭贫困的李俊向山区同学捐献近两百元。

**结尾：** 点题——那一刻，惊讶伴着感动，占据着我的心。

# 那一刻，我真感激

重庆考生

帮助，就像一盏明灯，照亮了他人的人生；帮助，就像一把熊熊的火焰，烧掉了他人的困难；帮助，还像冬天的一杯暖茶，温暖着他人的心田……

> 排比开头，突出“帮助”的意义，很有气势。

记得读二年级的一天，生了病的我头昏脑涨地来到了学校。第一节课时还是晴空万里，到第二节课时天空已经被墨水似的乌云笼罩了。我祈祷千万别下雨，因为我没有带雨伞，不然会被淋成落汤鸡的。可是，我不希望发生的事情还是发生了。第三节课时，雨水“唰唰”地从天空落了下来，打在地上发出“啪嗒啪嗒”的声音，犹如一声声烦心的闷雷。“丁零零……”放学了，同学们打着雨伞陆陆续续地走了，而我却望着瓢泼大雨干着急。

> 描写天气突变，为后文作铺垫，同时阐述没带伞的原因。

> 这个比喻用得好，准确地表达了内心的烦躁和对雨的讨厌。

正当我一筹莫展、心灰意冷的时候，我听见了后面一连串急促的脚步声。一回头，只见陈杨柳气喘吁吁地跑过来。他把手里的伞递给我，说：“顾昊天，你生病了，不能再淋雨了。这把伞你拿去用吧！”我往他身后瞧了瞧—他手里只有一把雨伞—便疑惑地问：“那你怎么办？”“我在教室里还有一把呢！”陈杨柳不由分说地把雨伞塞给我，随即转身往回跑去。于是，我心存感激地打着他的伞向家走去。

> 陈杨柳语言朴实，透露出对“我”的真诚关心。

> 联系后文，可见这是一个善意的谎言。再次表现陈杨柳的真诚关心。

半路上，我无意中一回头，猛地看到了远处的陈杨柳。他戴着帽子，顶着风，冒着雨，艰难地向前行走。我心中顿时涌上一股暖流，于是我折了回去。尽管他担心两人共撑一把伞仍会让我淋湿而加重病情，但我仍然坚持和他一同回家。

> 真相大白，终于明白了陈杨柳当时不和“我”一起回家的原因。

什么是爱？爱是一种从内心发出的关心和帮助，没有华丽的言语，没有哗众取宠的行动，只有在点点滴滴、一言一行中才能感受到。是啊，就在同学把伞借给我，自己却淋雨的那一瞬间，我突然感动异常—这种爱就是人世间最纯真的爱，它给我留下了最美的回忆！

> 结尾升华主题。把“帮助”上升为“爱”的情感高度，自然得体。

看点解读

**1.心理刻画逼真** 本文记叙的是同学舍己为人，把伞借给作者的故事，表现了同学之间的真诚关心与帮助。文中心理刻画逼真，写得特别精彩，比如下雨时的烦心、借伞时的疑虑、明白同学舍己为人之后的感激……都写得实实在在，可感可触。

**2.比喻形象生动** 作者善用比喻，句子形象生动，很有文采。如开头有关“帮助”的比喻、“墨水似的乌云”、雨声犹如“烦心的闷雷”……都准确生动，让文章陡然生辉。

满分思路

**开头：** 阐述“帮助”的意义，为后文作铺垫。

**中间：** 具体讲述同学借伞给“我”的故事。
- 1.天气骤变，下起大雨，生病的“我”没有带伞。
- 2.同学陈杨柳主动把伞借给“我”。
- 3.当“我”发现借给“我”伞的同学淋着雨时，内心十分感激，一起撑伞回家。

**结尾：** 对同学的行为进行赞扬，深化主题。

## 小考真题

成长中，许多人让我们心生感动，许多事让我们懂得道理，六年的小学时光里，总会有许多记忆停留在心中。

请以“那时，______爬上心头”为题，写一篇不少于450字的作文。

要求：①字迹清晰，书写工整，卷面整洁；②横线上可填梦想、甜蜜、幸福等词，也可填写景物、人物等词语，但要注意文题通顺；③文中不得出现真实的校名、人名等与考生有关的个人信息，如文中出现“我”以外的他人，一律以去掉姓氏的简称代替，如小红、亮亮等。

——2016年黑龙江哈尔滨卷

## 审题指导

引言、要求和题目本身的文字综合起来看，这道半命题作文的要求已经非常明确，给考生提供了广阔的写作空间。

**1.审题立意明**

主题可以涵盖以“情”为核心的亲情、友情、师生情、家国情等，以“理”

为要点的励志、坚强、梦想、生命阐释等。题目中的“那时”是审题的关键，结合引言，明确“那时”限定的时间段为小学的六年内。“爬上心头”则突出的是所思、所感、所想、所悟和所品。

**2.选材范围广**

补题后，无论补的是实物名称类、虚拟情感类词语，还是个人经历类的词语，结合所补题的内容选择写作材料的范围都是非常广的。如补写的是“坚强”，可选择生活、学习、实践等方面的事件，也可选择自我发展、与人交往等方面的材料，还可以选择发生在不同年级、不同课堂中的事例。

## 立意图解

| 立意 | 解说 |
| --- | --- |
| 设一条物线 | 串起全文所写的一件事的不同阶段或几件事来抒发情感。 |
| 用一种写法 | 用欲扬先抑、对比、插叙等写法布局谋篇，阐释道理。 |
| 绘一个场面 | 充分运用精细的人物和景物描写绘制场面，突出人物。 |
| 选一个焦点 | 确定一个矛盾冲突点，以情节变化取胜，塑造好形象。 |

## 欣赏点作文

### 那时，坚强爬上心头

哈尔滨考生

感叹着时间似箭，静静地凝视着逝去的岁月，在未知面前踌躇的我们，总会有坚强走过，缀满心头。

曾经坚强是一辆疾行的车，满载着当时急于求成的心。年幼时，用那双稚嫩的小手，玩弄着毛笔，心中萌发出写毛笔字的念头，并励志做一名大书法家。爷爷首先教我怎样站立，如何提笔，由于我的个子还不及爷爷的书桌高，爷爷就用手举着我，从笔画开始练起。可是啊，小小的人儿耐不住那过分“寂寞”的方式，没几天就放弃了！

那年坚强是深渊上的老桥，托着那颗满是伤痕的心。时常不知不觉地走到松花江边远望：“问君能有几多愁，恰似一江春水向东流。”远远看去，一座老桥矗立在江上，哪怕

> 运用比喻开篇，把“时间”比成“箭”，引发了自己的感慨。

> 练毛笔字一事真实地写出了幼儿时期缺乏耐心，不够坚强。

> **新新好词·坚强**
> 顽强 坚韧 外柔内刚
> 勇敢 执着 刚柔并济

江水的冲刷，岁月的销蚀，也没能改变它当初的容颜。老桥的坚强，也许就是托载着更多的人和车辆，而我的坚强呢？看看自己的书包，一支笔露出了头，哦，原来是画笔，自己还参加书画大赛了呢！

如今坚强是手中的那支钢笔，记录着执着进取的心。它不但记录了自己的成长足迹，而且写出了优美的诗章。五年级时进入了学校的“诗韵文学社”，如今已经成了社里的骨干，还有多篇文稿发表在学生报刊上，可我一点儿都不敢懈怠。否则，“林花谢了春红，太匆匆”，怕忘记了如今的坚强。

> “执着”一词写出了自己此时的坚强。

那辆车载不动我的坚强，那座桥托举起我的坚强，那支笔描绘出了我的执着。此刻那丝丝散发着甘味的坚强笼罩在心上，让我铭记。

> 排比句式结尾，既总结了全文，又深沉含蓄地表达了情感。

**看点解读**

**1.一线串珠，思路清晰** 用“笔”作为贯穿全文的行文线索，写出了喜欢写毛笔字，但没能坚持下来；后来又喜欢上了画笔，坚持绘画；最后是爱上了钢笔，实际上是爱上了写作，一直坚持，发表了一些作品。全文排比段式行文，层次清晰。

**2.一心三喻，形象鲜明** 本文重点写了自己由不坚强到坚强的过程，虽然没有大量叙写受到挫折而逆转的情节，但平常的叙事中运用比喻来刻画自己坚强的心。把坚强之心比作“车”“桥”“笔”，形象生动地突出了全文的中心。

## 满分思路

**开头：** 运用抒情的方式开篇，点明中心，并引出“缀满心头”的回忆。

**中间：** 运用排比段的形式，写自己由不坚强到坚强的过程。

1. 坚强是一辆疾行的车，满载着当时急于求成而退缩的心。
2. 坚强是深渊上的老桥，托着那颗满是伤痕又向往的心。
3. 坚强是手中的那支钢笔，记录着执着进取而坚强的心。

**结尾：** 再次点明“车”“桥”“笔”与“坚强的心”之间的关系，深化中心。

# 那时，梦想爬上心头

哈尔滨考生

我闭上双眼，静静地听着生命里的小溪潺潺流过，轻轻拾起被记忆冲刷变淡的梦想贝壳，感受着或细腻或曲折的纹路，细细地品读着这些过去的梦想，一时间百感交集。

> “静静”“轻轻”“细细”这些叠词的运用，使表意更形象、生动、可感。

那时，稚嫩的梦想，是对父母的承诺。

我是一个幸运的孩子，虽然降生在一个有些清贫的家庭中，但我却感受到了完整而又温馨的爱。一年级时，冬天室外的气温零下20多摄氏度，家里没有暖气，室内的气温可想而知了。妈妈一早起来就将我的衣袜放在怀里，这样当我穿时，能更舒服、暖和。上学路上，坐着爸爸的自行车，搂着他并不强壮却有着安全感的腰，听着耳边的风声，我觉得十分幸福。那时的我看着父母辛劳的身影，第一次萌生出了梦想：我要好好学习，挣大钱，让爸爸、妈妈过上更舒适的生活。这个梦想在我的心中埋下了一颗希望的种子，蕴含着我对父母的爱。

> 这里用了衬托的手法，用室内外的寒冷衬托妈妈对“我”无微不至的爱。

那时，青涩的梦想，是外公的期望。

我的外公是一个要强、能干的人，杀猪、炒菜、砍柴等很多活都干过。他生得黝黑，干瘦，却又力气很大，每次到外公家去玩，都免不了跟他较量一翻，不是掰手腕，就是要嘴皮子。别看他已年近古稀，嘴皮子可顺了，张口唱个曲就能拐着弯损人。家里四个孩子，就我一个女孩，虽说在外面外公总说：“小丫头片子能干什么？”但其实最疼我的就是他。别的不说，那时我的零食大多是从他那得来的。外公不怎么识字，却对知识有很大的兴趣，他常常抽着自己卷的旱烟，坐在折叠木凳上对我说：“丫头，你考上清华、北大，我给你一万！”还伸出手指晃了晃。我以为是玩笑，便一笑了之。几年后，外公突然得了脑梗，虽医救及时，但健康的身体一去不返。曾经妙语连珠的他更加希望我能考上清华、北大了。我知道，他希望我有出息，于是，我心中的种子生了根，萌了芽，寄托了外公对我的期望。

> 用白描的手法勾勒出了一个能干、乐观的外公的形象。

> **新新好句·期望**
>
> 期望如同一盏灯，点亮了前行的路。我们都走在追寻的路上，应该有一股源源不断的力量。

> 外公的“病”情和“心病”，让“我”越来越懂事了。

那时，成熟的梦想，是自己真实的心声。

有一个同学，起初并不出色，到了五年级，他像一匹黑马一样冲到了学年的领跑位置，他的梦想就是考上美国麻省理工学院。对于我们的质疑，他总说："梦想是用来挑战的，梦想是为了自己才去实现的。实现梦想，不是为了别人，是为了自己！"这句话对我的影响非常大。

> 小小年纪，说出这么理性的话，对"我"的影响之大可想而知。

心中的幼苗瞬间长大，聆听真实的心声，真实的梦想开出了花儿。我的梦想，那些对父母和家人爱的梦想，汇成了一个共同的梦想。

### 看点解读

**1.语言个性，亦庄亦谐** 本文难得的是能捕捉到符合人物年龄、学识、身份的个性化语言。如外公口语化的语言通俗易懂，同学的语言则有点儿"学生腔"。叙述性的语言也雅俗共赏，如"我要好好学习，挣大钱""幼苗瞬间长大"等。

**2.细节感人，情真意切** 如外公"抽着自己卷的旱烟，坐在折叠木凳上"写出了动作的细节；母亲在冬天寒冷时把衣袜放在怀里，怕"我"穿时冷这样的细节，文中还有许多，从娓娓道来的语句中，感受到的是浓浓的爱意包裹着梦想。

### 满分思路

**开头：** 创设一个静思的情境，引发回忆。

**中间：** 描写不同成长阶段的梦想。
- 1.稚嫩的梦想，是对父母的承诺。
- 2.青涩的梦想，是外公的期望。
- 3.成熟的梦想，是自己真实的心声。

**结尾：** "我"的梦想也是大家共同的梦想，主旨得到深化。

## 小考真题

在学习、生活和其他的活动中，我们曾经得到许多人的关心和帮助。这些感人的事就发生在我们身边，同学们一定想表达自己的谢意，那就请你以"谢谢你，________"为题写一篇感激别人的习作。

要求：把题目填完整：可填妈妈、老师、太阳、成熟、童年……通过两三件具体的事表达你对他（她、它）的感激。语句通顺，书写工整，500字以上。

——2012年江苏无锡卷

## 审题指导

这是一篇后空式半命题作文。横线上所填的内容在“要求”中已有提示，当然，除了提示外，你可以发散自己的思维：要感谢的，不仅仅是人物，也可以是其他的任何事物，甚至包括情感，如成熟、勇敢、自信等。要注意的是，“谢谢”二字，已经确定了文章的写作主题，即人或事物对你自己产生了积极的影响，让自己受到了教育，使自己由衷地产生了感激之情。因此，事情要叙述清楚，情感要浓厚。可运用多种手法来表达感谢之情。

## 立意图解

| 立意 | 解说 |
| --- | --- |
| 写父母关心你的平凡小事 | 抒发对他们养育之恩的感激之情。 |
| 写老师辛勤教育你、帮助你的事 | 抒发对老师的赞美之情。 |
| 写同学或朋友在你危难时给予你帮助的事 | 赞美同学或朋友之间真挚的情谊。 |
| 写社会各界人士为你服务、提供方便的事 | 赞美他们默默奉献的精神。 |
| 写自然界中的动植物给你启示的事 | 抒发自己从中明白的要坚强不屈、勇往直前等道理。 |

## 欣赏点作文

### 谢谢你，老师

无锡考生

人们都说，老师就是天空中那颗最明亮的北斗星，为我们指明了前进的方向；人们都说，老师就是山间那股最清凉的山泉，用清甜的甘露浇灌着我们这些小树苗；人们都说，老师就是那片茂盛的叶子，用那强有力的身躯，呵护着我们这些未来的花骨朵儿。是呀，在这离别的日子里，千言万语汇成了一句话——张老师，谢谢您！

> 用排比、比喻，直接写出对老师的感激之情。

还记得三年前，我们高高兴兴地到学校报名，可找不到老师为我们报名。因为我们这个班是一个全校闻名的差班，换老师就像走马灯似的，现在，教我们的老师又调走了，学

> 回忆过去，故事的开端。

校还没来得及找到一位愿意教我们的老师。我们无助地待在办公室里。这时，您来了，我们就像失散的孩子找到了亲人一样温暖！您是那样耐心地教育我们，使我们对语文产生了兴趣，成绩也慢慢地提高了。

我是一个胆小的女孩，上课从不积极发言，每当这个时候，您总是亲切又和蔼地说：“上课要积极发言，说错了也没关系，只要敢说就是好样的。”这时您的眼睛里流露出来的是鼓励的目光，让我觉得心里暖洋洋的。

您对我们的关怀和抚爱不仅在学习上表现出来，在生活中更是无处不在。有一次，我不小心摔了一跤，衣服都湿透了，您走了过来，看见我满身湿淋淋的，于是连忙帮我擦干身上的水，并对我说：“下次走路小心一点儿，不要跑，我要赶紧给你妈妈打个电话，让她帮你送衣服来，要不会着凉，感冒了就要影响学习的。”这字字句句让我觉得老师的爱像慈母般温暖。

老师，谢谢您！您像蜡烛一样，燃烧了自己，照亮了别人；您像春蚕一样，奉献了自己，装饰了别人；您像粉笔一样，牺牲了自己，留下了知识；您更像一盏导航灯，指引我们在知识的海洋中前进……

“走马灯”，衬托张老师与“我们”相处时间久。

比喻句，写出“我们”与张老师融洽的师生关系。

“暖洋洋”，照应上文“温暖”。

动作描写，突出老师对“我”的关心。

比喻、排比，高度赞美了老师的奉献精神。升华主题。

看点解读

**1.巧用抒情，真情流露** 这篇文章巧妙运用了抒情，表达了对老师的感激和赞美之情。开头作者采用了直接抒情的方式，抒发了对老师的感谢；中间叙述了老师给自己印象最深的三件事情，抒发了对老师的感激之情；采用间接抒情，用饱蘸浓郁感情的语言来赞美老师，从而体现老师对学生的重要性。

**2.修辞得当，增强效果** 这篇文章的开头和结尾非常有特色，都采用了排比的修辞手法，使文章前后呼应，浑然一体。文章用排比来抒情，节奏和谐，显得感情洋溢，作者对老师的赞美与感激之情溢于言表。

## 满分思路

**开头：**表达对老师的感激之情，点题。

**中间：**具体写“我”感谢老师的原因。
- 1.老师在“我们”无助时帮助“我们”。
- 2.老师上课时鼓励“我”。
- 3.生活中，老师时时关怀“我们”。

**结尾：**表达对老师的赞美，呼应前文。

## 小考真题

话题：吃亏

俗话说得好，“不听老人言，吃亏在眼前”。请以“吃亏”为话题写一篇记叙文，450字左右。作文题目自拟。

——2011年江西宜黄卷

## 审题指导

本次作文题应该认真审视提示语，“不听老人言，吃亏在眼前”，在提示我们选材立意。“吃亏”是构思的入手点，“吃亏”就是受到损失，有过教训。所以我们应记叙自己在生活、学习过程中所犯过的错误与得到的教训，重点写犯错的具体过程，以及得到的教训。

## 立意图解

| 立意 | | 解说 |
|---|---|---|
| 吃了什么亏 | 学习上 | 考试粗心丢分，明白要有严谨求实的学习态度。 |
| | | 经过考场上的煎熬方知平时不努力，临时抱佛脚的后果。 |
| | | 实验竞赛失败，懂得学习要讲合作，不能闭门造车。 |
| | 生活中 | 不经小伙伴允许藏东西，表明做事要讲分寸。 |
| | | 登山走错路，表明生活中要善于动脑筋。 |
| | | 多吃雪糕生病，表明要有良好的饮食习惯。 |

## 欣赏点作文

### 难忘的教训

宜黄考生

玩花炮是我的最爱，每当过年过节的时候，我都和小伙伴们玩得不亦乐乎。母亲总是千叮咛万嘱咐，要我们玩时，人离花炮远一点儿，否则很危险。可我总是当耳边风。

> 开篇点明玩花炮是“我”的最爱，自己对妈妈的劝告总当耳旁风，为下文作铺垫。

过年时，长辈们给的压岁钱，大部分被父母收回，剩下一点儿我再也不上交了，留着自己自由支配。

正月初五的中午，我和一帮“死党”又混在一起闹。不知道是谁提出了打鞭炮战的想法，我举双手赞成。于是，我用那私自扣留的压岁钱买来了一盒花炮。

> “死党”一词很时尚，符合儿童口吻。

我们让花炮飞天上，钻地下，挂高树，撞厚墙，玩得不亦乐乎。正当我们玩得开心时，一枚花炮突然从远处的墙上反弹回来，在我的手上开了一朵“小红花”，害得我好几天不敢再提花炮。

> 准确的动词，描画出玩花炮的热闹场面，小作者真是玩花炮的高手。

正月十五元宵夜，看着漂亮的烟花把天空打扮得格外美丽，我又心动了，把之前的教训抛到了九霄云外。为了好玩，我在一个大萝卜中挖了一个洞，将花炮放进去，然后点上，可半天没响。我走过去看，刚用手碰了一下，就听“砰”的一声，花炮在我面前炸开了花。我的手变成了“黑熊掌”，于是，我又一次成了“伤残病员”。这次玩花炮，害得我的手几天都一动不能动，这种“痛”的感觉到现在还是记忆犹新啊。

> 玩花炮的花样真多，胆大不心细，很符合儿童心理，充满了童心童趣。

> 语言生动，阳光有活力。这次教训是惨痛的，这是作者深切的体会。

以前，对老师和父母们给我上的安全课，我全都左耳进右耳出。现在，看着我手上的伤疤，看到很多地方因为放鞭炮而发生火灾的新闻，我终于明白了一个道理：不听老人言，吃亏在眼前。

> 看到伤疤，明白道理：不听老人言，吃亏在眼前。

### 看点解读

**1.选材精当** 小作者以自己两次放鞭炮而炸伤手的亲身经历，告诉大家“不听老人言，吃亏在眼前”的道理，贴近生活，有说服力。

**2.描写细致** 燃放鞭炮时，“飞天上，钻地下，挂高树，撞厚墙”，受伤时手上开了一朵“小红花”、手变成“黑熊掌”，生动的比喻、活泼的语言，成为文章的亮点，这有赖于小作者平时的细致观察与语言积累。

### 满分思路

**开头：** 铺垫蓄势，引出下文。

**中间：** 具体写“我”被花炮炸伤这一难忘的教训。
- 1.正月初五，和小伙伴玩花炮时“我”的手被炸伤了。
- 2.正月十五，“我”忘了之前的经历，玩花炮时手又被炸伤了。

**结尾：** 总结道理，点明中心。

# 欣赏点 15：童年记事

# 形象描绘童年的稚拙和可爱

## 小考真题

写作。

双休日、元旦、寒假、暑假、“五一”、“六一”、“十一”……众多的假期，我们有着众多的经历和众多的感受。

亲爱的同学，对于假期，你有什么样的经历？你有什么样的规划？你有什么样的思考？

下面就请你结合自己的生活实际，以“假期”为题写一篇作文。

**要求：写出自己的真情实感，不要抄袭，不少于450字。**

——2017年上海宝山卷

## 审题指导

2017年上海市宝山区小考作文题非常贴近学生实际。随着社会的发展、生活水平的提高，现在人们拥有的假期越来越多。可是，假期怎样过？如何过一个有意义的假期？这些都值得我们记录与思考。

**1.审题目**

“假期”这个题目，很好理解，也不易引发什么歧义。也就是说，在审题上，这个作文题没有什么难度。当然，由于假期多，在写作之前，考生首先得明确自己所要写的是哪个具体的假期，在一篇四五百字的文章里，不可能也没有必要将所有假期的经历都写上。考生可以采用以点代面的手法，从中选择一件事、一种想法或几件事、几种想法来写，用它们来反映自己的假期生活。

**2.审内容**

可以写假期的经历，也可以写对假期的若干思考，还可以写对于众人假期过法的调查；既可以写自己的假期，也可以写别人的假期，比如同学、家人的假期；既可以写一个假期的具体经历，也可以写好几个假期的大致经历……

**3.审文体**

既可以写记叙文，也可以写议论文，还可以写书信，只要能很好地表现自己所要写的内容，任何文体都可以挑选。

值得提醒的是，在叙事时，考生不仅要按照一定的顺序，把事情的来龙去脉交代明白，还要注意写好人物的感受。这样一方面能丰富文章的内容；另一方面也能增加文字的感染力，使叙述更曲折，更具吸引力。在议论时，要注意有感而

## 立意图解

| 立意 | 解说 |
| --- | --- |
| 一个快乐的假期 | 经过了一个学期的学习，“我”迎来了一个属于自己的寒（暑）假，家长让“我”自己支配。“我”在假期里获得了真正的自由，上网、和同学出去旅游、参加社区或学校组织的各种活动……总之，这个假期里欢乐与笑声始终陪伴着“我”。这个假期“我”过得真快乐！ |
| 一个充实的假期 | “我”以前不懂得生活的艰辛，可是在父亲的要求下，到亲戚家的工地或餐馆打工。在日复一日的劳累中，“我”对于生活、对于父母、对于自己的人生都有了全新的认识，过了一个充实而难忘的假期。在父母的支持下，“我”在假期里参加了若干个兴趣小组或兴趣辅导班，开阔了自己的眼界，学到了不少新本领…… |
| 一个苦不堪言的假期 | “我”原想趁假期好好轻松一下的，可是没料到，刚一放假父母就给“我”报了什么阅读强化班、英语口语提高班、数学奥林匹克培训班等补习班。“我”在假期里每天从早到晚，像赶集似的，从这个班出来，又去那个班，疲于苦命，苦不堪言。 |
| 期盼亲情 | 由于工作原因，爸爸长年在外施工，“我”平时见到爸爸的机会很少，更多的是在梦里。放假了，“我”正好有大把时间去看爸爸，和爸爸在一起，尽享团聚的快乐。老家有爷爷、奶奶，他们岁数大了，不愿意在城里生活，可是他们非常疼爱“我”，“我”也非常喜欢和他们在一起，假期里，“我”希望回老家，和他们在一起，听他们讲过去的事，帮他们收拾收拾房屋…… |

续表

| 立意 | 解说 |
|---|---|
| 回报真情 | 由于一次意外事故，爸爸、妈妈先后离开了“我”，可是“我”并不孤独。几个外地的陌生叔叔、阿姨通过慈善机构了解到“我”的情况，先后承担起“我”的学习、生活费用。因为成绩优异，“我”获得了一笔奖学金。征得老师及资助人的同意后，“我”想在这个假期，到外地当面向资助“我”多年的叔叔、阿姨道一声：谢谢！ |

## 欣赏点作文

# 假期

上海考生

国庆期间，妈妈给我找了份家教的活儿。

（交代是什么假期和主要事件。）

这不，第一次“上班”的时间到了，我再次整理书包，对着镜子扶了扶有点儿斯文味儿的眼镜后，就出发了。

（通过整理书包等动作描写，形象地写出了“我”对于这次“家教”的重视。）

我敲了敲门，开门的正是我所要辅导的小女孩——刚上三年级的表妹晓静。看来她已经等我很久了，清纯的目光、期待的眼神写在她那天真的笑脸上。

（神态描写，表现了表妹欢迎“我”的到来。）

“老师好！”这突如其来的喊声，使还是学生的我一时间有些不知所措。恍惚之间，一丝自豪感从我内心深处升起：啊，我将要从事阳光下最光辉的事业了，我行吗？

（描写听到表妹喊“老师好”的心理，非常真实。）

我先用激动加颤抖的声音对晓静进行了生字听写和词意讲解，然后是习题训练及错误更正，再接着用我一知半解的写作知识对她进行了写作辅导。好在表妹是一点即通，没让我出洋相。最后我还布置了一道写作训练题。有板有眼，还真有点儿老师的味道呢，我心中不免一阵窃喜。

（按照时间顺序，对家教的内容进行了概括交代，条理清晰。）

不知不觉中，两个小时已悄悄过去了，我该“下班”了。

（时间过得快，说明教得投入。）

一连七天，天天如此。表妹和阿姨都说我讲得非常好，让我以后继续教。兴奋之余，我清醒地认识到，我远远不能戴上“老师”这顶花环，因为在辅导别人的过程中我发现自己诸多的不足：写作知识欠缺、词汇语言贫乏、发音不准、口语表达不清等。平日里我老是觉得自己学得差不多了，现在看来差得远呢。妈妈说：“知耻而后勇。”我以后会更加努力。

（表达当家教的总体感受，有兴奋，也有清晰的认知，很难得。）

### 看点解读

**1.感受独特，主旨深刻** 对于小学生而言，家教都是自己当学生，没想到作者写的是自己给别人当“老师”的经历。初次经历，心理感受很多，除了有初次当老师的兴奋，作者还认识到自己还有许多不足，并表示以后要更加努力。如此感悟，自是独到而深刻，能给人以更多的启示。

**2.脉络分明，层次清晰** 全文按事情的发展顺序一一写来，过程清楚、具体，叙述生动。对第一天当家教的内容描写比较详细，对后面六天的情景采用了概括介绍，有详有略，布局精巧。结尾总结全文，点明主旨。全文结构完整、严谨，浑然一体。

### 满分思路

**开头：** 开门见山，交代假期活动——当家教。

**中间：** 叙述“我”做家教的过程。
1.“我”出门前整理自己的衣装。
2.详写“我”第一天做家教的过程。
3.概括交代后面六天的情景。

**结尾：** 表达做家教的体会，点明中心。

## 假期

上海考生

“十一”那天，我们到达天安门广场的时间是凌晨两点。我原以为来得太早了，可到了那儿一看，广场上到处都是人。爸爸想带我们离旗杆近些，可是人实在太多，走不动。

> 虽然时间很早，但广场上全是人，为后面情节的发展作好了铺垫。

我们也跟别人一样，找了一小块空地，铺上几张报纸，坐了下来。

妈妈怕我困，还从旅行包里拿出了毛巾被，让我躺一会儿。那电视里千百遍出现的升旗画面，一直是我魂牵梦萦的记忆，我早就想亲眼看一看天安门广场的升旗仪式了。如今，近在眼前，我哪里能睡得着呢？

> 插叙，写自己对于升旗的期盼，也写出了当时自己激动的心情。

我旁边坐着几个大姐姐。通过聊天，我知道，她们来自香港中文大学。她们昨天下午看完降旗仪式后就一直在广场这里等着看今天早上的升旗。

> 特意介绍旁边的几个大姐姐，表明香港学生的爱国情怀。

凌晨五点多，大家都不约而同地往前挤。可是这么多的人，又如何挤得动呢？我们只好站在原处等待那激动人心的时刻。

> “挤”字说明大家对升旗都很期盼，心情都很激动。

六点二十分，只听见前面的人喊：“国旗班过来了！”瞬间，偌大的广场一下子安静下来，国旗班战士们那整齐划一、铿锵有力的脚步声，清晰地传到我的耳朵里。我的心里顿时充满了一种崇高的情感。

> 场面描写，突出广场的静。

口号声、国歌声，都是熟悉的声音，可在这一刻，听起来是那么神圣，那么让人激动。当那一声“敬礼”声传来时，我也骄傲地举起我的右手，行起少先队礼来。

> 表达内心的真实感受，敬礼的动作非常自然。

国旗升上旗杆的那一刻，我终于看见了随风飘扬的国旗—五星红旗！我亲眼看见您了，天安门广场上的国旗！

> 采用第二人称，抒发激动之情。

## 看点解读

**1.以点代面，构思精巧** 在这篇文章里，作者主要写了国庆节那天在天安门广场看升旗仪式的事，进而以点代面地写出了假期的过法：接受爱国主义教育。

**2.描绘生动，情感浓郁** 文章按时间顺序来记叙，重点写了自己的经历及感想。文中特别交代了广场上看升旗的人多，还有香港中文大学的学生，从侧面反映了大家对于国旗、对于祖国的热爱，也表达了自己的情感。

## 满分思路

**开头：** 交代“我”和爸爸、妈妈到达天安门广场的情况。

**中间：** 叙述“我”和爸爸、妈妈在天安门广场等待、观看升旗的过程。
- 1.在天安门广场等着升旗，“我”睡不着。（略）
- 2.“我”和几个大姐姐聊天。（略）
- 3.“我”观看升旗。（详）

**结尾：** 表达激动心情。

## 小考真题

童年是纯真、难忘的岁月。身处童年，我们每天都在编织着美丽的故事。一只昆虫、一个玩具、一次发现、一场争执、一本书、一次活动……在我们童年生活中有许许多多难以忘怀的故事，它们看起来微不足道，却饱含着我们的快乐、梦想和追求，记录着我们成长的经历。请你选择印象最深的一件事写下来。

要求：①题目自定，内容具体，用学过的写作方法表达出真情实感；②语句通顺、字迹清楚，卷面整洁，正确使用标点符号；③不少于400字。

——2016年河南郑州卷

## 审题指导

这是一道比较宽泛的话题作文，关键词比较多，如“童年”“故事”“难以忘怀”“印象最深”等。

首先，要明确写作的时间范围是“童年”。童年是指我们年幼时到现在的一段时间。根据“快乐”，可以写低幼时期的生活；根据“梦想、追求”，可以侧重写中高年级时的事情。

其次，要写出“难以忘怀”。快乐的事难以忘怀，痛苦的事也难以忘怀；成功的事难以忘怀，失败的事也难以忘怀；发生在家庭的事难以忘怀，发生在学校的事也难以忘怀……“印象最深”的部分要写具体，这样才能体现出“难以忘怀”。

最后，要写出真情实感。写快乐的事，在字里行间应该流露出喜悦、幸福感；写后悔的事，应该体现出自己认识到错误或吸取教训后的愧疚之情……一定要做到写真事，抒真情，以情动人。

## 立意图解

| 立意 | 解说 |
| --- | --- |
| 写有趣的事 | 可以写自己或小伙伴们调皮捣蛋的经历，凸显童真童趣。 |
| 写爆笑糗事 | 可以写由于自己懵懂无知而产生的一系列让人哭笑不得的误会，突出“糗”。 |
| 写成功经历 | 可以写自己通过努力，在学习、生活中取得成功的经历，介绍经验。 |
| 写后悔的事 | 可以写由于自己年少无知，不经意间做错了事，表达自己的悔恨、愧疚之情。 |

## 欣赏点作文

# 错误的爱

郑州考生

天变冷了，爸爸把走廊下的盆花搬到了客厅里。他对我说：“这次你可不要乱浇花了。”我不好意思地笑了，两年前的一件傻事又浮现在了眼前。

> 由爸爸的告诫引出以前的事情，倒叙开头。

那年冬天，外面下了很大的雪。我家的客厅里却一片生机，爸爸精心培育的几盆或黄或红的花使人觉得好像还是在春天。金橘圆圆的果实金黄金黄的，吊兰的叶子碧绿碧绿的。我在挂满了果实的金橘前，数着它结了多少果实。数着数着，我看到它的土壤已经有些干了，该浇水了。我突发奇想，这么冷的天，浇凉水它一定会冻着的，给它浇些热水暖暖身子吧。想到这儿，我就接了满满一杯热水，然后充满怜惜地浇在金橘花盆里。为了让它得到充分的温暖，我又接连浇了两杯热水，花盆里升腾起了缕缕热气。我想金橘一定会对我“雪中送炭”的友好行为感激不尽的。

> 状物描写，写出了金橘硕果累累的情景。

> 心理描写，写出了“我”行为的原因。

> 自以为在做好事，殊不知却害了金橘。小作者的幼稚、善良跃然纸上。

第二天早上，我还没起床，就听见爸爸在大声吵嚷：“金橘怎么了？叶子怎么都蔫了？”我赶紧起床跑到客厅一看，可不是吗？金橘的叶子都无精打采地耷拉着脑袋，枝条也都下垂着。

> 用拟人手法写出了金橘枯萎的样子。

“怎么回事？我昨天才给它浇的热水……”我疑惑地说。

“什么？热水？你怎么能浇热水呢？”爸爸比我更惊疑。

**新新好词·奇想**

胡思乱想　异想天开
奇思妙想　心血来潮
灵机一动　计上心来

“我怕它冷，所以才浇的热水。”我连忙解释。

“傻妞啊，那样只会害了金橘啊！”爸爸哭笑不得地说，“热水中没有氧气，金橘会缺氧死亡的。”

> 通过爸爸的话写出了金橘枯萎的原因。

我这时才意识到自己闯了“大祸”，看着“奄奄一息”的金橘，我心里难过极了。

童年的这件傻事让我明白了：有时候，错误的爱也是一种伤害。

**看点解读**

**1.叙述有序，结构清晰** 文章以总分总的结构记述事情。先用倒叙开头，引出对事情的回忆；然后再按事情发展顺序叙述浇花的过程；结尾点题，告诉我们错误的爱是一种伤害。层次清晰，结构完整。

**2.细节描写，具体生动** 全文细节描写十分突出，如“我”突发奇想给金橘浇热水的心理活动描写及对金橘前后变化的描写，这些都增强了文章的感染力。

**满分思路**

**开头：** 倒叙开头，引出事件——简要地写出了两年前做的“傻事”。

**中间：** 具体叙述“我”给金橘浇热水，导致其枯萎的事情。
- 1. 交代时间、地点、人物等基本要素，为下文作铺垫。
- 2. 由爱花继而护花，自然而然地给金橘浇热水。
- 3. 好心办坏事，金橘在“我”的爱心照顾下枯萎。

**结尾：** 点明中心——错误的爱也是一种伤害。

# 红领巾风波

郑州考生

早上，我戴着鲜艳的红领巾上学校，小时候的一件趣事又重回脑海。

> 回忆开头，设置悬念。

那天姐姐放学跑回家，一进门就扯着喉咙喊：“我戴上红领巾了，我戴上红领巾了！”原来姐姐成为一名光荣的少先队员了，爸爸、妈妈都很高兴。看着姐姐胸前火焰似的红领巾，我眼馋了，嚷嚷着也想戴一戴。爸爸板着脸，一本正经地对我说：“这红领巾是用革命烈士的鲜血染成的，你小孩子家怎么能戴呢？”听爸爸这么一说，我惊呆了。革命烈士？鲜血？革命烈士我不懂，反正知道是好人；鲜血我还是知道的。怪不得红领巾这么红，原来它是用鲜血染成的，不可思议。我觉得有些可怕，再也不嚷嚷着戴红领巾了。

> 爸爸“一本正经”的话使“我”产生了误会，为下文作铺垫。

> 心理描写，写出了“我”的天真幼稚。

可姐姐天天戴着红领巾去上学，好像没什么事似的。她不害怕吗？有一次，我鼓足勇气小心翼翼地问她：“姐姐，你天天戴着红领巾不害怕吗？”姐姐疑惑地说：“怕什么啊？”“那可是用烈士的鲜血染红的啊！”我认真地说。姐姐愣了一下，似乎明白了什么，哈哈大笑起来。这一笑，我丈二和尚——摸不着头脑了。姐姐笑过后，对我说：“红领巾并不是真正用鲜血染成的，它是在工厂用颜料染红的。”“那爸爸为什么这么说呢？”我不解地问。“因为我们今天的幸福生活是无数革命先烈用生命换来的，所以说它是用鲜血染红的啊。”“哦，原来是这样。”我恍然大悟，“长大了我也戴红领巾！”

> 姐姐的话解开了“我”的心结，令人捧腹。

现在，我终于如愿以偿地戴上了红领巾。我一定要好好学习，时刻保持红领巾的庄严和圣洁。

> 由不想戴红领巾到想戴红领巾，写出了“我”思想的转变。

### 看点解读

**1.小处着手，选材新颖** 本文从小小的红领巾写起，围绕红领巾叙述了“我”的思想变化历程。作者能从细小的事物中发掘写作的材料，选材新颖，令人耳目一新。

**2.描写细腻，刻画逼真** 本文运用心理、语言等描写方法，把“我”天真、幼稚的可爱形象刻画得栩栩如生。心理描写细腻，写出了“我”对红领巾的认知过程。

### 满分思路

**开头：** 回忆开头，设置悬念——由红领巾想起小时候的趣事。

**中间：** 具体叙述小时候关于红领巾的趣事。

1.由姐姐戴上红领巾写起，“我”希望也戴一戴红领巾。

2.爸爸故意吓唬“我”，“我”信以为真。

3.通过姐姐的话，“我”明白了事情的真相。

**结尾：** 照应开头，点明中心——戴上了红领巾，就得保持红领巾的庄严和圣洁。

## 那道疤痕

郑州考生

每当看到妹妹手上那道明显的疤痕，我心里就会感到愧疚。

> 以心理描写开头，开篇切题。

我很清楚地记得，那天是妹妹的生日。妈妈在厨房里切菜。我闲着没事，就跑到厨房说：“妈妈，让我切菜吧！”“不行，你太小了。”妈妈说。“不嘛，我就要切。”我央求着。在我的软磨硬泡之下，妈妈终于“举手投降”了。“耶！厨房是我的了！”我欢喜地跳跃起来。我之所以要切菜，一是因为今天是小妹妹的生日，二是我想让大家看看我的手艺。可我没想到的是，妹妹来了，意外也就在菜刀的狞笑中逼近了。

“姐姐，让我切吧。”妹妹见我在切菜，充满了好奇。“小寿星，你还小，等你长大了就让你切。”我学着妈妈的语气说道。

“不嘛，不嘛！”妹妹上来就要夺菜刀。

“快出去，别打扰我！”我装作不耐烦的样子说。

妹妹瞪了我一眼，露出不甘的表情，站在那里一动不动。我吓唬她说：“再不走，小心碰着你！”妹妹不仅没跑，反而给了我一个调皮的鬼脸，趁我不注意，伸手就抓住了菜刀。“哎，你干什么？”慌乱中，我手中的菜刀一滑，一道明显的血线立即出现在妹妹手上，接着，血线变粗，顺着手指流下来。妹妹立刻号啕大哭起来。我惊慌失措，不知怎么办才好。妈妈闻声一下子冲进厨房，迅速地用手握住妹妹流血的手，向医院奔去。

医生几针下来，妹妹的手上留下了一道难看的疤痕。妹妹虽然已经原谅了我，但我却永远无法原谅自己，好好的一个生日宴会就这样被我毁了，还给妹妹留下了痛苦的回忆。

妹妹，对不起，请原谅姐姐吧！

因为想尝试切菜，所以央求妈妈，为下文情节发展埋下伏笔。

**新新好词·后悔**

悔之莫及　懊悔不已
以泪洗面　悲痛欲绝
五脏俱焚　痛心疾首

**新新好句·后悔**

我的脸火辣辣地发烧，一肚子的懊悔、伤心，话不知从何说起。

通过对人物的语言和动作描写写出了“我”和妹妹争菜刀的过程。

写出了自己的无限懊悔之情。

直抒胸臆，感情真挚。

**看点解读**

**1.叙述紧凑，情节跌宕** 本文重点叙述了与妹妹争菜刀时误伤了妹妹这件事，从开始“我”央求妈妈到妹妹央求“我”，继而与妹妹争执，误伤妹妹，整个过程叙述紧凑，波澜起伏。

**2.感情真挚，直抒胸臆** 妹妹生日，“我”本来想给大家一个惊喜，却没料到会发生误伤妹妹的事，通过叙述，表现了作者的无限懊悔之情。结尾更是直抒胸臆，令人动容。

### 满分思路

**开头**：开篇描写心情，引出下文。

**中间**：具体叙述“我”和妹妹争执，误伤妹妹的事情。

1. 妹妹生日，妈妈切菜，“我”跃跃欲试。
2. “我”切菜，妹妹跃跃欲试，“我”不相让起争执，误伤妹妹。
3. 妹妹被送到医院缝针，手上留下伤疤。

**结尾**：直接抒情，希望得到妹妹的原谅。

## 小考真题

题目：随着年龄渐大，很多事情需要我们独立而为。在这个成长的过程中，我们要学会做人，学会做事，学会思考，也从中得到很多体验，收获很多快乐，饱尝诸多辛苦。请以“我在________中尝到________”为题，写一篇作文。

要求：先根据自我情况，把题目补充完整，然后再作文；要学会使用自己擅长的表达方式和多种修辞手法；不要仿写或套写；不少于400字。

——2013年安徽合肥卷

## 审题指导

这是一道半命题作文，首先要根据自己的生活体验把题目补充完整，并把完整的题目写在规定之处。此题可写的内容较丰富，比如：“我在帮助别人中尝到快乐”“我在做饭中尝到艰辛”“我在阅读中尝到快乐”“我在劳动中尝到尊重”等。在写作过程中，既要把学习过程写具体，还得把学习的体验写详细，这样文章的内容就充实了。

## 立意图解

| 立意 | 解说 |
|---|---|
| 写向大自然学习 | 体会其中蕴含的生活哲理。 |
| 写一次劳动过程 | 体会其中的艰辛。 |
| 写一次帮助别人的过程 | 体会从中获得的快乐。 |
| 写一次独立完成任务的过程 | 体会其中的乐趣。 |
| 写一次独立做事的过程 | 体会其中的辛劳。 |

## 欣赏点作文

# 我在模仿中尝到教训

合肥考生

记得那是我四岁的一天，我和妹妹坐在电视机前看一台娱乐节目。之后，我就开始模仿电视中两个叔叔的行为。结果，我被弄得很狼狈，也从中得到很深的教训。

新新好词·辣

麻辣　火辣　劲辣
爆辣　酷辣　辣心
辣焦焦　热辣辣

节目中，两个叔叔进行的是一个有趣的比赛。桌子上的两个篮子里都放着红彤彤、水灵灵的东西，好像是一个个“小红灯笼”。只见主持人一声令下，两个叔叔就抓起大把的“灯笼”拼命往嘴里塞，有个叔叔索性拿起篮子，把“灯笼”往嘴里倒。这时，我看到我家的厨房正好有这样的“红灯笼”，何不趁没人在家，大口饱餐一顿呢！

交代事件的起因——模仿电视上叔叔的行为。

我们来到厨房，从篮子里挑出又红又大的“灯笼”，妹妹一个，我自己一个。我们就这样吃开了。

我舔了一下嘴巴，屏住了气，啊呜一口咬下“红灯笼”，迫不及待使劲嚼着。可不知怎的，“灯笼”越嚼越辣，我的嘴和舌头开始发麻了，嗓子就像火烧一样难受，脸也被辣得通红。我像只炎热夏天里的小狗，把舌头尽量往外伸；也像个被蝇拍打晕的苍蝇，在屋里到处乱窜。

具体叙述模仿的过程，写出自己的狼狈：从嘴、嗓子、脸三个角度，写出模仿造成的严重后果。

我急忙问妹妹：“电视里的‘灯笼’和咱家的‘灯笼’是不是一样的？”妹妹点点头，赶忙把自己手里的“灯笼”扔回篮子里。“为什么他们吃那么多没事，我就吃一个就被辣得这样呢？”妹妹不停地摇头。

语言描写，思考模仿失败的原因。

我正在纳闷的时候，爷爷、奶奶回来了。我把事情的来龙去脉和爷爷、奶奶说了一遍。奶奶哭笑不得地说：“电视上的叔叔是经过多次训练才有那么大抗辣耐力的。”

通过奶奶之口，揭示谜底。

从这件事中，我得到一个教训：在搞不清事物性质时，是不能模仿的。人的很多特异功能都是在艰苦训练中获得的。相比而言，妹妹就比我聪明，她先观察我模仿的结果，然后，再决定是不是能模仿。

写出“我”从模仿中得到的教训，点题。

## 看点解读

**1.交代缘由，过程完整** 作者首先交代模仿的缘由，然后，详细写出模仿的过程，然后再写出从中受到的教训。思路清晰，结构完整。

**2.过程惊心，体验深刻** 文章写的是模仿吃辣椒过程，虽然小作者被辣得满屋乱窜，毕竟没有出现更大的伤害。如果是其他更危险的伤害，情况可能就不这样乐观了。小作者的这次模仿体验提醒大家：任何没有把握的事情，千万不要模仿。

## 满分思路

**开头：** 概述事件，总领全文。

**中间：** 具体写“我”模仿电视上的人吃辣椒，获得教训的事。

1.“我”和妹妹看到电视上有人比赛吃辣椒，决定自己也要试一试。

2.“我”吃了一个辣椒，辣得到处乱窜。

3.“我”不明白为什么自己会被辣成这样，奶奶为“我”解疑。

**结尾：** 总结教训，点明中心。

## 小考真题

题目：愉快的________

要求：把题目补充完整；内容具体，语句通顺，写出愉快的心情；除诗歌外，文体不限，不少于500字。

——2012年广东广州卷

## 审题指导

这是一道半命题作文，写作可选择的范围很广。本篇题目是“愉快的________”，我们可以自由想象，多角度选材，如“愉快的周末”“愉快的野炊”“愉快的旅行”“愉快的家庭聚会”“愉快的课间活动”等。提起“愉快”的事情，同学们往往兴高采烈，按捺不住想要畅所欲言的心情。但是切记，重点必须围绕“愉快”来写，要写清“愉快”的内容、“愉快”的原因、“愉快”的程度。要说真话，讲真情，这样能将自己的感觉细腻、生动地刻画出来。在表达手法上，可用描写、抒情、说明等。在修辞方式上，可以运用比喻、夸张、拟人、排比等方法使自己的文章更生动形象。

## 立意图解

| 立意 | 解说 |
| --- | --- |
| 愉快的周末 | 这个周末到底发生了什么愉快的事情？肯定与以往的周末不同，快用手中的笔把这份“愉快”呈现给大家吧！ |
| 愉快的家庭聚会 | 家庭聚会司空见惯，要体现这份“愉快”可不容易啊！看看小作者如何匠心独运吧！ |
| 愉快的野炊 | 整天待在家里如井底之蛙的孩子们，该如何安排他们难得的野炊？快点儿像小鸟一样，放飞一下愉快的心情吧！ |
| 愉快的课外活动 | 课外活动中你都做了些什么？哪些地方让你感到特别愉快？快抓住愉快的心情，把它写出来吧！ |
| 愉快的旅程 | 背上行囊，带上愉快的心情，一起出发吧！把你的所见所闻所感，尽情展现吧！ |
| 愉快的一堂课 | 既然用“愉快”来形容这堂课，那就一定满是亮点，精彩连连，我们都拭目以待呢！ |

## 欣赏点作文

### 愉快的野炊

广州考生

愉快的时光总是那么短暂，就拿野炊来说吧，一眨眼就过去了。

> 开篇点题，点明愉快的时光很短暂，引出愉快的野炊。

那是一个星期天，我和大姨家的哥哥、姐姐一起到老家的小溪边野炊。坐上公交车一个多小时，我们就到了目的地。在那里，我看见了清澈见底的小溪，一群群快活的鱼儿在水中游来游去；五颜六色的野花随风起舞，好像在和我们打招呼。姐姐马上就动手垒灶，我也跟着忙活起来。姐姐捡来一些干柴，把其中两根削成“Y”字形，做成一个支架，

> 姐姐的动作描写很到位，“捡”“削”“做”“取”“架”“放”“堆”这一连串的动作描

再取来另外一根，削掉皮横架在支架上，把其他的柴放在架下，堆成一座空心的“金字塔”。姐姐还说，这样有利于燃烧。

> 写准确生动，把姐姐垒灶的过程写得很具体。

这边看姐姐累得满头大汗，哥哥呢？正拿着钓鱼竿，在河边悠闲地钓鱼。别看哥哥比我大不了几岁，但他可是远近闻名的钓鱼高手，还在钓鱼比赛中拿过冠军呢！“一条，两条，三条……”我蹲在哥哥身边，看着一条条活蹦乱跳的鱼儿接二连三地上钩，心里乐开了花。不一会儿，带来的塑料桶都装满了，鱼儿差点儿蹦出来。我和哥哥一起把20多条鱼剖开，洗净，准备用来烧烤。

> **新新好词·愉快**
> 高兴　开心　快乐
> 快活　痛快　愉悦
> 欢乐　欢快　欢畅
> 欢腾　欢悦　欢欣
> 眉开眼笑　眉飞色舞
> 大喜过望　欢天喜地

“弟弟——”姐姐在叫我，我欢快地来到姐姐身边。姐姐递来一把小铁铲说：“你不能闲着没事干，去挖点儿荠菜，不然一会儿没饭吃！”我立正站好，调皮地向姐姐敬了个礼：“遵命！”于是，我提着篮子，哼着歌曲，蹦蹦跳跳挖野菜去了。根据自己的经验，我不但挖了许多荠菜，还挖了很多苦菜、蒲公英等。我的心和春天的鸟儿一起飞翔着，憧憬着美好的明天！

> 动作和语言描写诙谐幽默，把一个孩子的调皮样写活了，愉快的心情不言而喻。“提”“哼”“蹦蹦跳跳”的动作活灵活现，心情快乐无比。

准备工作做好，该是姐姐大显身手的时候了。姐姐把“金字塔”点燃，把鱼整整齐齐地穿在竹签上，架在火上烤了起来。不一会儿，鱼就开始冒油了，一股鱼香扑鼻而来，馋得我直流口水。我刚要伸手去拿，姐姐一把拉住我的手说：“小馋猫，小心烫掉你的爪子！”姐姐把烤好的鱼放入盘中，我伸了伸舌头，咽了口唾沫。姐姐用自带的锅，倒入矿泉水，吊在横木上，不一会儿水就开了。姐姐把荠菜倒入锅中，加上调料……一顿美味的佳肴就做成了。

> 烤鱼有多美味，看看小作者的馋相就知道了。一个“伸”字，一个“咽”字，勾勒出一个小馋猫的形象。

我们吃着一串串烤鱼，喝着一碗碗野菜汤，欣赏着一幅幅大自然的画卷，心情格外舒畅，我感觉自己是世界上最幸福的人。

感谢哥哥、姐姐给了我一次愉快的野炊，因为它让我体会到了大自然的美好、生活的丰富多彩。

> 结尾再次扣题，点明中心。

## 看点解读

**1.选材真实，毫无造作** 相对于其他孩子来说，小作者在选材上别具匠心，写自己亲身经历的一次野炊，犹如万花丛中一点绿，特别吸引眼球。一看作文题目，就能激起读者继续往下探究的欲望，“题好一半文”，就是这个道理。

**2.动作描写，活灵活现** 本文的另一亮点，是小作者能准确地抓住人物动作进行描写，表达活泼、快乐的心情，使文章更加鲜活生动，人物形象更显丰满。如“提着”“哼着”“蹦蹦跳跳”等词活灵活现，生动形象，极富感染力。

## 满分思路

**开头：** 开篇点题，引出下文。

**中间：** 具体写“我”和哥哥、姐姐们一起野炊的愉快时光。
- 1.姐弟三人各自做好准备工作。
- 2.姐姐大显身手，做好美味佳肴。
- 3.“我们”享用丰盛的午餐。

**结尾：** 表达谢意，再次点题。

# 欣赏点16：社会大课堂

# 展示社会生活的丰富多彩

## 小考真题

根据提示的情节，展开合理的想象，扩展成一件具体的事，然后把事情写下来。写的时候要抓住人物的言行与神态，条理清楚，语句通顺，感情真实。题目自拟。字数不少于450。

情节：这天，当兵三年的警犬训练员小鲁离开军营返回家乡。临行时，与他朝夕相处的警犬“待发”和“大海”一直扯着他的行李，不让他走，“待发”甚至蹿上了车顶。

——2017年浙江嵊州卷

## 审题指导

**1.审题目**

此题与以往几年的命题方式类似，但又有一些创新。本次命题的创新之处是要求考生围绕提示的情节，展开想象，扩展成一件具体的事情，考查考生围绕要求展开想象的能力。首先，命题老师要求考生抓住“想象”，来展开对“一件事”的叙述，是有目的性地提出具体的要求。这是命题者有针对性地考查考生把握主题，围绕核心合理展开想象的能力，测评考生的想象是否存在随意性或者无目的性。其次，命题者还提出了“要抓住人物的言行与神态”的要求，需要考生在想象时，围绕语言、行动以及人物神态（或者警犬的神态）展开想象，来表达自己的感情。这又考查了考生的想象是否能够具体、合理、有条理。

本作文题，命题者并没有设置难度，只要考生的想象符合情理，能够抓住动作、神态表现小鲁与警犬之间的感情，语句通顺即可。考生可以立足生活经验，充分发挥想象，尽情展现自己的写作能力。

**2.审选材**

既是想象作文，又是围绕一个提示的情节来展开，那么提示之中的主角，就可以成为想象的基点。根据提示，从“一直扯着他的行李”和“甚至蹿上了车顶”来看，“待发”和“大海”与小鲁之间有着深厚的感情。而此时的人物言行，是考生想象的突破点。当然，考生也可以围绕此点，对小鲁与“待发”和“大海”之间的故事展开想象，可以运用插叙或者倒叙的方法，说清楚那件能够传递真实感情的事。当然，考生还可以围绕此时在车顶上的“待发”和扯行李的“大海”去想象接下来可能发生的事。

**3.审文体**

无论是对现在发生的事情展开想象，还是对过去小鲁与“待发”和“大海”之间的事情展开想象，考生都可以驾轻就熟地使用自己习惯的方式表达自己的情感。考生应该选择自己最擅长的方式去表达，基于小学六年级学生的习作情况，最好写成记叙文。

## 立意图解

| 立意 | 解说 |
| --- | --- |
| 回忆过去，建立情感 | 离别之时，如此不舍，必是曾经有一段刻骨铭心的经历。小鲁与“待发”“大海”之间有着一份怎样的情感呢？是一个怎样的故事，让此时的离别变得那么令人动容？我们可以大胆想象过去发生的事情。 |
| 立足瞬间，把握现在 | 此时无声胜有声，无言的战友依依不舍，只有这个瞬间，才最令人动容。在这个离别的瞬间，什么样的言语，什么样的动作，才能表达出小鲁的感情？此时，“待发”和“大海”又有什么样的“言语”和动作呢？只要在想象当中，把握好现在小鲁与“待发”和“大海”瞬间的表现，就能够表达出彼此间的真实情感。 |
| 言行神态，细节成败 | 习作的要求中，提到了抓住言行与神态，那么考生在想象时就要注重细节描写。而恰好浮于过程，忽略细节，是很多学生在写作时容易出现的问题。考生可以通过详细描写小鲁的语言、动作，以及“待发”和“大海”的反应，来表达他们之间的那份情。 |

续表

| 立意 | 解说 |
|---|---|
| 以情动人，以情感人 | 情感是永恒的主题，人与动物之间，有着许许多多感人肺腑的故事。具体想象一件事时，一定要在情的把握上做好文章。很多学生写作时由于缺乏情感而导致文章枯燥无味，泛泛而谈，或者空洞无物。把握情的想象，才是文字血肉丰满的关键。要想写出真情实感，必须对写作对象充满感情，考生可以想象自己就是材料中的人物和警犬中的一员，使自己和人物融为一体，细腻地去感受当时的场景，饱含感情地去想象他们之间可能发生的事情，那么故事就会变得有血有肉，文章也就能感人至深了。 |

## 欣赏点作文

### 亲密战友

嵊州考生

“待发，你快给我下来……”士兵小鲁眼眶泛红，哽咽着吼道。

> 以语言和神态描写开头，与众不同，给阅卷老师留下了深刻的印象。

而这边，大海一直咬着行李，双眼望着小鲁，丝毫没有松开的意思。

那年入伍，小鲁带着行李来到军营时，一声声的狗叫声吓得他直哆嗦。从小，小鲁就怕狗，而此时，他却成了一名警犬训练员，这不禁让小鲁开始怀疑自己的人生。

> 也许开始不是那么和谐，却注定了结局的依依不舍，想象与构思别具匠心。

第一次接触时，它们俩还不及现在的十分之一大，小鲁用胆怯的眼神望着两个新战友，两个小战友也用好奇的眼神打量着自己的新战友。后来，居然是待发先打破僵局，它用舌头舔舔自己的新战友，而大海却是好奇中带有一份不屑。

不知不觉，它们已经长大，在军营里三个战友一起度过了漫长的日子，彼此之间也有了更加深刻的感情，大海也从以前对小鲁不屑一顾，改为形影不离。待发，还是喜欢用舌头舔小鲁的手。记得在一次爆破任务中，就是待发用它的舌头，舔灭了导火索，拯救了小鲁的性命，

> 对于过去的事情进行合理的想象，符合警犬和训练员的人物身份。

小鲁这一生都不会忘记这位舍身救自己的战友。大海现在死死咬住行李，它具有惊人的咬合力，如果没有这惊人的咬合力，也许小鲁会一直被压在那棵树下，永远也回不来了。

想起这些，小鲁的眼眶更加湿润了，现在他怎么抛得下这两位过命的战友呢？然而服从命令，是军人的天职，小鲁用手摸摸大海，又去捋捋待发的毛，哽咽着说不出半句话来。

最终，军车开走了，只留下小鲁的哭声，还有待发和大海响彻军营的呜呜声。

哭声和呜呜声，表达了他们彼此之间的不舍和深厚的情谊。

**看点解读**

**1.合理想象出故事** 作者想象了他们相识的情景，想象了他们在军旅生涯中共患难的情景，尤其是待发和大海对小鲁舍身相救的情节，虽语言不多，却非常符合当时的情境，淋漓尽致地展现了他们之间的深厚情谊。

**2.朴实中显真情** 文中没有华丽的辞藻，也没有过多的修饰，只有真切的描述，如“大海也从以前对小鲁不屑一顾，改为形影不离”“然而服从命令，是军人的天职，小鲁用手摸摸大海，又去捋捋待发的毛，哽咽着说不出半句话来”“最终，军车开走了，只留下小鲁的哭声，还有待发和大海响彻军营的呜呜声”，等等，平凡、朴实的语言中尽显彼此之间的深情厚谊。

**满分思路**

**开头：** 直入情境，把读者带入故事之中。

**中间：** 描述小鲁从怕狗，到与警犬成为亲密战友，建立深厚情谊，再到分别的过程。

1.从小怕狗的小鲁进入军营后，却成了一名警犬训练员。

2.第一次见面，小鲁胆怯，待发和大海好奇，尤其是大海，还有一丝不屑。

3.描写小鲁、待发、大海之间发生的事情，表明他们的感情越来越深厚。

**结尾：** 以小鲁的哭声和待发、大海的呜呜声作结，让人动情。

# 别痛

嵊州考生

人相处久了，便有了感情，动物也一样，万物都曾在情海中痛不欲生，那滋味，犹如打翻了百味瓶，不知是酸，是甜，是苦，是辣……

——题记

题记精美，点明主旨，统领全文，意蕴深厚。

“待发”和“大海”，是小鲁从军以来第一次带的战友。因为小鲁时刻都在等待着出发去为帮百姓排忧解难，所以将一只警犬命名为“待发”。小鲁和另一只警犬的第一次相见是在海边，他望着它那水灵灵的眼睛，为它取名为“大海”。小鲁对它们向来严格，从不马虎，因此他的训练成绩，也是全连第一。

介绍小鲁、待发和大海的相识，以及它们名字的由来。

而今天早晨，小鲁却一改常态，没有训练，而是坐在训练场的草地上，用手轻柔地抚摸着大海和待发的毛发，眼眶中还闪着泪花。大海用舌头舔着小鲁的手，似乎发现了端倪，小鲁试着安慰大海。而毫不知情的待发还在撒娇，在小鲁前面滚来滚去，期待能有一口奖励。

一反常态的情节，暗示不平凡的故事要发生。

小鲁边抚摸，边小声念叨着：“大海，待发，你们陪伴着我度过了三年军营生活，以后一定要听话。大海，你别偷懒；待发，你不要太贪吃，瞧你吃东西那样子，简直就是饿死鬼投胎……”忽然，小鲁和待发不再动来动去，而是都趴在了小鲁的胸口，小鲁紧紧抱着它们。大海、待发、小鲁，三个情同父子的亲密战友，就这样整整待了一天。

考生运用语言、动作等细节描写，强化了故事情境。

傍晚，小鲁强忍泪水，把大海、待发关在犬舍。他拿起行李，打算独自离开，因为当面的离别，会给两位亲密的战友带来痛苦，他不忍，只能选择默默离开。在他正要上车时，行李被扯住了。他转身，看着它俩，大声呵斥道：“回去……走！”

车开走了，下雨了，大海和待发一直坐在雨中不动，雨水淋湿了它们的毛。而车里，泪水淋湿了小鲁的心。

抒情，点明离别之痛。

**看点解读**

**1.注重细节** 作者善于以细腻的细节描写来表情达意，如“用手轻柔地抚摸着大海和待发的毛发，眼眶中还闪着泪花”“大海和待发不再动来动去，而是都趴在了小鲁的胸口，小鲁紧紧抱着它们”“大海、待发、小鲁，三个情同父子的亲密战友，就这样整整待了一天”“雨水淋湿了它们的毛。而车里，泪水淋湿了小鲁的心”，等等，生动地表现了他们之间的深厚感情。

**2.结构严谨** 本文先以题记来概括全文，使阅卷老师能快速地把握主题；开头先描写小鲁给它们取名的情景；接下来详述离别的谈话，让人动容；最后描写傍晚离别前的一幕，直击人心，让读者感同身受。本文想象合理，条理清楚，结构严谨。

**满分思路**

**开头：** 交代小鲁给待发、大海起名的情景，概述他们平时的训练状态。

**中间：** 详细描写离别前小鲁和待发、大海相处的情景。
- 1. 描写白天小鲁和待发、大海相互依偎、依依惜别的场景。
- 2.描写傍晚小鲁准备默默离开，而待发和大海突然出现的场景。

**结尾：** 抒情作结，突出情谊。

## 小考真题

母亲的每一次叮嘱，都会绽放心中的花朵，这些花朵是最舒适的温暖。父亲每一回的关心，都会荡起心中的潮水，这些潮水是最感动的温暖。老师的每一次鼓励，都会激起心中的自信，这些自信是最难忘的温暖。同学每一次的帮助，都会溢出心中的友谊，这些友谊是最纯真的温暖……

回望这些往事，回忆这些温暖，记录生活中的美丽。

请以“温暖的记忆”为题目，写一篇文章。

要求：①文体不限，诗歌除外；②不少于450字；③有真情实感，不得抄袭。

——2016年吉林通化卷

## 审题指导

“温暖的记忆”这个题目写作范围很广，极具生活气息，使每个人都有话可说，比较适合学生写作。这个题目几乎没有审题障碍，从题目上看，这篇文章包含两个关键词：温暖、记忆，这就意味着写作时要明确这些让你温暖的“事”是过去发生的，并要以“我”为叙述主体，回忆让自己感到温暖的事。要写好这篇作文，必须有真情实感。考生应该以现实生活中的生活片段和感触为依托，真诚地体会他人和世界给予的温暖，刻画自己在这段经历中的思想情感。有了这种情感为依托，这“温暖”的“回忆”就不仅能使你感到温暖，也能让读者感到温暖。

## 立意图解

| 立意 | 解说 |
| --- | --- |
| 写家庭中的温暖 | 回忆父母给予自己的照顾，记录亲情的温暖。 |
| 写师生间的温暖 | 回忆老师给予自己的关怀，记录师生之间温暖的情谊。 |
| 写学习中的温暖 | 阅读是美丽的，回忆自己的阅读历程，也是一种温暖。 |
| 写同学间的温暖 | 在小学六年里，和同学朝夕相处，互相帮助，回忆这些事情，重温昔日的温暖。 |
| 写社会上的温暖 | 灾难来临，举国震惊。一方有难，八方支援。记录那些无私帮助灾区人民的事例，让这些温暖的记忆永远藏在心底。 |

## 欣赏点作文

# 温暖的记忆

通化考生

人生的路上总会有一些事、一些话、一些人让你感到温暖。这些人与事，即使经过时间的消磨，依旧会在你的记忆深处长存，温暖你的心灵。

> 开篇点题，明确文章主题，引出下文。

那是一个下雨天，我正在站台上等公交车。当时雨下得很大，站台上的人差不多都上车走了，只有我和一对老夫妇还在等车。老爷爷撑着一把大伞，瘦小的身体和黑色的大伞成了鲜明的对比，显得身子很单薄。我以为他们也是等车的，也没有特别关注他们。

> 简笔勾画人物，语言简练。

渐渐地，腿站酸了，我把座椅上的水擦干准备坐一会儿。我眼睛随意一瞥，又看到了那对老夫妇。这时，我发现老奶奶正一手提着垃圾袋，一手拿着一把小刀，正在护栏上刮着什么。“真没道德，随便破坏公物！”我心想。我慢慢靠近他们想看个究竟，却发现老奶奶并不是在破坏公物，而是在刮别人贴的广告纸。“老奶奶，你这是在干什么啊？”“我在刮广告纸呀！”老奶奶笑着说。老奶奶说她家住在这附近，他们也经常向环卫部门反映要把广告纸刮刮，虽说有关部门答应要派人来，却总是看不到人。他们实在看不下去了，于是有空就来刮。

> 细节描写具体、生动。

> **新新好句·责任**
>
> 责任像蜗牛的壳，背着觉得很重，没有就会死。
>
> 责任不是虚拟语气，也不是未来时，而是现在进行时。

我突然一震，心中瞬间充满了暖暖的正能量。多好的人啊，如果社会上每个人都能这样做，我们的环境不就会越来越好了吗？看看时间还早，我也加入了他们的行动。

> 写“我”由内心感动到付诸行动，表明正能量会传递下去。

现在，每当我看到公交站点上的小广告，就会想起那天的老爷爷和老奶奶。于是，我会利用等车的空闲去清理一下小广告。虽然有时候会错过班车，但心里却是暖暖的！

> 结尾照应标题，表明主旨。

### 看点解读

**1.布局合理，层次清晰**　文章采用总分总的结构模式，开篇承接标题，明确主题。中间部分详细描述“我”在站台偶遇老爷爷、老奶奶的事件，重点突出“我”由此得到的感动。结尾处再一次点明主题，指出自己也投身到这项活动中，不仅照应了前文，而且主旨得到了升华。整篇文章结构条理清晰，没有任何凌乱的感觉。

**2.内容具体，中心突出** 文章在描述站台偶遇一事上，不仅对人物外貌进行了简单的勾勒，而且对“我”的心理也精心地进行了刻画。同时，在叙述过程中，恰当地进行了抒情，使文章的情感得到了渲染。整篇文章叙述、描写、抒情相结合，使文章内容丰富具体，中心突出。

## 满分思路

**开头：** 紧扣标题，点明主题——这些人与事，即使经过时间的消磨，依旧会在你的记忆深处长存，温暖你的心灵。

**中间：** “我”在公交站台上偶遇两位老人义务清理小广告，从而由感动到付诸行动。

1. “我”在站台偶遇老爷爷、老奶奶。
2. “我”先对他们产生了误解，后来发现真相。
3. “我”被他们感动，并加入到他们的行列中。

**结尾：** 首尾呼应，紧扣主题——心里暖暖的。

## 小考真题

题目：同学们，泪水，是感情的流露，或喜悦，或悲伤，或懊悔，每一次流泪都会有一段难忘的经历，都会在情感深处留下深深的印迹。泪水是成长的记录，每一颗晶莹的泪珠都折射着你走过的历程，回首往事，有泪水相伴的时刻一定终生难忘。请以“泪水”为话题，写一篇作文。

——2012年浙江温州卷

## 审题指导

这是一个话题作文，可以写的内容很多，但我们要在命题上多下点儿功夫，选择一个好的角度来写，这样才能写出新意，从而得到阅卷老师的青睐。首先我们要想一想：人在哪些情况下会流泪？是喜极而泣，还是悲伤哭泣？是悔恨之泪，还是幸福之泪……这样就能轻松找到写作的源头活水。当然，在写作的时候，还要恰当地运用一些写作方法，比如细节描写，细致地刻画人的动作、神态、语言、心理活动，这样才能使文章出彩。

## 立意图解

| 立意 | 解说 |
| --- | --- |
| 喜悦的泪水 | 懂得只有付出，才会有收获，阳光总在风雨后。 |
| 伤心的泪水 | 让“我”体会到痛苦的滋味，失去才知道珍惜。 |
| 悔恨的泪水 | 让“我”明白骄傲自满总会失败的道理。 |
| 幸福的泪水 | 让“我”懂得了亲情的可贵，领略到幸福的滋味。 |

## 欣赏点作文

### 喜悦的泪水

温州考生

我是一个内向的孩子，这些年不知流了多少泪水，有激动的、喜悦的，也有伤心断肠的，总是“涕泪满衣裳”。在泪水中，我吸取了教训；在泪水中，我渐渐成长；在泪水中，我走向成功。

> 开头点明主题——在泪水中走向成功。

我的学习成绩很好，每次测验在班里都是名列前茅。可是我有一个致命的弱点——胆小。我从来都不敢一个人睡觉，从来不敢主动和同学说话。上课时，我没有举过一次手；下课了，也只是躲到角落里，拨动着手中的弹珠……老师常常鼓励我，让我大胆一些，可我总是没有勇气。

> 作者可真是胆小，上课举手也不敢，这可不是男子汉。

> **新新好词·胆小**
> 胆怯　胆寒　畏缩　畏惧
> 怯弱　怯懦　羞涩　羞怯
> 怯场　怯阵　懦弱　软弱
> 柔弱　脆弱

有一天，老师让我们自己来朗读作文，她扫视了一下整个班级，没有人举手。我的作文得了优，我很想起来朗读，可那手就像有千斤重，怎么也举不起来。教室里安静极了，老师把目光落到了我身上，那是一种期待，一种希望。我的脸不由得涨得通红，头也低了下去，手指不停地转动着，脚尖也在地上久久地摩擦着，时间一分一秒地过去了。我的心里有两种声音。一种声音告诉我：去，别当胆小鬼，你是男子汉，你并不比别人差！另一种声音告诉我：别去，如果读不好，多丢人啊！

> 动作、心理活动写得真细致，可以看出“我”在进行激烈的思想斗争。

许久，我慢慢地抬起头来，看见老师和同学目不转睛地望着我，那眼神仿佛在说：“站起来，不要怕，我们相信你能行的，站起来！”顿时，一股神奇的力量激励着我，我用手撑着桌子，脚慢慢伸直了，勇敢地站了起来！全班立即响起了阵阵掌声。我挪开了凳子，手中拿着作文，摇摇晃晃地走向讲台。我开始朗读了，尽管我的声音小得几乎只有老师能听见，但同学和老师听得是那样津津有味……读完了，全班又响起了一阵雷鸣般的掌声，为我的勇气而鼓掌，为我战胜了自己而鼓掌！

那一刻，我哭了，两行热泪从脸颊上滑落。我想，这就是喜悦的眼泪吧……

“目不转睛”，写出老师和同学的鼓励。

“摇摇晃晃”写出了第一次上台朗读的胆怯。

同学们的掌声让“我”体会到了成功的喜悦。

点明主题——在喜悦的泪水中走向成功。

**看点解读**

**1.思想变化，细致刻画** 作者以思想变化为主线，细致地刻画了自己的心理活动。文章在开头叙述了自己是一个内向的孩子；接着面对老师期待的目光，写出了自己激烈的思想斗争；最后写出了在老师和同学的鼓励下，自己战胜了胆怯，勇敢地站起来朗读自己的作文。思想变化的各个阶段连贯非常自然，对照非常清楚，是一篇优秀之作。

**2.感情真挚，自然流露** 作者从战胜胆怯，勇敢站起来朗读这件事中体会到了成功的喜悦，这种喜悦作者虽然着墨不多，但我们却能真实地体会到那种喜极而泣的情景，喜悦之情在自然而然中流露，这都是因为作者前面的叙述起到了很好的铺垫作用，就像剥笋一样，感情的变化在一层一层中透露出来，文章要表达的中心也就水到渠成了。

## 满分思路

**开头：**点出关键词“泪水”，引出下文。

**中间：**具体写“我”流下喜悦的泪水的经过。
- 1.“我”性格内向，不敢举手发言。
- 2.老师希望“我”朗读作文，“我”的思想斗争很激烈。
- 3.在老师和同学的鼓励下，“我”终于朗读了作文，获得了掌声。

**结尾：**“我”流下了喜悦的泪水，点题。

# 欣赏点 17：各地美景
# 突显各地景物的特点和风情

## 小考真题

根据下面的提示与要求作文。

“给我金色的童年／画出碧海和蓝天／太阳公公，月亮姐姐／我们笑得那么甜／给我金色的童年／让我快乐每一天／一篇一页，一滴一点／都是幸福的纪念／……”一曲欢快的《金色童年》是否激起了你对童年生活的回味？是的，童年，一生中一段最美妙的时光，也是一个人一生回味不尽的美好阶段。刚刚走过童年的我们，对这段美妙的时光会有更深刻的记忆。

请结合自身经历及感悟，以“童年的________”为题，写一篇作文。

要求：①不少于500字；②文中不要透露考生的真实信息。

——2017年河南淮阳卷

## 审题指导

“童年的________”这个题目着重引导考生写熟悉的生活、表达真情实感，契合小学毕业生的认知水平和认知特点，有利于考生发挥自己的特长，写出富有个性的作文来。

### 一、审题立意

**1. 以表现“自我”为主**

题目里虽然没有出现“我”字，但“我”字已经隐含其中，考生所写的事件的主要人物就是“我”。也就是说，这个题目一定要写“我”童年的经历与感悟，千万不能虚构或写成想象作文。

**2. 尽量拓宽写作的选材范围**

考生不必深究童年的概念和严格的时间界定，写作时间范围可以定在整个小学阶段。地点上，不论是在家里、学校里还是其他场所都可以。可以写充满童真、童趣的童年故事；可以写童年的物件，借以抒发某种情感；可以写童年熟悉的人物等。

**3. 内容具体，线索明确**

一般，一篇作文中写好一件事就行了。切忌在一篇作文中列举出童年的很多故事梗概，但一件具体的事也没有。这样写作看似面面俱到，其实空洞无物。文章还可以设定一定的线索，围绕线索多方面选取材料，表达主题。

## 二、写作提示

作为一篇写人、记事或写事物的作文，应该做好以下几个方面：

**1. 开头要点题**

就是用简洁、生动的语言交代童年时代经历了许多事、见识了许多人，而现在要写哪一件事、回忆哪一个人。

**2. 要素要齐全**

点题之后，接下来就要交代故事发生的时间、地点、主要人物等记叙要素，同时点明事件发生的关键性原因；然后叙述事件的发展过程，这是文章的主体部分，应写出层次性和事件的波澜，突出事件的意义；最后交代事件的结果。

**3. 条理要清晰**

记叙的顺序有顺叙、倒叙和插叙三种，可以根据表达的需要进行选择；还可以运用设置悬念、对比衬托等手法让情节更曲折一些。

**4. 重点要详写**

要写清事件的重要情节和场面，抓住人物的语言、动作、表情、心理等细节，进行详细刻画，增加文章的“看点”。切忌通篇叙述，没有任何细节描写的成分。

**5. 结尾要抒情、议论**

在叙述性文章的结尾，一般会用抒情、议论性的语言点明事件的意义，说明从中获得的感受或者得到的启发等，这样能起到升华文章主题的作用。

## 立意图解

| 立意 | 解说 |
| --- | --- |
| 分享故事，表现童趣 | 叙述童年的故事，侧重于表现童真、童趣等主题，收到让读者哈哈大笑的效果。比如下面的片段，就让人觉得十分可笑：小时候，我画了一条龙，得意地拿给妈妈看。妈妈惊呼让老爸来看，“孩子画了一条蛇，多像啊！”老爸凑上来，淡淡地说：“一点儿眼光也没有，这分明是一条蚯蚓嘛！”我晕！ |

续表

| 立意 | 解说 |
|---|---|
| 回忆往事，表达真情 | 在我们经历的事中，很多能反映父母亲情、纯真友情及真挚的师生情等主题。叙述这样的往事，即可表达真情。比如，回忆上五年级的那个寒假，“我”和班上的几个小伙伴到班主任曹老师家里去玩，中午老师留“我们”几个吃饭，并且教“我们”包饺子。看着“我们”包出的各种奇形怪状的饺子，老师不但没有生气，反而鼓励“我们”为亲手包出的饺子起名字，什么“大元宝”“小飞机”“铁蛋子”啦，可好玩啦！曹老师真好，她像妈妈一样。这样的事就能反映真挚的师生情。 |
| 寄情于物，托物言志 | 以童年时期一件有意义的物件为线索，叙述生活故事，可以表达感情或表现人物。比如，写一辆小童车，交代它是父亲坚决戒掉烟瘾，省下钱为“我”购买的，这就能表现一个父亲对子女的关爱之情。 |
| 刻画人物，展示个性 | 着重回忆童年交往的一个人物，通过具体的事件表现其精神品质或通过外貌、语言、动作、心理等描写手法表现其个性特点，也是一个很好的思路。除了现在身边的人之外，曾经的同桌或者车站偶遇的一个乞讨者等，都可以作为写作的对象。 |

## 欣赏点作文

### 童年的秋天

淮阳考生

春夏秋冬，每个人都有自己喜爱的季节，童年的我最喜爱的就是秋天。

> 以简洁的语言点题。

秋天，秋高气爽，硕果累累。因此，我最爱秋天。

> 总写秋天特点，交代喜欢秋天的原因。

我爱秋天，我爱秋天的田野。田野里棒槌般大的玉米棒子迫不及待地扯去了包裹在头上的面纱，露出了金灿灿的牙齿，好像在向人们炫耀呢。田里的大豆，不禁让我想起了儿时曾无数次猜过的谜语：一棵树不太高，上面挂的尽小刀。我轻轻地触碰熟透的豆荚，珍珠似的豆粒便撒落下来。那边地里的棉花，开出了一朵一朵雪白的“花朵”，直让人想到“忽如一夜春风来，千树万树梨花开”的诗句。

> 具体写秋天的田野。运用比喻、引用、拟人等修辞，描写形象生动，富有表现力。

花生是田野里最为谦虚的主儿了，从她们的茎叶看分明是为丰收铆足了劲儿。可你要不主动跟她们接近，你还真不能发现白胖的花生果是她们积蓄了一季的能量呢。

我爱秋天，我爱秋天的菜园。秋季的菜园里，各种蔬菜成熟了。冬瓜披上了白纱，一个个跟比赛似的，鼓起了圆圆的大肚子。瓜秧此时也不再为他们遮掩什么了。可爱的朝天椒，大老远就能让人们看到她泼辣的性格。个个通红的小辣椒一律指向天空，敢情是要和上天一比高下哩。萝卜、白菜们正水灵灵地生长着，她们要为越冬做准备吧。

> 再写秋天的菜园。运用拟人的修辞，既写出了景物的特征，也表达了内心的喜爱。

我爱秋天，我爱秋天的果园。来到秋季的果园，仿佛置身于人间仙境。红彤彤的苹果、青黄色的秋梨、黄澄澄的柿子，挂满了枝头，让不嘴馋的人也会垂涎欲滴。一阵秋风吹来，果实们害了羞，在枝叶间摇曳躲藏，仿佛一不小心就会从枝头坠落下来呢。

> 最后写秋天的果园。“人间仙境”一词既概括了果园的景色特点，也引人遐想，让人向往。

秋天是成熟的季节，秋天的美并不空洞。

> 总结概括秋天的特点。

童年，我最爱秋天。

> 篇末点题。

**看点解读**

**1.构思新颖，内容丰富** 在“童年”这个话题之下，作者选择了写眼中的秋天，这个构思角度比较新颖，不容易“撞车”。本文着重写了秋天的田野、秋天的菜园、秋天的果园等景象，大量的景物描写丰富了文章的内容。

**2.善用修辞，形象生动** 作者用“我爱秋天，我爱秋天的……”为段首句，使第三至五段构成排比段，具体表明了“我”喜爱秋天的原因；每个段落中又运用拟人、比喻等修辞，形象生动地描绘了各类景物，增加了文章的“看点”。

## 满分思路

**开头：**开篇点题，交代“我”喜爱秋天的原因。

**中间：**具体展现秋天的景色，表明“我”喜爱秋天的原因。
- 1.描绘秋天田野的景象。
- 2.描绘秋天菜园的景象。
- 3.描绘秋天果园的景象。

**结尾：**高度概括秋天的特征，点题抒情。

## 小考真题

题目：花朵美丽芬芳是一种鲜艳的美，大树直插云霄是一种茁壮的美，鸟儿翱翔在天是一种自由的美，鸟巢新颖独特是一种创新的美，“神七”太空漫步是一种科技的美，人们互帮互助、和谐交融是一种内心的美。世上有各种各样的美，美就在身边！

在我们的生活中处处有美景。只需细细留心，每一个细微之处都有一幅崭新的画卷。结合上面一段话，以“记________”为题，选择一处你印象最深的美景写一写。字数：不少于400字。

——2014年山东济南卷

## 审题指导

半命题的作文，可写的内容有很多。例如：百花齐放的春天、绿树成荫的夏天、果实累累的秋天、白雪皑皑的冬天，还有许多我们没有见过的景色，用自己的眼睛去发现吧！

**1.景物描写要有顺序**

在作文中，我们观察和描写景物时，按照一定的顺序来写，写出的文章才会条理清楚、层次分明。景物描写的顺序一般分为空间顺序和时间顺序两种。例如：写家乡的一条小河，就可以按照时间顺序写作，可以记录这条河在不同的时间里景物的变化，表现出河流的丰富多彩，使人产生美的感受。

**2.有点有面**

所谓“点”，即“特写镜头”；所谓“面”，是指场面的全貌。可以抓住一点进行细节描写，如：树林中的小鸟、小河里的鱼儿、花园里的蝴蝶……例如写花朵，就抓住花瓣的无瑕和颜色等特点表达出自己对花朵的喜爱之情。

**3.抓住景物的特征**

抓住景物特点，是写好这类文章的前提。而能否抓住景物的特点，关键在于作者是否细心观察，并将观察所得铭记于心。正所谓“静观默察，烂熟于心”。因此，在观察中，要善于抓住不同季节、不同时间、不同地区中景物呈现出的颜色、形态、声响、气味等方面特有的变化，善于通过眼、耳、鼻、舌等感官去观察、体会。

## 立意图解

| 立意 | 解说 |
|---|---|
| 记大海 | 写大海的美丽浩瀚。 |
| 记高山 | 写高山的巍峨神秘。 |
| 记公园 | 写公园的美景和游园的无限乐趣。 |
| 记亭台楼阁 | 写它的美景如何让自己流连忘返。 |
| 记小溪 | 写小溪的曲折蜿蜒、幽深迷人。 |
| 记村庄 | 写细雨笼罩的古老村庄散发的乡愁。 |
| 记校园 | 写校园的生机勃勃和对校园的留恋。 |

## 欣赏点作文

### 记荷花池

济南考生

很多人都喜欢香气扑鼻的玫瑰，也有人喜欢国色天香的牡丹，而我却偏偏喜欢那出淤泥而不染的荷花。

荷花生在淤泥中，长在风雨里，却茁壮地成长，开出了美丽的花朵。

荷花池的水面十分平静，偶尔也飞来两只红色的蜻蜓。圆圆的荷叶、粉色的荷花，远远望去，淡雅、古典，就像是画家挥毫泼墨画出的一幅画作。荷花虽然没有醉人的香味，但却给人一种清新的感觉，让人沉醉其中。荷花池旁边有垂钓的人，有玩耍嬉戏的儿童。

而荷叶，也是美丽得无与伦比。小水珠落在荷叶上，就像是晶莹的珍珠，俏皮地滚动着。孩子们折一片荷叶戴在头上遮挡阳光，给荷叶蒙上了可爱的童趣。

垂钓的人们戴着竹帽，坐在小板凳上，安静地等待鱼儿上钩。小孩子们跑来跑去，不时蹲下来望望池里的小金鱼。而小金鱼也有一下没一下地亲吻荷花纤细修长的茎。总之这荷花池里有无限的乐趣，看不完、赏不尽。

引用“出淤泥而不染”，写出荷花的与众不同。

**新新好词·荷花**

千姿百态 亭亭玉立
争艳竞俏 婀娜多姿
风姿妩媚 玉洁冰清

形象地写出了荷花的美。

荷花出淤泥而不染，荷花不骄傲的性格，荷花的古典淡雅，荷花的美丽，还有荷花池中无限的乐趣，让我怎么舍得离开这仙地呢？

> 问句作为结束语，强化了作者的感情。

**看点解读**

**1.点面结合，完美统一** 对任何事物必须观察透彻，方能下笔。蜻蜓、荷花、荷叶、水珠、小鱼，一个个景物出现在读者面前，错落有致，形成一幅完整、美丽的荷花池景图。对于每一个景物，作者独具匠心地进行了描绘和渲染，动态的、静态的景致栩栩如生，“总之这荷花池里有无限的乐趣，看不完、赏不尽”。

**2.语言优美，善用整句** 第一段通过三个分句进行对比，“玫瑰”和“牡丹”人人喜爱，可是“我”偏偏喜欢“出淤泥而不染”的荷花，直接点明自己的立场。接着写了荷花的美，又写了荷花池的美丽景色，也多用整句，给读者身临其境的感觉。

**满分思路**

**开头：** 通过对比，引出描写对象。

**中间：** 具体描绘荷花池的美景。
- 1.描写荷花池的水面以及池边的人。
- 2.描写美丽的荷叶。
- 3.描写垂钓的人、玩耍的孩子以及池中的金鱼。

**结尾：** 表达对荷花池的喜爱之情，照应开头。

## 记家乡的河

济南考生

提起家乡的那条河，心里总是泛起一丝想念。

河很美，每个季节都有不同的景色。

春天，这里一派生机勃勃的景色。河边的杨柳，辫子随风飘动，像在风中翩翩起舞的长发公主。

夏天，河里有浮起的片片“小岛”，其实这是一大片一大片的青草。这“小岛”还会玩漂移呢。中午，小岛在南岸的浅水边；下午，小岛又到了北岸的石头旁。仿佛这条河是属于它的，它想去哪儿就去哪儿。

> 简洁明了，既点明对家乡的河的想念，又点明描写的顺序。

> **新新好词·河**
> 涓涓细流　奔腾不息
> 一泻千里　万江奔腾

“夏天，这条河里的鱼真多呀！”这是一个路人发出的赞叹。的确，这里的鱼很多。对渔民们来说，捕鱼在这个季节是必不可少的事。如果你有幸得到渔民们免费给你的鱼食，往河里面扔一些，准会有一大群鱼你拥我挤地争抢，非常壮观。

> 路人的赞叹，侧面表现夏天的河的特点。

秋天，杨柳的叶子纷纷落下，落在河面上，许多鱼儿就在这些叶子下面游来游去。这时候，小鱼显得比以前更活泼、灵活。我想，如果小鱼也能笑出声的话，那这条河应该沸腾了吧！

> **新新好句·河**
>
> 一条静静流淌的河流穿过绿茵，水中的晶石在皎洁的月光下闪耀着迷离的光晕。河边，蟋蟀唱起悠悠的夜曲，远如幻、近如梦。

冬天，天空飘起了白色的雪花，又白又亮，落在杨柳身上，成了一件白棉袄；落在河里，仿佛能听到雪花落水的叮咚声。大雪过后，河面上虽然结了冰，但并不是死气沉沉的，而是一片热闹的景象。这时就有人在河边挖冰碴子，一些人开始在河面上打洞。因为鱼都被冰封在河里了，打出一个洞，就会有鱼跃出水面。

> “虽然……但……”为下面的描写作铺垫。

啊！多美的河呀！多么充满诗情画意的河呀！

> 感叹句很好地表达了自己的感情。

## 看点解读

**1.顺序写景，引人入胜** 人们观赏景物都有一定的规律，描写时也应该“顺其自然”。本文按春、夏、秋、冬的顺序写了家乡的河的美景，让人对此美景浮想联翩。

**2.选择美景，细致描绘** 写景时应有所取舍，抓住最能代表彼时彼地特征的景物加以描写，其他的景色则略写或不写。例如本文春天写杨柳，夏天写鱼儿争抢鱼食，秋天写鱼儿无忧无虑玩乐，冬天写冰封的河流美景。也就是说，对身边事物总保持一种新鲜感：别人未看到的，自己要能看到；别人不太清楚的，自己要观察得很仔细；同一个事物，每次观察都要有新发现。

## 满分思路

**开头**：表达对家乡的河的情感，点题。

**中间**：描写一年四季中家乡的河的美景。
- 1.春天，一派生机勃勃。
- 2.夏天，河中浮起片片“小岛”，河中游鱼众多。
- 3.秋天，落叶飘落河面，鱼儿自由嬉戏。
- 4.冬天，河面结冰，一片热闹景象。

**结尾**：直抒胸臆，再次点题。

## 小考真题

幸福，一个再寻常不过的字眼，却在不同人眼中有不同的诠释。有人说，幸福就是拥有自己喜欢的东西；有人说，幸福就是为别人带去快乐和欢笑；有人说，幸福就是走进自然倾听最原始的呼唤……

亲爱的同学，在你的眼中，在你的心里，幸福是什么呢？请以“幸福”为话题，写一篇600字左右的作文。注意写出真情实感。题目自拟。

——2013年福建福州卷

## 审题指导

这是一个思路很宽泛的话题作文。对于幸福，学生一定有很多感悟：也许是自己生病时父母默默的陪伴，也许是与伙伴们度过的无忧无虑的时光，也许是今昔对比周围发生的可喜的变化，也许就是简单的赏朝霞、看夕阳。可以面面俱到地谈幸福多方面的含义，也可以抓住一点谈自己对幸福的感受。但无论怎样，都应注意有详有略，详略得当，感情要真挚。

## 立意图解

| 立意 | 解说 |
|---|---|
| 老师带给自己的幸福 | 如遭遇挫折时老师的鼓励，遇到困难时老师的帮助，等等。 |
| 父母等亲人给予自己的幸福 | 如平时父母默默无闻的付出，生病时父母无私的悉心照料，或者其他亲人带给自己的关怀和感动。 |
| 同学带给自己的幸福 | 如同学间的团结、理解、宽容、关爱等。 |
| 周围的可喜变化带给自己的幸福 | 如生活条件的提高，人们精神和文化层面的提高，等等。 |
| 大自然带给自己的幸福 | 如祖国的壮丽河山、家乡的怡人风景等。 |

## 欣赏点作文

# 在那桃花盛开的地方

福州考生

“在那桃花盛开的地方，有我可爱的家乡……”，每当听到这熟悉的旋律，我便会想到美丽富饶的家乡——肥城，心中那份自豪感也会油然而生。

> 以耳熟能详的旋律引出可爱的家乡以及对家乡的油然而生的热爱之情和自豪感。

坐落于万亩桃园的环抱中，掩映于桃林秀色中的肥城，不仅风光秀丽、景色宜人，而且这几年在经济、文化等各方面都发生了翻天覆地的变化！

> 确定写作重点，即家乡“在经济文化等各方面都发生了翻天覆地的变化”。

先从衣食住行说起吧！

俗话说“人靠衣裳马靠鞍”，这话可真是不假。现在走在人潮汹涌、热闹非凡的大街上，抬眼望去，人们的穿着早已不再样式单一、色彩单调，哪一个不是求新款，讲时尚，穿得越来越漂亮呢！

> 用俗语、成语和对比展现人们穿着的变化。

过去，人们吃的是粗茶淡饭，为的是充饥饱腹；如今，人们吃的是精细新鲜，为的是健康营养。鸡鸭鱼肉是家常便饭，海鲜鲍鱼才是格调品位。

> 对偶和对比的句子，读之朗朗上口。

说起“住”来，那就更是滔滔不绝了。以前，人们居住的是低矮简陋的平房；如今，一幢幢造型别致的住宅楼拔地而起，就连很多农村人都搬进了宽敞明亮、装饰讲究的楼房。

> 描绘一幅已得“广厦千万间”的宏伟画面。

至于出行，那可就更方便了。火车、汽车、轿车、摩托车应有尽有，海、陆、空三线任你选择，无论人与人的距离有多么遥远，选择适宜的交通工具保管让大家变得天涯咫尺！

> 从交通工具的变化看人们出行的便利无阻。

如今家乡人在享受优越的物质生活的同时，文体生活也变得丰富多彩起来。

> 过渡句既承接了上文经济层面的物质生活，更引起了下文——文体生活。

清晨，太阳还没有升起的时候，龙山公园就已经挤满了晨练的人们。他们有的跑步，有的打拳，有的跳舞，有的舞剑，有的打球，有的扭秧歌，个个都忙得热火朝天。夜幕降临，人们纷纷走出家门，来到华灯初上、霓虹闪烁的广场上。五颜六色的灯光下，彩色喷泉随着音乐的节奏，时而安静地挥洒涓涓细流，时而猛烈地直冲云天，时而轻柔如天女

> 几个“有的”写出了晨练人们的不同活动，形成排比句，对应了过渡句中“丰富多彩”一词。

散花，真可谓形态万千，引人入胜。广场中央，歌声荡漾，舞曲悠扬，一队队古稀老人随着欢快的音乐翩翩起舞。看，他们那娴熟的舞步、轻盈的体态、灿烂的笑容、矍铄的精神，真的像返老还童了。

灯海人潮，欢声笑语中，我的耳边又响起了那熟悉的旋律——“在那桃花盛开的地方……”

以歌曲结尾，首尾呼应。

**看点解读**

**1.重视略写，语言求精**　“红花还需绿叶衬”，写作中不可轻视略写。如小作者在写“衣食住行”四方面时，语言虽然简短，却精益求精，可谓“增之一字则太多，减之一字则太少”。运用多种修辞，读之朗朗上口，幽默风趣。

**2.细节描写，如临其境**　文中有两个细节令人难忘：一是彩色喷泉的多彩多姿，运用了排比、比喻的修辞，十分恰当；二是老年舞者的风采如在眼前，用恰当的词语、排比的句式表现了他们的舞步、体态、笑容和精神。

## 满分思路

**开头：** 歌词开篇，表达对家乡的情感。

**中间：** 具体写家乡经济、文化等方面的变化。
- 1.家乡人衣食住行方面发生了翻天覆地的变化。
- 2.家乡人的文体生活也变得丰富多彩起来。

**结尾：** 再引歌词，呼应开头。

# 欣赏点 18：自然风光

# 写出景物给你带来的乐趣和遐想

## 小考真题

题目：享受________

提示与要求：生活中，有很多让我们享受的事情，比如：读一本心仪的书，品一道独特的美食，无拘无束地游玩，享受朋友、亲人的关爱，或享受成功的喜悦，品尝劳动的艰辛……对你来说，什么最享受？请你选择一个方面，把题目补充完整，写写你独特的感受。要求内容真实，感情真挚，表达完整。作文中不要出现你和同学、老师的真实姓名，以及学校、班级名。不少于 450 字。

——2017年江苏海门卷

## 审题指导

这是一道半命题作文，它兼具限制性和自由性。与相对灵活的话题作文相比，半命题作文有一定的限制。而与相对刻板的命题作文相比，半命题作文充分考虑了考生的情感体验，给予他们更广阔、更自由、更开放的选择空间。

这种限制并不是绑住手脚，这种自由也不是无所顾忌，两者兼而有之，其实就是“戴着枷锁跳舞”。考生要运筹帷幄，努力取得相对的平衡。半命题作文很考验审题、构思及语言表达等方面的能力。

**1.审题目**

“享受”一词，顾名思义，是“享用、受用”的意思，再引申一下的话就是“生命在存活过程中，通过身体器官、思想意识的作用，使生命自身产生愉悦、美好的一种体验与感觉”。文题中的“享受”前置，是作为动词，再与其他词语组合，形成动宾结构的短语。补题时，考生要充分运用求异思维。选词所表现的内容，最好是别人不曾经历过、不曾想到过、不曾书写过，甚或根本遇不到、想不起、写不出的。

**2.审内容**

“提示与要求”中很贴心地提供了多个素材供参考，有物品，有事件，有感受，为考生指明了方向，但考生大可不必拘泥于此。后面的省略号，表示并没有限制必须使用以上素材。半命题作文最忌讳的就是题材撞车，所以最好能跳出提示，打破定势，思维再发散些，联想再独特些。选材越是新颖、鲜活，文章就越能独树一帜，自然越能得到阅卷老师的青睐。

**3.审文体**

小学语文教材中的习作以记叙文为主，再加上少量说明文、议论文。历年来的小考作文几乎清一色是记叙文，概因记叙文更便于绝大多数学生在考场上谋篇布局，展示写作能力和文化素养。而有的考生思维缜密，擅长旁征博引、说理评述，那可以写议论文。每个人擅长的文体不同，唯有扬长避短，才能高唱凯歌。

## 立意图解

| 立意 | 解说 |
| --- | --- |
| 享受物品，挖掘背后内涵 | 读一本书，就是在与作者对话，感受人物特点，体验情节波折，得到知识熏陶……每本书都能带给我们丰富的阅读体验，每一种体验都值得我们享受；品一道美食，北京烤鸭的皮脆肉嫩、重庆火锅的麻辣鲜香、妈妈做的家常菜的美味可口，享受美食带给我们味蕾的刺激，还有其背后的文化传统、人际情感等元素……不管是哪种物品，都应由表及里，客观描述其表象，充分挖掘其内涵。 |
| 享受风景，动用各种感官 | 风雨雷电、鸟兽虫鱼、花草树木，都能给我们带来视觉、听觉乃至嗅觉、味觉、触觉等各种感官的享受。走进乡间田园，漫步城市街道，目之所及、耳所能闻，仔细留心每一个角落。大到遮天蔽日的自然景观，小到偏居一隅的小花小草，不管是它的形态、色彩，还是精神打动了你，将之记录下来，呈于笔端。 |

续表

| 立意 | 解说 |
| --- | --- |
| 享受事件，记录丰富细节 | 一次远足，开阔视野，陶冶情操，增进了同学间的情谊，感受到了大自然的美好；一场游戏，同伴之间互相配合，对手之间你争我夺，身体得到锻炼，智力得到提高；一个课堂，老师循循善诱，学生认真聆听，师生间频繁互动，营造出了和谐融洽的氛围……细节决定成败，记叙事件，务必要抓住语言、动作、心理、神态等细节生动展现。 |

## 欣赏点作文

# 享受阳光

海门考生

太阳神阿波罗驾着太阳车划过天际，带来的温暖裹着尘埃，落入凡间，好一派动人心弦的“和”景。

——题记

> 题记开篇，借助神话故事引入本文主角——阳光。

春阳，蕴藏浓郁的花香，说不清是茉莉的清新，桃花的幽谧，玫瑰的艳丽，还是牡丹的华贵。又似乎，春阳的气味是百花的精华，百花的浓缩，百花的整体。“草长莺飞二月天，拂堤杨柳醉春烟。”待到此季，春阳已悄悄然跃上柳枝，好奇地打量这一抹新绿。叶儿绿了，大概是听到春阳的召唤，怯生生地冒出头来。

> 借助诗句不仅照应春天这个季节，还引出了柳树。

> **佳词丽句**
>
> 那刺穿云块的阳光就像根根金线，纵横交错，把浅灰、蓝灰的云朵缝缀成一幅美丽无比的图案。

夏阳，是繁华喧闹的。太阳的光芒万里迢迢，穿过大气层来到这繁盛之地。怀着平静心泛舟，一挥舟桨，仿佛就去了梦里的江南水乡，能见到杏花烟雨，能听到江南乡语，能嗅到清新水香，仿佛获得了全世界。夏阳遇到雷雨天只好收敛刺眼、灼热的光芒，乖乖地回了家。听着窗外雨声，我翻开手边虚掩的诗卷，品读“忍把浮名，换了浅斟低唱”。我学着纳兰容若为自己斟上一杯茗茶，以茶代酒，撑一把伞，或在乡间，或在月下，或在窗前。诗的美妙，茶的芬芳，流连在唇齿之间，久久难以忘怀。

> “诗卷”“茗茶”这两个中国传统文化的代表联袂出场，营造了浓郁的文化氛围。

“停车坐爱枫林晚，霜叶红于二月花。”漫步于枫林道，秋阳照红了枫叶，似乎有琴音相随，凉风缓缓飘来。鹅卵石路旁，一片动情的花瓣离了枝，轻柔飞舞。可再艳丽的花也抵不上一片小枫叶，何况镀上秋阳光芒的枫叶？琴音传递着赞歌，一曲琴音，一阕清词，夹杂着缕缕幽香。明月西沉，霞光透洒珠帘。独自心念秋阳，独享烟花寂灭的薄凉，不要那燃烧的灿然。

> 红花与枫叶的对比，从侧面反映了作者对秋阳的喜爱。

冬阳格外清洁明净，仿佛过滤掉了人世间所有的尘埃，如一张白纸，又如正值妙龄的少女，纯净得让人不忍心破坏。删去繁复，留下朴实；裁掉冗长，留下素淡。冬阳带来的是朴实无华，简简单单；又给人带来温暖，让皑皑白雪融化，让冷风变得迟缓，变得柔和。享受冬日的暖阳，心牵乡土人情，如果生活就这么简单，该多好！

> 简简单单才是真。

享受春、夏、秋、冬的阳光，不独钟情于任何一季，世间万物仿佛成了陪衬，我的世界里只有阳光。

> 文末点题，总结全文。

## 看点解读

**1.拟人修辞** 在描写自然景物时，往往除了客观的描述外，还会有主观的联想延伸。本文就多处运用了拟人的修辞手法，将司空见惯的阳光人格化，赋予它人类的思想感情、行动能力，使文章更加生动形象。

**2.条理清晰** 全文以散文的笔触，将纷繁的思绪穿插于文章始末，有着很强的艺术感染力。由于紧扣了主题，文章显得形散神聚，繁而不乱。作者以四季为序，分述了春、夏、秋、冬不同季节的阳光带来的不同感受，结构井然，有条不紊。

## 满分思路

**开头：** 从神话故事讲起，引出本文写作对象—阳光。

**中间：** 分述春、夏、秋、冬四季阳光的特点，抒发情感。
- 1.春阳蕴藏百花香，带来生机。
- 2.夏阳繁华喧闹，雷雨天里，“我”翻诗卷、品香茗。
- 3.秋阳照红枫叶，与红花作比较。
- 4.冬阳清洁明净，带来温暖。“我”发出感慨：简单多好。

**结尾：** 总结全文，进行对比—表达对四季阳光的爱。

# 享受夕阳之美

海门考生

我喜欢看炫美的夕阳，站在窗前，任它拖长我的影子，拖长我无尽的思绪……

——题记

开门见山，表达喜爱之情。

站在窗前远眺，夕阳早已失去了正午的炎热，在片片晚霞的衬托下，总能令人感受到太阳像换了一个似的，显现出一份如水的柔美。古代的所有文人墨客都热衷于用瑰丽的文字描写新升的朝阳，却很少有人注意到比朝阳更加壮丽、更加辉煌的落日。

通过对比，衬托出了对落日的情有独钟。

夕阳好像舍不得走，想把最后的辉煌留给我们。就在那一刹那，夕阳射出万丈光芒，艳红、水红、朱红、橘黄……阳光就像是彩色的颜料，从天际喷薄而出，在天空这块画布上尽情挥洒。落日身旁的云霞被渲染得五彩斑斓、艳丽夺目。这耀眼的光芒刺得我眼睛几乎睁不开，晚霞也被夕阳装扮得更加美丽了。

把阳光比作颜料，把天空比作画布，形象地说明了两者的关系，可见作者丰富的想象力。

**经典诗词**

东风料峭客帆远，落叶夕阳天际明。

——陆龟蒙

横烟秋水上，疏雨夕阳中。

——杜牧

可我又不舍得把目光从夕阳上移开，只能闭着眼睛，面朝夕阳，享受着夕阳带给我的余温。

披着一身金辉的我，呆呆地站着，惊叹于这夕阳竟能在最后一刻射出如此耀眼的光芒。

“夕阳无限好，只是近黄昏。”夕阳的确很美，但时间总是短暂的。它即使在最后一刻也丝毫不改笑容，没有一丝悲伤，没有一丝落寞……我出了神地望着窗外，不知为何，那夕阳让我敬佩起来。我似乎感受到了什么，夕阳带给我的不止是美的享受，它更像是一位永不向命运低头的强者，在向我诉说生命的真谛。

作者引用经典诗句不是为了应景衬托，而是为了表明自己的观点。

再抬头看看窗外的夕阳，此时的夕阳早已没有刚才那么辉煌，它的光芒渐渐暗了下去，世间万物都从金色变成了黑色。它把自己全部的力量都贡献给了人们，自己一点儿也不保留，它如同一位无私奉献的老人，把一生的辉煌都展现出来。

借物喻人让文章立意更高远。

终于，夕阳挣脱了天空的怀抱，渐渐地没入地平线。

慢慢地，最后一缕光芒也随着夕阳离去。整个世界顿时一片漆黑，但那幅壮丽的夕阳图早已深深地烙印在我的心中。

> 自然收束，总结全文，“壮丽”一词点出了夕阳的特点。

**看点解读**

**1.情境交融** 正所谓“以我观物，物皆着我之色彩”，文中的夕阳在保持自身特点的同时，还被赋予了人性特点，带着作者强烈的主观感情色彩，这些其实都是作者澄净细腻内心的投射。因为有了作者的美丽心情，夕阳西下成了有声有色、诗情画意的精彩世界。

**2.题记引领** 题记如眉，抒发真情缀华章，起到了“先声夺人”的效果。本文的题记既是本文的中心，提纲挈领，又呼应了本文的题目，真是“身兼多职”。它以短短的句子，淡淡的语言，浓浓的情感，活画出了文章的灵魂。作者笔法娴熟、语言流畅，体现了其扎实的语言驾驭能力。

**满分思路**

**开头：** 题记引领，点明题意——“我”喜欢看炫美的夕阳。

**中间：** 以时间为序，详细描写落日的经过。
- 1.相比朝阳，“我”更注意夕阳。
- 2.夕阳舍不得走，洒下最后的余晖。
- 3.描写“我”对“夕阳无限好，只是近黄昏”的理解，颂扬夕阳的奉献精神。

**结尾：** 自然收束，意犹未尽——夕阳离去，美景已印在心中。

## 小考真题

题目：美丽的________

要求：在横线上补充题目；无论写人、写景还是写事，都要写出真情实感来；除诗歌外，文体不限，不少于500字。

——2012年云南曲靖卷

## 审题指导

这是一道半命题作文，我们有一定的写作自由，自主确定立意。我们可以这样思考：写人——美丽的同桌，写“我”的同桌的外貌、性格、助人为乐的品质等；写器物——美丽的紫陶，写紫陶的外形、制作、功用等；写景——美丽的石林，写石林风景区的美景等；写植物——美丽的木棉，可以按一年四季不同样子来写，写出它的精神之美……选择最适合自己的来写，选择自己最熟悉的来写，写出真情实感来。多使用优美的词句，适当地运用修辞，将自己的真切感受写出来。

## 立意图解

| 立意 | 解说 |
| --- | --- |
| 美丽的家乡 | 写家乡风景优美，物产丰富。 |
| 美丽的燕子洞 | 写燕子洞姿态奇特，风光秀丽。 |
| 美丽的保洁阿姨 | 写她辛勤劳动，创造美丽的环境。 |
| 美丽的云 | 写天上云的姿态万千、色彩丰富、变化多端。 |
| 美丽的校园 | 按一定的顺序写校园里建筑的布局、绿化带与环境的优美。 |
| 美丽的傣家 | 写傣族居住的竹楼、家里的摆设、奇异的人情风俗等。 |

## 欣赏点作文

# 美丽的茉莉花

曲靖考生

我家阳台上种着一株茉莉花。它虽然没有牡丹的高贵，没有杜鹃的艳姿，没有桃花的绚丽，但是它秀丽淡雅，洁白无瑕，芳香沁人。

> 开篇对比强调，突出茉莉花的美丽。

到了夏天，茉莉花就陆续挂蕾，绽放。你看，它们纷纷从翡翠般的绿叶中探出头来，有的还是花骨朵儿，身披嫩黄色的袍子，羞答答地紧捂着脸蛋；有的尽管绽开了几片花瓣，但仍然稚气未脱，花瓣边沿还染有花萼的绿色；有的完全开放了，一团团，一簇簇，你拥我挤，那洁白鲜嫩的花瓣层层打开，白如雪，润如玉，薄如绢，轻如纱，玲珑剔透，让人顿生怜爱之心。

> “你看”二字拉近了与读者的关系，又为描写打开话匣子。

微风一吹，茉莉花散发出来的浓郁香味飘浮在空中久久不散，空气中弥漫着的沁人心脾的花香，让人感到神清气爽。白天，茉莉花的香气溢满家园；夜晚，我们全家人都沉浸在茉莉花的香气中酣然沉睡。

> “微风一吹”转换到另一个角度——香气来写。

茉莉花不仅有美丽的外形、诱人的香气，还具有保健作用和药用价值。茉莉花有清热解毒、杀菌消炎、止痛安神的功效。我们把茉莉花采摘下来，做成茉莉花茶或是茉莉花菜、茉莉花粥。常饮茉莉花茶，能清肝明目，延年益寿。茉莉花的食法有：茉莉花炒鸡蛋、茉莉冬瓜汤、茉香蜜豆花枝片、枸杞茉莉鸡、茉莉花粥、茉莉豆腐、茉莉银耳汤等。

> “不仅……还……”上升到品质，升华了美。

看着一朵朵雪白的茉莉花，我就不禁唱起：“……芬芳美丽满枝丫，又香又白人人夸……”

> 引用歌词结尾，升华了主题。

### 看点解读

**1.语言生动，富有文采** 作者在描写时语言生动，比如“它们纷纷从翡翠般的绿叶中探出头来，有的还是花骨朵儿，身披嫩黄色的袍子，羞答答地紧捂着脸蛋……”；还注意运用整齐的句式，读起来感觉很有文采，比如“它虽然没有牡丹的高贵，没有杜鹃的艳姿，没有桃花的绚丽，但是它秀丽淡雅，洁白无瑕，芳香沁人”。

**2.巧妙过渡，富有变化** 小作者懂得用过渡的笔法，把各个不同的内容通过巧妙转换连在一起，但是在内容转换时使用的过渡语又富有变化。如“到了夏天”“微风一吹”“不仅……还……”“看着”等，这样读者在阅读时感到很生动，具有新鲜感。

## 满分思路

**开头：** 通过对比，突出茉莉花的特点。

**中间：** 具体描写茉莉花的外形、气味、功用。
1. 重点描写茉莉花的花朵，突出它的美丽。
2. 描写茉莉花沁人心脾的香气。
3. 描写茉莉花的保健、药用和食用价值。

**结尾：** 引用歌词，表达对茉莉花的喜爱与赞美。

# 美丽的黄果树

曲靖考生

今天，我和爸爸、妈妈还有大爹一家坐火车去安顺的黄果树风景名胜区游玩。黄果树风景名胜区以黄果树大瀑布景区为中心，分布有石头寨景区、天星桥景区、滴水滩瀑布景区、陡坡塘景区、郎宫景区等几大景区。

> 开篇介绍背景，为下文的展开作铺垫。

我们首先到黄果树大瀑布景区。黄果树大瀑布高77.8米，宽101米，是世界上唯一可以从上、下、前、后、左、右六个方位观赏、感受的瀑布，同时也是有水帘洞自然贯通且能从洞内外听、观、摸的瀑布。它以大瀑为中心，20余平方公里范围内汇聚成18个大瀑布，是世界上最大的瀑布群。

> “首先”与后面的“接着”相呼应，表明游踪。

> 从整体上介绍瀑布的大小与特点。

我们是夏季去的，正逢瀑布的水很大，瀑水像银河从天上倾倒而下，奔流飞溅，瀑声像雷鸣震颤了整个山谷，十里之外都能听到响声。奔流直下的瀑水溅起的雾珠升腾百米之高，阳光下数道彩虹时隐时现，美丽极了。更神奇的是，大瀑布后有一个水帘洞，长134 米。穿过整个瀑布，走进洞内，让人感到惊心动魄的瀑声震动着耳膜。瀑布的流水穿过洞壁滴下来，让洞内挂起了一道道的水珠帘子，伸手触及，

> 夏季，雨水多，瀑布就更壮观。

冰凉彻骨，真是“天下第一奇洞”。走出洞来到瀑布对面的吊桥上，极目远眺，只见阳光中瀑布下的犀牛潭和潭边的树木在腾起的水雾中显得树影婆娑，使两岸峡谷风光绚丽夺目。黄果树大瀑布真是名不虚传啊！

黄果树是集石、水、根、藤、洞、瀑等喀斯特景观之大成于一体的天然“童话世界”。这里世代居住着布依族人，自古承传精湛的蜡染技艺，是国家唯一授牌命名的“中国蜡染之乡”。

接着，我们还去看了天星桥景区、陡坡塘景区、石头寨景区。

黄果树真美，我爱黄果树。

描写很细致，生动地表现了瀑布景区的美丽。

**新新好词·看**

观察　环视　环顾
俯视　鸟瞰　远望
远眺　仰望　瞻仰
注视　端详　窥视

结尾扣题，呼应开头。

## 看点解读

**1.重点突出，详略得当** 本文开头介绍景区的组成部分；接着主要是写黄果树大瀑布景区，重点写了瀑布的声音、样子、彩虹与后面的水帘洞，这是黄果树瀑布景区的主体；最后很简略地写了其他的几个景区，一笔带过，有详有略，突出了重点。

**2.巧用修辞，形象生动** 小作者运用几种修辞手法把瀑布的形态生动地写了出来，给人身临其境的感觉。如：“瀑水像银河从天上倾倒而下，奔流飞溅，瀑声像雷鸣震颤了整个山谷，十里之外都能听到响声。”

## 满分思路

**开头：** 介绍背景，引出下文。

**中间：** 具体描绘黄果树的美景。

1. 介绍黄果树大瀑布的概况。
2. 从形、声等方面具体描绘瀑布景区的美景。
3. 补充交代黄果树的相关信息。
4. 其他景区的游览一笔带过。

**结尾：** 直抒胸臆，表达对黄果树的喜爱之情。

# 欣赏点19：校园风景

# 写出景中的文化气息

## 小考真题

题目：美丽的校园

要求：围绕题目选题，突出校园的美丽，反映你对母校的热爱之情。内容要具体，要写出自己的真情实感，不少于450字。

## 审题指导

作文的主体应是校园，特点是美丽。可以写风景优美，可以写布局美，还可以写人情美。要注意用优美的语言进行描写，以突出校园美的特质；另外，描写的顺序要安排好，不能杂乱无章。

## 立意图解

| 立意 | 解说 |
| --- | --- |
| 环境美 | 通过描写校园的花草树木来表现校园之美，再描写同学们美妙的读书声音、姿态。 |
| 风情美 | 既展现优美的校园环境，又展现老师、同学之间的情谊。 |

## 欣赏点作文

# 美丽的校园

一考生

我们的校园坐落在凤凰山下，校园里的一草一木、角角落落，都使我倍感亲切。那天堂般的环境，更给我留下了难以磨灭的印象。

> 总写学校带给“我”天堂般的感觉。

走进去一看，映入眼帘的就是一湾浅浅的池塘，池塘上横跨着一座彩虹般的拱桥。走近一看，拱桥又像一条腰带似的系在池塘上。池塘的水真清啊，清得可以看见池里的小鱼；池塘的水真静啊，静得可以倒映出蓝天和白云。池水倒映着青苔，使池水又显得有一些青绿。池塘里的小鱼更是活泼可爱，它们时而在水面上吐泡泡，时而跃出水面，时而在水中追逐嬉戏。池塘里还有几个人工喷泉，每当泉水喷洒而出时，交织的水花像跳动的音符，在水面上荡起一层层涟漪，在阳光下波光粼粼，就好像在水面上撒了一些碎金子似的。

> 比喻句，写出拱桥的美丽。

> 多角度写池塘：“清”“静”，有追逐的鱼儿，有人人工喷泉，句式整齐有气势，比喻生动增文采。

往前走几步，就来到醒目的长方形塑胶操场。跑道是红色的，球场是绿色的，两种颜色交错在一起，就像一幅美丽的图画。操场东西方向的两旁栽了两排梧桐树，它们昂首相望，像是保护校园的卫士。在阳光的照耀下，似乎每一片绿叶上都有一个新的生命在颤动。

> 描绘操场。先写操场上的颜色，再写操场边的树，比喻句的使用，让我们感受到操场的美丽。

正前方是我们的教学楼，它就像一只展翅高飞的雄鹰。上课时，有的班级里传来琅琅的读书声，有的教室里传来老师的讲课声，两种声音交错在一起，犹如一曲优美动人的交响曲，真好听！

> 比喻形象，既写出了教学楼的形状，又暗示“我们”就像雄鹰，将从这里起飞。

我为我能在这样的校园里学习而感到骄傲、感到幸福。

> 写骄傲幸福的感受，表达对校园的由衷赞美。

### 看点解读

**1.比喻句贯穿全文** 第二段写池塘上的拱桥，连用了两个比喻：“池塘上横跨着一座彩虹般的拱桥”“走近一看，拱桥又像一条腰带似的系在池塘上”。第三段写操场上的树，也连用了两个比喻：“操场东西方向的两旁栽了两排梧桐树，它们昂首相望，像是保护校园的卫士”“在阳光的照耀下，似乎每一片绿叶上都有一个新的生命在颤动”。第四段写教学楼，“它就像一只展翅高飞的雄鹰”“两种声音交错在一起，犹如一曲优美动人的交响曲”。作者善用比喻，并巧妙点缀在文章各段，贴切生动又不累赘，使文章增色不少。

**2.按游览顺序写作** 作者就像一个小导游，带领大家进入校门，先看到池塘，再走向操场，最后走向教学楼。层次清晰，画面感强。

## 满分思路

**开头：** 总写美丽的校园让“我”难忘。

**中间：** 按游览顺序描写校园的美景。
- 1.描写校园池塘的美景。
- 2.描写校园操场的美景。
- 3.描写校园教学楼的美景。

**结尾：** 呼应开头，表达赞美之情。

# 美丽的校园

一考生

金秋悄悄地来到了校园，赶走了炎热的夏天，蝉儿停止了歌唱，天空显得更加洁净，大雁也在忙着准备行装。

> 采用拟人手法，选取代表事物，点明秋天来到校园。

早晨，淅淅沥沥的秋雨把柳树姑娘的“长发”染黄了，风婆婆的大扫帚，使叶子打着旋儿，在空中飘荡着，真像一只只翩翩起舞的蝴蝶。无数黄叶落到地上，就像给操场和马路铺上了一层金黄的地毯，走上去十分舒服，还会发出“吱吱——吱吱——”的轻响。花坛里花姑娘都耷拉着脑袋，奉献出它们的果实，只有青松卫士的服装没有变，它们仍然是身着青翠色，守卫着我们的校园。

> 拟人、比喻句的巧妙使用，写活了树叶变黄、飘落的美景。

> 用拟人句写花和青松，话语间全是对校园景色的喜爱。

这时的太阳也不像夏季时那样使人燥热，照得身上暖洋洋的，照得教学楼格外明亮。

> 秋天的阳光也少了夏日的灼热，让人舒适。

秋天是丰收的季节，校园的秋天也正孕育着丰收。听，那琅琅的读书声，那优美动听的歌声，和着那沙沙的风声，奏起一首秋的交响曲。

校园的秋色好似一幅巨大而美丽的图画！

我被眼前这美景迷住了，痴痴地站着。当我从使人陶醉的美景中走出来时，抬头看见了天空中的朵朵白云，它们好像一个个害羞的小姑娘披着轻纱缓缓飘荡着，留恋着人间美丽的秋色。

> 比喻句，写活了天空中的云朵，用云朵留恋秋色说明校园秋色之美。

上课了，同学们关上了窗户，只留两三扇透气。他们静静地坐在教室里，目不转睛地望着老师，全神贯注地听讲，尽情吮吸着知识的甘露。秋风轻拂的校园是那样宁静。下课时，同学们像小鸟一般飞出了教室，飞到走廊里，飞到操场上。他们蹦跳着，叫嚷着，有的踢毽子，有的跳皮筋，还有的跳绳。校园充满了生机。秋风阵阵拂面，吹走了夏天的炎热，带来了秋天的凉意，它从耳边擦过，“呼呼……”像是秋婆婆在叮嘱我们：“入秋啦，天凉了，多穿衣服，免得受寒哦！”

> 写上课和下课两个场景，主要写同学们的活动，上课安静，下课热闹，对比鲜明，展现了真实的校园生活。

> 把秋风吹拂说成是风婆婆在叮嘱人们，想象奇特。

多么迷人的校园秋景啊！我爱你，校园！

> 直接表达对校园的热爱。

**看点解读**

**1.想象丰富** 写秋天，很多人都写“树叶黄了、落了，大雁飞走了”，作者却写“淅淅沥沥的秋雨把柳树姑娘的‘长发’染黄了，风婆婆的大扫帚，使叶子打着旋儿，在空中飘荡着，真像一只只翩翩起舞的蝴蝶”“大雁也在忙着准备行装”。想象奇特，语言优美有韵味。

**2.感情真挚** 秋天的校园是美的，作者看在眼里，满含深情唱着校园的赞歌：“校园的秋天也正孕育着丰收。听，那琅琅的读书声，那优美动听的歌声，和着那沙沙的风声，奏起一首秋的交响曲。”“校园的秋色好似一幅巨大而美丽的图画！”“多么迷人的校园秋景啊！”

## 满分思路

**开头：** 点明季节，交代描写对象。

**中间：** 具体描写秋日校园的美景。
- 1.描写秋日校园迷人的自然景色。
- 2.描写校园中活泼可爱的同学们。

**结尾：** 表达对校园的热爱之情。

# 欣赏点 20：植物素描

# 形象的描绘中显现神韵

## 小考真题

题目：我和________的故事

要求：把题目补充完整；内容具体，感情真实，语句通顺，有一定的条理；除诗歌外，文体不限，不少于500字。

——2012年辽宁沈阳卷

## 审题指导

这是一道半命题作文，可以选择的范围很广，可以写和爸爸、妈妈、哥哥、姐姐、邻居、朋友，还有老师、同学之间的故事，或者是家里养的小动物，或者是一盆心爱的植物，或者是自己的业余爱好，注意选材一定要新颖别致，应该做到“个个心中有，人人笔下无”，还要写出真情实感。“故事”人人都有，但真正感人的却不是很多。所以一定要写自己感受最深刻、最动情的事。只有首先感动了自己，设身处地进入情境当中，写出来的文章才有可能感动别人。此外，还可以运用各种修辞方法使自己的文章更生动形象。

## 立意图解

| 立意 | 解说 |
| --- | --- |
| 我和爸爸的故事 | 爸爸的爱是藏在心里的，和爸爸之间的点点滴滴都饱含着这份深情。 |
| 我和音乐的故事 | 有苦有乐，有花有果，这就是“我”和音乐的故事。 |

续表

| 立意 | 解说 |
|---|---|
| 我和课外书的故事 | 书，是指路明灯；书，是良师益友。“我”和课外书的故事一定非常精彩。 |
| 我和竹园的故事 | 竹园里有童年的欢笑，有爷爷的爱抚，有和睦相处的邻里情，“我”和竹园的故事，写也写不完。 |
| 我和小院的故事 | 家里的小院有何特别？“我”和小院之间会有什么难以忘怀的故事？浓浓深情都在心里，写出来一定很吸引人。 |
| 我和流浪猫的故事 | 一个小孩子，一只流浪猫，像个童话故事的开头，想必后面的故事一定曲折离奇，引人入胜。 |

## 欣赏点作文

### 我和竹园的故事

沈阳考生

人的一生会发生很多很多的故事，而我的故事却和竹园有着千丝万缕的联系。

开篇点题，点明“我”的故事和竹园联系紧密，开门见山。

竹园紧依我家那坐西朝东的茅屋背后，里面的竹子高大粗壮，简直像一棵棵小树。我们在几棵竹子间网上绳子，就成了一张不错的吊床。夏日的中午，我们几乎都在这种吊床上度过，而爷爷、奶奶他们，则各搬一张宽条凳，在竹荫下消暑解乏。

表明竹园是“我”儿时的乐园。

春天，竹笋破土而出，那鲜嫩的笋子就成了我们的美味。疏笋的工作都是爷爷进行的。在爷爷的精心疏理下，竹园越发显得疏密有致，越发旺盛了。新竹长得很快，转眼就超过了屋脊，那曾呵护了嫩竹的竹衣自然也就掉下来。竹衣宽大而柔韧，是做斗笠的绝好材料。“路上行人欲断魂”的时节，村里的条条阡陌上，都会移动着一顶顶漂亮的新斗笠，为宁静恬美的乡村平添了一份靓丽。

**新新好词·爱**

挚爱　喜爱　酷爱
喜欢　慈爱　心爱
友爱　亲爱　疼爱
钟爱　偏爱　怜爱
爱慕　爱不释手

竹园是爷爷的骄傲。竹子的用处很多。亲戚和乡邻但有用竹子之处，只要和爷爷说一声，爷爷便乐呵呵地提着那把磨得只剩一半宽的砍刀，按来人的要求砍出竹子来。园里的哪根竹子该什么时候派什么用场，爷爷早就心里有谱儿了。在我的记忆中，园里的竹子从未卖过一分钱，它们一个个都成了亲情和乡情的使者。

每有亲朋登门，就着色香味俱全的竹笋炒鸡蛋，听着竹园“沙沙”的乐音，看着窗外婆娑的竹影，闻着竹子的阵阵清香，喝着自酿的竹叶米酒，那是爷爷谈兴最浓的时候。宾主其乐融融地交谈，不时夹着爷爷爽朗的笑声，那是一幅令人心醉的风俗画。它，已经深深地印入了我的心田，融入了我的血脉。

爷爷现已过世，茅屋和竹园也早已不复存在。可是，浓浓的乡情和如饴的亲情却始终召唤着我，使我不至走得太远。

我爱你，故乡的竹园！我和你的故事永远永远说不完。

> 细节描写运用得当，尤其是“乐呵呵”一词，使一个乐于助人的慈祥的老爷爷形象跃然纸上，读来倍感亲切，极富感染力。

> “印”“融”恰当地表达了作者对故乡竹园的热爱及对爷爷的一片深情。

> 结尾扣题，与开头相呼应。

**看点解读**

**1.如诗如画，形象鲜活** 小作者以细腻的笔触描写了故乡竹园的美景，用诗一样美的语言娓娓道来，美不胜收，人物形象鲜活。读了他的文章，我们仿佛置身在故乡的竹园中，和孩子们一起欢笑，和慈爱的老爷爷一起砍竹子。

**2.写景抒情，相得益彰** 从表面上看，小作者写的是故乡的竹园，但细细品味，字里行间饱含着对故乡一草一木的热爱，对已故爷爷的无比怀念，在小作者心中，多么希望时光倒流，重温和爷爷在一起的美好时光。文章情真意切，让人读后回味无穷。

**满分思路**

**开头：** 强调“我”与竹园的联系。

**中间：** 具体写发生在故乡竹园的故事。
- 1.竹园是“我”儿时的乐园。
- 2.春天，竹笋很美味，竹衣做的斗笠很漂亮。
- 3.竹园中的竹是亲情和乡情的使者。
- 4.亲朋来到竹园时，其乐融融。

**结尾：** 表达对竹园的深情，扣题。

# 欣赏点 21：动物速写

# 生动的描绘中体现可爱

## 小考真题

题目：我们的生活离不开朋友，有人会与动物、植物为友，有人会与父母、师长为友，还有人会与书籍、音乐为友……

请以“与________为友”为题，写一件事。要求：内容具体，语句通顺，感情真实，书写工整，格式正确，不少于400字。

——2015年浙江嘉兴卷

## 审题指导

提示写得很全面，很明显，我们要写的内容是与我们的生活有关的。从提示中不难看出，可以与动物为友，可以与植物为友，可以与父母为友，也可以与师长为友，还可以与书籍、音乐等为友。我们在写作前，就要弄明白为什么与动物、植物、父母、师长等为友，从中得到什么促使你成长的道理、经验等。

写作时，首先选好题目，哪个好写，能写得有味，令阅卷者爱读；哪个既好写又新颖，是别人想不到的；等等。思考后再进行写作。

## 立意图解

| 立意 | 解说 |
| --- | --- |
| 与动物为友 | 写和动物之间的故事，与动物做朋友，带给自己快乐和坚强。 |
| 与音乐为友 | 写自己喜欢音乐，与音乐为友，获得快乐。 |
| 与植物为友 | 写植物对大自然的贡献，与植物为友，让“我”懂得保护大自然。 |

续表

| 立意 | 解说 |
|---|---|
| 与书籍为友 | 多读书，和书交朋友，提升自我，滋养心灵。 |
| 与绘画为友 | 写学绘画的辛苦，从而明白人生的道理。 |
| 与老师为友 | 写老师给自己的帮助，与老师为友，明白生活的味道。 |

## 欣赏点作文

### 与黄鹂为友

嘉兴考生

我家的阳台上有两只美丽的黄鹂鸟，我特别喜欢它们。

直入题目，点出自己喜欢黄鹂。

一身金色的羽毛，一对俊俏轻快的翅膀，一条又长又黄的尾巴，两只灵活尖锐的小爪子，凑成了美丽机灵的黄鹂鸟。黄鹂鸟头上戴着橄榄色的头巾，眼睛上抹着蓝色的眼影，脖子上戴着五彩缤纷的项链，漂亮极啦！

按照由整体到局部的顺序，写出了黄鹂的外貌。又重点描写了黄鹂的“头”“眼睛”“脖子”，突出黄鹂的漂亮，点明喜欢的原因。

每天放学回来，我总是迫不及待地到阳台上去，跟黄鹂鸟玩上一会儿。它们也把我当成了老朋友，一见到我，就开心地叫着，上下跳着，似乎在说：“小主人，怎么才回来？可想死我们了！”

叙述自己与黄鹂之间有趣的故事。

一次，这两只贪吃、调皮的黄鹂鸟饿了，飞到了食袋边，凝神细看，里面有许多谷子，然而它们觉得这样的谷子不新鲜，就气得上下直窜，想要冲出笼门。它们用尖锐的嘴，拼命啄着，可是怎么也出不来。过了一会儿，我以为它们会放弃，可是我错了，它们一直坚持不懈地啄着。我被它们的执着感动了，就打开了笼门。它们犹如脱缰的野马，在阳台上飞上飞下。“哐当”，玻璃杯被撞倒在地上，碎了；“当”的一声，它们撞在了阳台的玻璃上。我看到这一幕，并没有生气，反而更喜欢它们了。后来，奶奶拿网子捉住了它们，把它们放进了笼子里。

运用比喻，生动传神。

运用拟声词，形象逼真。

与黄鹂为友，不仅是因为它们美丽，而是因为它们那种做事情坚持不懈的精神值得我学习。

篇末点题。点明喜欢的原因，有深刻的感悟。

### 看点解读

**1.首尾照应，中心明确** 作者不单单是写黄鹂鸟的美丽，而且重点写了黄鹂鸟为了获得食物，那种拼命地飞上飞下、坚持不懈的精神。文章先写出家里有两只黄鹂鸟，长得十分漂亮，直入主题；到了文章结尾，写出自己真正喜欢黄鹂鸟的原因并非只是漂亮，而是黄鹂鸟那种精神值得学习，立意深刻。

**2.语言生动传神，善用修辞** 写家里的两只黄鹂鸟时，作者巧妙借鉴学过的文章中关于燕子和翠鸟的描写方法，语言生动传神，写出了黄鹂鸟的美丽，吸引了读者的眼球。在写黄鹂鸟要冲出笼子时，作者又运用拟人手法写出了黄鹂的愤怒、坚持和横冲直撞，读来很有趣。生动的语言给文章添彩，很好地突出了文章的主旨。

### 满分思路

**开头：** 点明描写对象，表明喜爱之情。

**中间：** 具体描写黄鹂鸟的外形及“我”与黄鹂鸟之间的故事。
- 1.描写黄鹂鸟的外形。
- 2.描写黄鹂鸟的叫声以及吃食的趣事。

**结尾：** 交代喜欢黄鹂鸟的深层原因。

## 小考真题

不管你喜不喜欢，动物都是我们地球和平家园的一部分。它可能会给你带来快乐，也可能会给你带来麻烦。请你以“我和________的故事”为题作文。

要求：先填写一个动物名称，将文题补充完整；字数不得少于500。

——2013年湖北武汉卷

## 审题指导

这是一个根据材料来写人与动物故事的半命题作文。可写的内容非常之多，如：我和小狗的故事、我和小猫的故事、我和小鸟的故事、我和蜗牛的故事、我和青蛙的故事……只要是和动物之间发生的故事都可以写。不过，在写故事的时候，要注意把握好环保问题、人与动物和谐相处的问题，这样才能写出深意。

## 立意图解

| 立意 | 解说 |
|---|---|
| 我和小狗的故事 | 比如写小狗的来历、小狗吃骨头等。 |
| 我和小猫的故事 | 比如小猫的习性、小猫捉老鼠等。 |
| 我和蜜蜂的故事 | 比如不喜欢蜜蜂蜇人、喜欢蜜蜂采蜜等。 |
| 我和蛇的故事 | 比如街头看耍蛇、田间见蛇吃老鼠等。 |
| 我和青蛙的故事 | 比如看见餐厅里的青蛙肉想到保护河里的青蛙等。 |

## 欣赏点作文

# 我和“毛豆”的故事

武汉考生

在这个世界上，不仅仅是人与人之间要和睦相处，人与动物之间更应该融洽相处，这样才能营造出幸福美好的家园。

我第一次看见狗，是在外婆家里，那是一条普通的家犬。它有一身柔软如水、富有光泽的毛，四肢是乳白色的，耳朵、两只眼睛和背上的毛是浅棕色的。从头顶到腹部的乳白色如一条牛奶河把它那镶在脑袋上的水汪汪的眼睛分隔在两岸。它的嘴显得格外突出，宛如一个“W”绣在白色的茸毛上面。那又扁又红的舌头挂在“W”上，怪可爱的。

从那以后，我就被它那华丽的外表深深吸引，外婆见我喜欢这只小狗，就把它送给我了。由于我喜欢吃毛豆，所以我给它起了一个怪名字——“毛豆”。

在家里，毛豆总跟在我后面，绕着我转，赶也赶不走。爸爸、妈妈见了哭笑不得。我很关注它的一言一行，它的嗓子特别亮，每当我叫它名字，它就汪汪叫，仿佛承认了这个名字。

记得有一次，我考试没考出好成绩，回到家，它就叫

> **新新好词·狗**
> 机灵　聪明　能干
> 乖巧　天真　忠诚
> 活泼　调皮　勇敢

> 从小狗的毛写起，写了四肢、耳朵、眼睛和背上的毛的颜色，外貌描绘较细致。

> 解释小狗为什么叫“毛豆”。

> 从小狗的声音来写，写出嗓子很亮的特点。

个不停，围着我转，我心情很烦躁，提起脚，往它身上一踹，只听它发出刺耳的尖叫声。它用深情的眼望着我，仿佛受到了委屈似的。它好像也看出我的不愉快，没再发出声响，乖乖地回到自己“小家”去了，我心里很不是滋味。

还有一次，我在学习上，克服众多困难，跨过许多障碍，取得了好成绩，心中油然升起一种自豪感与成就感，增强了自信。毛豆仿佛看懂了我的内心，就显得格外高兴的样子，像充足了电似的，充满活力，绕着我转，放亮嗓子叫，犹如一个手舞足蹈的小孩。我心里舒畅极了。

我很感激毛豆对我的忠诚，我欣慰的是我苦恼它也苦恼，我开心它更开心。现在，我俩已成了好朋友，相互打闹着，倾听彼此的心声！

**新新好句·狗**

这是一只天真可爱的卷毛狮子狗，它那小黑尾巴摆动起来，像个滚动的小绒球。

写出了小狗为“我”成功而高兴时的情形。写得绘声绘色。

写出“我”与毛豆的感情之深。

**看点解读**

**1.细节描写，增添情趣** 文中用两个细节写出了小狗的神态。一是“我”考试失利时心情不好，踢了它一脚，它那种很委屈的神态跃然纸上；二是当“我”取得成功时，小狗又围在“我”的身边，显得非常高兴的神态。这些细节描写既生动又增添了生活情趣。

**2.语言优美，充满感情** 作者在写小狗的外貌时，抓住了小狗的毛色和嘴的特点进行描写，运用了比喻等修辞手法，写出了小狗的可爱；后文还运用了拟人的笔调，写出了小狗的善解人意，使文章充满了浓浓的人情味。

## 满分思路

**开头：**表达感慨，引出下文。

**中间：**具体写“我”与毛豆相处的故事。
- 1.描写毛豆的外表。
- 2.介绍毛豆得名的原因。
- 3.毛豆理解“我”——“我”烦躁时，它想安慰“我”，不打扰“我”；“我”取得好成绩时，它和“我”一样兴奋。

**结尾：**表明“我”对毛豆的情感，点明中心。

# 欣赏点 22：物产写生

# 准确的描绘中体现风情

## 小考真题

题目：家乡的特产

北京的烤鸭，莱阳的梨，烟台的苹果，新疆的葡萄，这些都是各个地区的特产，那你家乡的特产是什么？请以“家乡的特产”为题，写一篇文章，不少于450字。

## 审题指导

家乡的特产可能不止一种，要选择一种能让自己有话可说、有东西可写的品种来写。行文时可以描写特产的制作过程、生产过程或配制过程，可以写其风味特点，也可以描述特产的颜色、形状、味道，也可以写其影响力。总之，要表现自己对家乡特产的热爱，对家乡的热爱。

## 立意图解

| 立意 | 解说 |
| --- | --- |
| 介绍家乡的风味小吃 | 可以描述制作过程及其味道。 |
| 介绍家乡的水果 | 介绍它的种植过程、成熟过程，可以从花、叶、果等角度描述。 |

## 欣赏点作文

# 家乡的特产

一考生

我在山里长大，山里的土特产很多，其中最让我难忘的还是那品种多样、味道鲜美的柿子。

开门见山，点出要介绍的家乡特产。

柿子树是家乡最常见的一种树。田野上、小河边、山冈上，随处可见它的身影。它的种类很多——满天黄、冬柿、平顶柿、牛心柿……数不胜数。

三四月份，那看似干枯的柿子树就抽叶开花了。柿子树的叶子呈椭圆形，油亮油亮的，在温暖的阳光下闪闪发光。柿子树的花像黄色的小星星，一闪一闪地眨着眼睛。花谢了，就会结出圆圆的小柿子，像一颗颗青翠的算盘珠子。

小柿子像算盘珠子，可不是吗？形状都是扁圆形的。很少有人这样作比哟！

柿子长得很快，中秋节前后，就长到小孩儿的拳头大小了。奶奶用竹竿夹回青绿的柿子，放进缸里，用温开水放点儿白碱，泡上五六天，去掉涩味。我们这里把这样的柿子叫“懒柿”。我从缸里拿起一个“懒柿”，“咔嚓”咬上一口，呵，真甜！味道有点儿像苹果，不过比苹果可脆多了，脆甜可口，既能解渴，又能填饱肚子，真是一举两得。

奶奶做的“懒柿”，让人垂涎欲滴。

再过一段时间，柿子由青变黄，奶奶就开始做柿饼了。她摘下一些又大又黄的柿子，用刀削去皮，然后放在向阳处晒；等柿子被晒得有些发软的时候，再用手一压，就把柿子压成饼状；再把它们放到木桶里，一层摞一层，盖上盖子，捂上十天半个月的；等到柿饼表面披上一层“银纱”时，再拿出来晒一晒，就能吃了。经霜的柿饼味道更好，是上桌待客的稀罕物呢！

柿饼，是待客的美味。

**新新好词·吃**

美味佳肴　山珍海味
垂涎欲滴　回味无穷
饕餮盛宴　美味可口

到了秋末，柿叶被风吹去。挂满枝头的红柿子，远看像一串串玛瑙，近看像一盏盏小红灯笼。小伙伴们像小猴子似的争先恐后地爬上树，摘下一个熟透的柿子，来不及去皮，用指甲在上面抠个小口，凑到嘴边一嘬，一个又大又红的柿子转眼间就只剩下一张皱皮了。那甜甜的味道，保准让你尝上一口就终生难忘。

孩子们猴急猴急地吃柿子的动作真是可笑、可爱。

如今，家乡的柿子还远销他乡，让乡亲们的生活也越来越甜。百闻不如一见，亲爱的朋友们，如果你到我的家乡来做客，我一定让你吃个够，临走还会送你一袋柿饼留作纪念。怎么样，快来吧！

> 就凭这慷慨好客的性情，真让人向往那美味的柿子。

**看点解读**

**内容选择不落窠臼** 文章主要写家乡的柿子，不仅像一般的作者那样描写柿子的外形，还另辟蹊径，详细描写了“懒柿”和柿饼的制作流程，这是一般孩子没有注意的，也是一般孩子写不出来的，使文章跳出了普通的描写柿子好吃的套路。

**满分思路**

**开头：**点明家乡特产中，“我”最难忘的是柿子。

**中间：**按时间顺序，具体描写家乡的柿子。
1. 三四月份，柿子树开花，花谢后结出小柿子。
2. 中秋节前后，柿子长到小孩拳头大小，奶奶把它们做成“懒柿”。
3. 柿子由青变黄，奶奶就开始做柿饼了。
4. 秋末，柿子熟透了，红彤彤挂满枝头。

**结尾：**发出邀请，表达对家乡柿子的喜爱与自豪。

## 家乡的特产

一考生

我的家乡温州，是个美丽而富饶的地方。那里有各种各样的风味小吃，我最喜欢的是馄饨。也许你会觉得，馄饨都是一样，有什么特别，如果你这样想，那就错了，我们家乡的馄饨可是远近驰名，“色、香、味”俱全。

> **新新好句·吃**
> 他吃饭时塞一口在嘴里，然后紧闭着嘴巴，眉头微微地皱起，像是在吃什么非常苦的药一般。

我们家乡的馄饨，皮似乎比纸还薄，比玻璃还要透明，简直可以透出馅儿来。在一张皮里包上干贝、瘦肉、葱花，一看，晶莹透亮的皮里呈现出“朵朵鲜花”，小巧玲珑，煞是好看。还没有尝上一口，这外形就已经使人垂涎欲滴了。

> 馄饨这样精致，可以称得上是艺术品了，哪里舍得吃呢？

这馄饨不仅外形美，味道更美。

一碗馄饨在你面前一掠过，一阵香气扑鼻而来，深深地吸一口气，就能让人情不自禁地说：“真香啊！”舀起一个馄饨，就能使人不由自主地把它放进嘴里，嚼着嚼着，一股美味直入肺腑。再舀起馄饨汤，上面漂浮着绿油油的葱花、黑色的紫菜，还有红彤彤的虾米，组成了一幅美景图。喝到嘴里，一勺鲜美的汁水流入喉咙，让人感到神清气爽。

当你来到我的家乡时，走在街上，看看一家家馄饨店，哪家不是人来人往？有的人一边吃一边赞不绝口，有的人甚至狼吞虎咽起来，还有的人不小心把馄饨汤溅到了自己的身上。一些人吃饱了还不满足，还要打包，有的买回去孝敬老人，有的买回去给孩子吃，还有的特地从外地跑来买给朋友吃。

啊！我爱家乡的馄饨。家乡的馄饨不仅味道好，而且外形美观，年轻人爱吃，小孩子、老人更爱吃。

如果你来到了我的家乡，那一定要尝一尝馄饨，这馄饨一定会使你赞不绝口。

> 承上启下，过渡自然。

> 抓住馄饨汤的色彩特征描写，加上精美的外形，简直是人间极品了。

> 好吃不是夸出来的，你看，他们的吃相，馄饨能不好吃吗？不好吃的话，人们会打包吗？从侧面描写了馄饨的美味可口。

**看点解读**

**正面描写与侧面描写相结合**　文章前半部分正面描写馄饨的外形、色泽、味道，后半部分描写人们对馄饨“赞不绝口”“狼吞虎咽”以及打包等细节，从侧面展现馄饨的美味宜人。

## 满分思路

**开头：**点明家乡的特产——馄饨的特点，总领全文。

**中间：**具体描写馄饨的美味。
- 1.描写馄饨精美、诱人的外形。
- 2.正面描写馄饨的美味。
- 3.通过人们的反应，侧面描写馄饨的美味。

**结尾：**诚恳建议，表达对馄饨的喜爱之情。

# 欣赏点23：心灵洗礼

# 抒写内心深处的感动和感慨

## 小考真题

习作。

李白与酒为友，因为诗歌的灵感来自酒；郑板桥与竹石为友，因为竹石的品质令其感动……有人与动物交朋友，有人与植物交朋友，也有人与父母、师长交朋友，还有人与书交朋友……小学六年，你结交了不少朋友，请以“与________为友”为题，写一篇记叙文。

提示与要求：①请先把题目补充完整，再进行习作；②把印象深刻的部分写具体；③语句通顺，书写工整，字数不少于400字。

——2017年福建福州卷

## 审题指导

2017年福建福州市小考作文题目“与________为友”为半命题作文，延续了2016年的作文命题形式，打破了自2008年以来直到2015年连续八年全是命题作文的窠臼。作文题为“导语+提示与要求”的结构形式，坚持了“稳定”原则，审题不设坎儿，引导学生关注社会现实，观察自然万物，关注身边事情与他人，体现了“以人为本”的理念。

半命题作文题设置了优美、流畅而富有哲理的导语，既提示了作文立意，也引导了写作内容，开阔了考生的作文视野，使得人人有话可说，事事皆可入文。这次的小考作文命题，远则呼应新编教材，立足素养；近则减轻学生负担，引领课堂。

**1.审题目**

半命题作文是最容易发挥的作文命题形式。考生可以根据个人的写作优势，在题目横线处填充恰当的词将题目补充完整。比如书籍、音乐、自然、坚强、自信等，而填入的词就是我们写作的关键词，也就是写作的中心内容，并且与其为友，考生写作过程中必须抓住这个中心不放。

**2.审内容**

从内容上看，“与________为友”，提示考生关注身边的人与事，观察社会与自然，注重成长体验，提高认识深度。考生可以写给予自己启示的事情，也可以写陪伴自己走过小学生活的歌曲，还可以写课堂内外阅读并融入自己生活的书籍，亦可以写在经历了挫折与失败后收获的坚强等。

**3.审文体**

作文题目中明确要求“写一篇记叙文”，限定了写作文体为记叙文。考生可以写人叙事，亦可以抒情塑人。题目中要求“把印象深刻的部分写具体”，那么考生可以写一件情节跌宕的事，亦可以写几个片段，组合为一篇作文。

## 立意图解

| 立意 | 解说 |
| --- | --- |
| 与生活为友 | 生活的酸甜苦辣咸百般滋味，让我们感觉到喜怒哀乐愁各样心情。就生活而言，我们每个人都不可以拒绝生活，只可以与之交往，与之共存，与之成为朋友。生活中的快乐，让我们感觉到甜蜜；生活中的痛苦，让我们感觉到苦涩；生活中的成功，让我们感觉到喜悦；生活中的失败，让我们感觉到失意……与生活为友，体验生活的百般滋味；与生活为友，感悟人生的各样姿态。 |
| 与自然为友 | “静观庭前花开花落，闲看天上云卷云舒”，与自然为友，让我们品味到人生哲思；“马蹄踩瘪了紫罗兰，紫罗兰却把香味儿留在了马蹄上”，与自然为友，让我们体悟到生活真理。山隙青松，路边小草，提示我们要坚强向上；溪水淙淙，江河奔涌，启发我们要坚持不懈；花红柳绿，黄茅白苇，告诉我们世界的多姿多彩；鸡鸭同欢，牛羊归圈，提醒我们要分享岁月静美。 |
| 与书籍为友 | 与书籍为友，可以陶冶情操，亦可增长才干。“腹有诗书气自华”，读诗使人灵秀，读史使人明智。与书籍相知、相伴的日子，一定是刻骨铭心的岁月。 |
| 与执着为友 | “友”，就是接近与亲密。我们不仅与周围的人、事、物接触紧密，而且和我们自身的品质也时刻相伴。执着，是事业成功的基石，也是人生精彩之笔。可以记叙事情，欲扬先抑，写出执着的人生经历。 |

## 欣赏点作文

# 与诗意为友

福州考生

在钢筋水泥丛林中久了，我渴望生活里来点儿温馨，来点儿诗意！来场说走就走的旅行！

> “钢筋水泥丛林”与“诗意”对比鲜明，突出主题。

我徘徊在乌海湖畔，近看碧波荡漾，鸥鸟高翔；远望水波烟里，小岛影影绰绰。我不由得想起曹孟德的诗：“水何澹澹，山岛竦峙。树木丛生，百草丰茂。秋风萧瑟，洪波涌起。”这自然的美景里竟然藏着如此开阔的胸怀，让人感慨，不能忘怀！登临高处，再观湖景，不由得生出“日月之行，若出其中。星汉灿烂。若出其里”的幻觉！

> 旅行地之一：乌海湖畔。引用曹孟德的诗句感慨山水之美。

与诗意为友，感慨山水之美！

我漫步在甘德尔山下，树木丰茂，草木繁盛，到处绿意盎然，鸟语花香。四合木这个时候生的正是旺盛，那虬枝嶙峋，却绿得灿烂！饱满的生命力张扬开来，铺满了整个山坳，满眼都是绿色！“山映斜阳天接水，芳草无情，更在斜阳外”，范仲淹的《苏幕遮·碧云天》将无情的芳草写到了极致！

> 旅行地之二：甘德尔山。善用四字词语，增添了文章的意境美。

与诗意为友，领略绿意之浓！

我登临东山之巅，闻耳边风声阵阵，看山间峰峦层叠，望远处云霞相接，听云层里鸟声啾啾……几无一人，山崖静默。摆上一壶香茗，斟满一杯，感茶香氤氲，悟世事人情。太白诗曰：“众鸟高飞尽，孤云独去闲。相看两不厌，只有敬亭山。”超然物外，脱俗自然，此中真意，恐渊明亦不可得吧？

> 旅行地之三：东山之巅。句式整齐、词句优美，给读者以美的享受。

与诗意为友，感慨超凡脱俗！

我来到金沙湾，看金沙漫漫，听驼铃声声，心中轰然响起的是远古的呼唤……时间已是黄昏，天沙相接处，乌金西坠，云霞浸染，瀚海无垠，黄河浩浩汤汤从沙漠边上流过……不由得生出王摩诘之“大漠孤烟直，长河落日圆”之感！

> 旅行地之四：金沙湾。

与诗为友，感叹大自然之伟力！

身在城中，与诗意为友！

> 卒章显志，呼应开头。

**看点解读**

**1.辞藻华丽** 贯穿全文的诗句很多，而且作者用词较华丽，文采斐然。四六句，比比皆是；骈散句，处处可拾。古朴典雅，气度非凡。

**2.立意新颖** “与________为友”的半命题作文，给考生很大的选择空间，大多在空白处补充的词语是可见、可感的人物或者事物，而本文却以“诗意”入题，独具匠心，另辟蹊径，可谓剑走偏锋，再加上作者极强的遣词造句能力，从而展现了一篇几乎可称典范的佳作！

**满分思路**

**开头：** 点明中心，引出下文—渴望诗意，来一场说走就走的旅行。

**中间：** 寻找诗意的旅途：乌海湖畔、甘德尔山、东山、金沙湾，获得诗意的感受。
- 1.乌海湖畔，品孟德诗句，感慨山水之美。
- 2.甘德尔山，思范仲淹诗，领略绿意之浓。
- 3.东山之巅，念太白诗句，感慨超凡脱俗。
- 4.金沙湾里，悟摩诘诗句，感叹自然伟力。

**结尾：** 卒章显志，呼应开头—身在城中，与诗意为友！

# 与老槐树为友

福州考生

我一辈子都会与老槐树为友！

> 开门见山，点明中心。

在懵懂的年龄里，我就记得庭院中那棵老槐树。

时节应是早春。槐树嶙峋的枝干上“憋”出些黄绿的嫩芽，就像池塘里的鳄鱼的身上挂着些花花绿绿的垃圾。槐树的确丑得不行，却是儿时我的好玩伴。我和小伙伴们在树下捡了枯枝败叶，堆起来，点着了，那烈焰一下子蹿起老高……

> 懵懂年华，初识老槐树，它温暖着“我”孤寂落寞的童年。

与老槐树为友，那熊熊的火焰，温暖了我孤寂落寞的童年！

上学了，我只有周末才可以回家。

那两天，我一有时间就坐在老槐树下写写作业，听听歌曲，或者约上三两好友在老槐树下品茶。这样的时光里，老槐树伴着我快乐地成长。尤其是槐花绽放时，阵阵槐花香，

> 初上小学，与老槐树相伴的周末，它呵护“我”，伴随“我”的求学时光。

融在空气里，酝酿成了甜蜜的味道，把人们都紧紧地裹挟在里面。感觉老槐树在给我祝福，将我学习生活里的不快一扫而光！

与老槐树为友，那贴心的呵护，伴随着我的求学时光！

离开村子，去了外地上高级小学，我一个月才可以回家一趟。

回去后，我总是喜欢在老槐树下坐着，走着，听听风儿吹过时它发出的声响；看看鸟儿在它的枝头争鸣；或者就默默地守着它，如同一棵树一样，想着曾经的过往，感受着岁月时光。天高地迥，秋高气爽。不时有槐叶随风打着旋儿从树上飘下。有时会飘过一场冷雨，噼里啪啦地抽打着我亲爱的老槐树……

> 外地求学时，“我”记挂着朋友——老槐树，时光匆匆，老槐树老了，“我”愈加想念老槐树。

唉，我的朋友，我的老槐树老了，可是，那老槐树下如火的童年，那老槐树相伴的岁月，都会铭刻在我的记忆中，永难忘怀！

我一辈子都会与老槐树为友！

> 言简意赅，深化主旨。

**看点解读**

**1.重章叠句，结构清晰** 重章叠句，稳定中有变化；结构清晰，三节组成主体。考生运用三节相似的结构分叙童年、小学、高级小学三个阶段与老槐树的相处时光，整齐中有变化，重复中有创新，结构清晰，层次明了，显示出考生极强的布局能力。

**2.妙用修辞，文采斐然** 考生娴熟地运用对偶、排比、拟人、通感等修辞手法，使得文章文采斐然，语言如行云流水，真情实感蕴于其中，文采与情感和谐统一。

## 满分思路

**开头：** 开门见山，点明主题—我一辈子都会与老槐树为友！

**中间：** 写自己在童年、小学、高级小学时段里与老槐树的相处。

- 1.懵懂年华里，有老槐树温暖着“我”的童年。
- 2.小学阶段，老槐树呵护“我”度过快乐时光。
- 3.去外地上学，老槐树老了，“我”心系老槐树。

**结尾：** 首尾呼应，结构圆融，深化主题，升华情感。

## 小考真题

请以“那一天，我很______”为题，写一篇习作。

要求：先将题目补充完整，再作文；内容具体、完整，要有真情实感；语句通顺、连贯；不得抄袭、套作；书写工整、端正；字数不少于400字。

——2016年陕西咸阳卷

## 审题指导

本考题是半命题作文，题目非常平易、朴实，贴近学生的生活，让考生都有话可说，有情可抒。

首先要将题目补充完整，“那一天，我很________”，填上一个表达自己切身感受的关键词，比如“快乐”“感动”“后悔”“矛盾”“自豪”“生气”等。在选材上，要尽量选取自己最熟悉的，最有话可说、最容易出彩的内容。构思时，可以采用倒叙的手法，设置悬念。写作时要交代清楚时间、地点、人物，发生了什么事情，对你有什么触动，并注意恰当运用景物描写衬托人物的心情，抒发自己的真情实感。如果能恰当运用修辞，文笔优美，注意细节描写，就更好了。

## 立意图解

| 立意 | 解说 |
|---|---|
| 那一天，“我”很感动 | 通过那天的一件事，写自己的内心受到了触动。 |
| 那一天，“我”很快乐 | 通过描写那天让“我”快乐的事情，来抒发自己对生活的热爱之情。 |
| 那一天，“我”很后悔 | 通过写那天老师讲的故事，和“我”经历的事，表达自己在一段经历中受到的教育。 |
| 那一天，“我”很矛盾 | 描写自己那一天思想斗争的心路历程。 |
| 那一天，“我”很自豪 | 描写自己通过努力，取得了一定的成绩，心理非常自豪。 |
| 那一天，“我”很生气 | 那一天，“我”看到违法乱纪的情况，心里义愤填膺。 |

## 欣赏点作文

# 那一天，我很感动

咸阳考生

生活的点点滴滴，不时感动着人们，如丝如缕，绵延不绝。那一天，我很感动……

开篇扣题。

那天傍晚，我到面馆吃饭。尽管天气阴冷，店里的顾客还是不少。等了好久，我要的安徽板面才上桌。热气腾腾的宽面条上，并排放着两个大大的茶叶蛋、数块喷香的牛肉，旁边是几个猩红的辣椒和几段绿油油的香菜做点缀。我赶紧吃了一口，就是这个味，不仅货真价实，而且色香味俱全。

细节描写生动，生动形象地表现出了面条的色香、味俱全。

我正吃得香，门“吱”的一声开了，随着一股强劲的冷风袭来，一个衣衫褴褛的老人走了进来。他胡子拉碴、面色黝黑、形容枯槁，背上还背着一把陈旧的二胡，像是常年流浪的样子。

外貌描写，突出老人身份的低微。

“面，多少钱一碗？”他有些迟疑地问。

“八块。”正看着电视剧的店员瞄了他一眼。

老人犹豫了一下，颤抖着从身上摸出一个塑料袋，小心地解开，露出一小堆零钱，大部分是硬币，还有几张皱巴巴的角票。

**新新好词·感动**

热泪盈眶　声泪俱下　感天动地　感人肺腑　可歌可泣　感激涕零

“走开！我们不要分币！”店员粗暴地打断了仔细数零钱的老人，眼里尽是嫌弃。老人愣了一下，凄惨地看了店员一眼，默默地收起零钱，准备离开。

对老人的神态、动作描写，用词准确、生动。

我有些看不下去，真是太过分了，太没有人情味了！人家又不是不给钱，不就是一碗面吗？我摸摸口袋，无奈只有刚找回的两元钱。其他顾客都闷头吃面，似乎没有注意到这尴尬的一幕。

议论，抒发自己的不平。

“再来两碗面条。”一位头发花白的老大爷温和地说，“老哥，一起吃点儿吧。”他见老人迟疑，又加了句：“面不白吃，拉首曲子吧。”老人的脸上顿时绽放出光彩，他拿下二胡，调好弦，顿时，悠扬的乐声飘起来，传出很远。我同其他顾客一样，听得如痴如醉……

描写细腻，表现了老人的欣喜和琴技的熟练。

一会儿，面端上来了，我分明看见在氤氲的热气后面，是一张老泪纵横的沧桑的脸，充满感动。

我明白，世间最高贵的施舍，不是金钱，而是尊重！

> 结尾点明中心，深化文章主旨。

**看点解读**

**1.对比鲜明，立意新颖** 考生从“世间最高贵的施舍，不是金钱，而是尊重”的角度立意，在众多考场作文中独树一帜，让人耳目一新。白发老大爷的助人为乐与店员的冷漠形成鲜明的对比，显示了人情的冷暖。

**2.用词恰当，描写细腻** 考生观察细致，抓住生活的瞬间，用准确、恰当的词语，细致地进行刻画，收到了意想不到的效果。

**满分思路**

**开头：** 点出“那一天，我很感动”，扣题。

**中间：** 具体描写让“我”感动的事情。

1.一天傍晚，“我”自己在面馆吃面。

2.一位衣衫褴褛的老人买面吃，因只有零钱遭到店员的拒绝。

3.白发老大爷请老人吃面，为了照顾老人的自尊，让老人拉二胡抵饭钱。

**结尾：** 照应开头，点明文章中心——世间最高贵的施舍，不是金钱，而是尊重！

# 那一天，我很快乐

咸阳考生

一时的快乐虽然微不足道，但当你细细品味时，那便成了永恒的回忆。

——题记

> 题记很有韵味。

那一天，我很快乐。

外婆家的门前有一条小河，潺潺的流水，清清凉凉，鱼呀，虾呀，小蝌蚪呀，嬉戏在翩翩起舞的水草间。

傍晚，薄雾。

一只小脚丫的到来，踏碎了小河宁静的梦。又一双小脚丫踏入水中，那是表姐的。

> “踏碎”，用词生动，语句优美。

“你怎么这么不听话，表妹！”表姐双手叉腰，像个大人似的冲我嚷嚷，“说好了我先下水试试深浅的。看看你，裤腿湿了大半截，活像个水鸭子，回家奶奶又该唠叨我了，怪我没看好你，真是的！”

> 语言符合人物身份，嗔怪中满是表姐对表妹的关心，让人感动。

“唠唠叨叨的，真像外婆！”看着有些气恼的表姐，我扮了个鬼脸，又一脚踏入了清凉的河水中，惬意地追赶小鱼和小虾。表姐则在一声叹息后，放下正在洗着的衣服，下河陪我一起疯。

> 真童趣，活灵活现。

“姐，我捉到了一条鱼，哈哈！”

“小样儿，我都捉到三条了。”

“姐，衣服被水冲跑了！”

“快追……”我俩争先恐后向下游冲去，看谁先撵到衣服……

> 一波未平一波又起。情节突变，富有戏剧性。

然后，在铺满斜阳的羊肠小路上，迎着初夏的微风，快乐的儿歌旋律伴着几声蛙鸣，一对并不算强壮甚至有些瘦弱的身影——一个端着一盆刚洗好的衣服，一个拎着半桶刚捉到的鱼虾，快乐凯旋。

> 景物描写富有诗情画意。

阳光抚摸着大地，风儿亲吻着额头。那一天，我真的很快乐，哪怕是只因一抹斜阳、半桶鱼虾、一盆衣服，抑或一片云！

夕阳下，一条银色丝带，蜿蜒地向远方延伸，流淌着它的梦想与快乐，很美很美……

> 结尾韵味无穷。

### 看点解读

**1.选材新颖，内蕴丰厚** 作者细腻描写了自己和表姐在一条美丽的小河中，洗衣、摸鱼、捉虾，尽情嬉戏的快乐，表达了对自由自在的童年生活的怀恋，内蕴丰厚。

**2.简洁轻灵，流畅生动** 文章语言简洁轻灵，流畅生动，富有浓厚的生活气息，充满了童真童趣，值得借鉴。

### 满分思路

**开头：** 以很有韵味的、有关快乐的题记开篇，吸引读者眼球；首段点题。

**中间：** 描写自己和表姐在小河中洗衣、摸鱼、捉虾，尽情嬉戏的快乐情景。
- 1.描写小河的优美景色。
- 2.详细描写自己和表姐在小河中洗衣、摸鱼、捉虾，尽情嬉戏的情景，重点突出追衣服的情节。
- 3.夕阳余晖中，“我”和表姐满载而归。

**结尾：** 以优美的环境描写收束全文。

## 小考真题

题目：友谊是一杯甘露，滋润焦渴的双唇；友谊是一泓清泉，浇灌干涸的心田；友谊是一团烈火，温暖冰凉的双手；友谊是一盏明灯，照亮迷失的方向。

友谊就在我们身边。亲爱的同学，你发现了吗？你感受到了吗？下面就请你结合自身的经历与体会，以“这样的友谊，我需要”或“这样的友谊，我不需要”为题写一篇记叙文。

要求：写清事件的经过及人物的活动，表达出自己的真情实感，题目自拟，字数450字左右。

——2014年河南郑州卷

## 审题指导

友谊是生命之树常青的土壤，谁能离开朋友呢？我们需要友谊，友谊能让我们的人生增添更多的光彩。可是，并不是所有的人都是我们的朋友，并不是所有的友谊都是我们需要的。有些友谊，我们并不需要！很显然，对于这次习作，我们首先就要通过具体的事将“这样的友谊”的情况进行介绍，然后便是将“需要”或“不需要”的理由讲清楚、说明白。

**1.讲清原因**

无论是写“这样的友谊，我需要”，还是写“这样的友谊，我不需要”，都要写清原因。也就是说，要把“需要”或“不需要”的原因通过具体的事交代清楚。

**2.突出表现**

在事件发展过程中，人物会有这样或那样的表现。对于人物的语言、动作、神态等，进行具体的描绘和刻画，一方面有助于将人物的表现写具体、写生动，让人如临其境；另一方面也能很好地丰富文章的内容，更好地突出文章的主旨。

**3.写好感受**

感受无处不在。对人物的行动抑或语言，自己看到或听到后心里的想法，不妨多写写。写好感受，既能很好地凸显文章的主旨，也能很好地增加叙述的生动性与曲折性，增强文字的吸引力。

## 立意图解

| 立意 | 解说 |
|---|---|
| 这样的友谊，“我”不需要 | 耍弄、欺负别人的友谊；经常玩游戏、不好好学习的友谊，“我”不需要。 |
| 这样的友谊，“我”需要 | 互相帮助的友谊，互相促进的友谊，这样的友谊，“我”需要。 |

## 欣赏点作文

### 这样的友谊，我不需要

郑州考生

那是一个星期五的下午，随着放学铃声的响起，我的数学作业写完了，我如释重负，开始哼着小曲悠闲地收拾书包。可我没有注意到，就在两米外，有一双“邪恶”的眼睛正目不转睛地盯着我——

（交代时间、人物、事件的开端。）

（“邪恶”一词，设置悬念，引人注意。）

我收拾完书包，刚要背上，便听见远处一个熟悉的声音响起：“小洁，我来帮你！”

我转过头一看，原来是琳呀！我朝她笑笑，便利索地背起书包，朝她走去。

当我走到她面前时，她却把我的书包弄下来，以迅雷不及掩耳之势，背到她身上，对我说：“我来帮你背吧！”说着她把我的杯子和袋子全部抢过去，这让我很意外。

（琳的举动，令人意外，为下文情节的发展作铺垫。）

走在回家的路上，她一直问我喝不喝水，吃不吃东西，就好像我是一个大户人家的千金小组，而她则是我的奴婢。我心想：她今天是怎么了，为什么对我这么热情？

**新新好词·友谊**

无价之宝　志同道合
如影随形　形影不离
携手并肩　情同手足

狐狸最后露出了它的尾巴。这会儿，她快速地走到我面前，郑重其事地喊了我的名字，然后她的态度来了个180度大转变，几乎用恳求的语气对我说：“我最好的朋友呀，求求你，借我抄一下数学作业吧，谢谢你！”

（不同寻常的背后有什么呢？原来如此。）

我在原地愣了足足20秒才反应过来，对她说：“不行，我不能借你抄！”抄作业可是一种坏习惯，要是借给她抄作业，那不是害了她吗？

这一下，琳的“小宇宙”爆发了，她迅速把我的书包、杯子以及文具通通摔到了地上，并且气愤地对我说：“小洁，你可别蹬鼻子上脸，要不是想抄你的作业，我才不会这么低声下气地求你呢！”说罢便转身走了。

> 通过人物自身的语言交代行动的原因，与上文相呼应。

此时的我，别提有多尴尬了：要知道，这可是在大街上呀！所有的路人都看着我，寒风打在我的脸上，很疼，可我根本顾不上……

> 以“寒风”为喻，表现自己的伤心。

从那以后，我和琳变得越来越生疏了，见面了也几乎不再说话……

琳，如果你真的是因为想抄作业才和我做朋友的话，那我想告诉你，这样的友谊，我宁可不要！我要的友谊是以诚相待，互相帮助，共同提高。

> 画龙点睛，点明主旨。

**看点解读**

**1.感受独特，主旨深刻** 小作者通过一次具体的经历，鲜明地表达了自己对友谊的看法：抄作业不是真正的友谊，真正的友谊是“以诚相待，互相帮助，共同提高”。如此感受，独特而富有个性，能给同龄人以很好的启示。

**2.描绘细腻，曲折生动** 对于人物的语言、动作、神态、心理等细节，小作者观察细致，描绘细腻而传神，很好地再现了当时的情景，给人一种身临其境之感，很好地突出了文章的中心。事件的发展变化过程详尽，富有起伏；人物的感受，鲜明而富有变化。文章叙事跌宕起伏，曲折生动，吸引读者，感染读者。

## 满分思路

**开头：**交代时间、地点、人物，引出事件。

**中间：**具体写琳对“我”的虚假的友谊。
- 1.琳对“我”非常热情，出乎“我”的意料。
- 2.真相大白——琳这么做，是想要抄“我”的数学作业。
- 3.“我”拒绝了琳，“我们”不欢而散。

**结尾：**表明自己的观点，点明中心。

# 这样的友谊，我需要

郑州考生

以前我是一个不被人注意的“灰姑娘”，既没有良好的口才，也没有出众的成绩。这一切，结束于婷成为我的同桌。

> 简要介绍自己的情况。

世上的问题，好像没有婷不知道的。这不，上课时老师刚问完：“为什么下公共汽车后，人们总是往车子的前方走几步？”婷就举起了手：“因为惯性……”

> **新新好词·努力**
>
> 钢铁意志　坚持不懈
> 坚定不移　坚韧不拔
> 百折不挠　不屈不挠
> 再接再厉　雄心壮志

看到她的知识如此渊博，我很好奇：“你为什么这么厉害，什么都知道？”婷说：“我喜欢看书罢了。”后来，我去她家，发现她的房间里的书有满满两书架。婷指着它们说：“这些书，我看完了大部分。”

> 通过对话，说明婷知识渊博的原因。

平时，我最爱看的是电视剧。可自从与婷成为同桌后，我看电视的时间越来越少，不知不觉中也爱看起书来。

> **新新好句·努力**
>
> 假如我是一位诗人，我一定要写一首诗吟咏“努力”；如果我是一位歌手，我一定要放开喉咙，歌唱“努力”。

区里要举行小学生知识竞赛，先在各个学校举行初赛。答完试卷，我知道，我肯定能被挑选上：因为试卷上的题，我都会。果然，全班只有两名学生参加区里的决赛，就是我和婷。

捧着区里发的奖状，我由衷地感谢婷：“谢谢你！要不是你，我哪能获得这个奖状呀！”

婷笑了，搂着我的肩说：“这是你努力的结果。为了获得更多的奖状，让我们一起努力。”

> 自己和婷获得奖状，以事实证明读书的好处。

现在，我的口才好多了，我的成绩也上来了，我不再是“灰姑娘”……我知道，这一切，都是因为婷和我的友谊之花在悄悄绽放。这样的友谊，我需要！

> 总结全文，点明题旨。

## 看点解读

**1.构思新颖，感受独特** 小作者在这篇习作里，从好友婷对自己的影响这个角度，写出了自己的前后变化，写出了自己和婷之间的友谊。如此构思，十分新颖！这样的友谊，无疑是珍贵的，是值得珍惜的。

**2.语言生动，文采斐然** 文章叙述过程中大量运用了比喻、拟人等修辞手法，形象、生动，给人以美的享受。

### 满分思路

**开头：** 介绍自己以前的情况，引出描写对象。

**中间：** 具体叙述“我”发生改变的经过。
1. “我”被同桌丰富的知识吸引。
2. “我”努力读书学习，向同桌看齐。
3. 知识竞赛，“我”和同桌都获得了奖状。

**结尾：** 抒发情感，扣题。

## 小考真题

题目：给________的一封信

要求：先补充好题目；做到内容明确、具体，条理清楚，语句通顺，书写工整，标点正确；写出自己的真情实感，注意写信的格式，文中不得出现真实姓名，学校等；不少于500字。

——2013年山东济南卷

## 审题指导

运用书信体形式作文，便于作者与读者直接交流，拉近两者之间的距离，显得亲切、轻松。借助书信可以叙述事情、介绍事物、发表看法。书信体作文，看似固定单调，实则常中有变，如果能在内容上有所创新，更能显出与众不同。叙述时尽量选取平日里常发生，自己印象比较深刻的事情来写，因为这样写起来比较好把握。另外，这是写信，是自己在这特殊的时刻与人交流的一种方式，一定要以诚相对，字里行间流露出来的一定是自己的真情实感，要让人感觉到一颗跳动的心跃然纸上。要写得具体、真实。注意信和信封的格式。

## 立意图解

| 立意 | 解说 |
|---|---|
| 写信给自己的同学 | 表达对他（她）的喜爱之情。 |
| 写信给自己的父母 | 表达对他们的感恩之情。 |
| 写信给自己的小宠物 | 表达对它的喜爱（愧疚）之情。 |
| 写信给自己的老师 | 表达对他（她）的感激之情。 |
| 写信给自己的陌生朋友 | 表达想与之交流，能相识相知的意愿等。 |

## 欣赏点作文

# 给妈妈的一封信

济南考生

亲爱的妈妈：

您好！

妈妈，是您给了我生命，含辛茹苦把我养大。您的恩情，我永远也不会忘记。

开篇点题，感恩母亲。

您的爱如一屡屡灿烂的阳光，丝丝屡屡照亮我的心房。您的爱如一滴滴甘甜的雨露，点点滴滴滋润着我的心田。您的爱如大山里涌出的一眼温泉，滴滴点点凝成我理想的珠串。

运用排比、比喻修辞，描述母爱对“我”的影响。

妈妈，我感谢您，是您教会了我说话，教会了我写字，教会了我读书。

妈妈，您还记得吗？从小您就教我背诵唐诗宋词，在我一岁半的时候，我已经会背很多名家名作了，当我每每背给别人听，人们发出“啧啧”的赞叹声的时候，您总是十分高兴和骄傲。至今，咱们小区的人都还记得我背古诗时的场景，还记得我叫爷爷、奶奶时的声音。

“骄傲”一词，可以看出母亲对自己的爱是溢于言表的。

长大以后，您将我送进校园，当我目送您离开的时候，我看见了您的眼泪。赛跑时，您为我加油，告诉我相信自己；考试时，您鼓励我，激励我……

**新新好词·母爱**

含辛茹苦　羊羔跪乳
任劳任怨　勤勤恳恳
恩深情重　大爱无言
舐犊情深　寸草春晖
儿行千里母担忧

记得上四年级的时候，一天中午，老师发了张试卷让我们回家改错。我的“智慧园”错了，我在那儿算呀算呀，可是怎么也算不出来！气得我都不想算了，噘着嘴在沙发上坐着。妈妈说：“看，把我宝贝着急的，哪个题呀，让妈妈和你一块想一想！”我拿给妈妈看，妈妈讲了两遍我都没明白。但是，妈妈还是耐心地给我讲，终于我明白了，我高兴得合不拢嘴了。不由得，我又对妈妈有了一丝敬佩之意。

啊！妈妈，您为我操了多少心，又为我付出了多少辛劳，您的青春，您的大好年华，全都给了我。我在您的爱里长大，在您的关怀下茁壮成长！您用自己毕生的心血，撑起了一个家，您是一名伟大的女性，作为母亲，您付出了所

大段的抒情放在典型事例之后，没有突兀感，做到有感而发，言之有物。

有；作为人，您已用行动将爱诠释！

或许，多年以后，再记起，我会流泪。

妈妈，感谢您！

祝您身体健康，工作顺心，永远年轻！

您的女儿：××

×年×月×日

“我会流泪”，写出自己的埋藏于心底的深深的爱。最后一句，再次点题。

看点解读

**1.结构明晰，首尾呼应** 本文开门见山点明写信的主题，感恩母亲，显示出作者鲜明的态度。莺归燕去，春去秋来，容颜渐老，白发似雪。儿女在一天天长大，母亲却在一天天衰老。叙述时一以贯之地围绕主题来选择材料，并对所举例子重点叙述。作者很注意行文要求，文章结尾与开头巧妙照应，使文章结构严谨，浑然一体，显示出小作者深厚的写作功底。

**2.语言优美，妙用修辞** 文章语言流畅，用词优美。大段的排比句，层层深入地表现了小作者对母爱的真切体会，和对伟大母爱的赞美。让人读来，无不感受到，母爱是伟大的，也是无私的，它沉浸于万物之中，充盈于天地之间。时光如水，年华易逝，似水流年淡去多少回忆，却始终不改我们对母亲的绵绵思念。

## 满分思路

**开头**：表达对妈妈的感激，点明主题。

**中间**：紧扣主题，具体写“我”与妈妈的故事。
- 1.从小妈妈就教“我”背唐诗宋词，赢得人们赞叹。
- 2.长大后，妈妈把“我”送进校园，不舍的同时也为“我”加油，鼓励“我”。
- 3.妈妈还会耐心地辅导“我”。

**结尾**：表达对妈妈的爱的理解和感激。

# 欣赏点24：品味生活

# 捕捉生活的哲思

## 小考真题

根据要求作文。

很快，我们就要告别小学生活，告别生活六年的母校，进入新的学校学习。在这样的一刻，亲爱的同学，你有什么样的感受？你又会想到什么？

请你以“告别”为话题，写一篇文章。

要求：①自拟题目；②文体不限；③字数不少于450个；④文中不得出现真实的地名、校名、人名。

——2017年江苏南京卷

## 审题指导

2017年江苏省南京市小考作文题采用的是话题作文的形式，基本遵循近几年的命题传统，即“导语+命题”，而且稳中有变。如此命题，有效地降低了审题难度，有助于考生快速审题，迅速打开作文思路。

告别是我们生活中常见的情景之一：在清晨，我们告别昨天；在车站，我们告别亲朋好友；上学时，我们告别父母；放学时，我们会跟老师、同学告别；升学了，我们与小学告别，与母校告别；等等 。

也就是说，面对这个作文题，每个考生都有话可讲。在写作的时候，考生要积极打开思路，选择自己最为熟悉的、把握最大的内容来写。

很显然，“告别”是这个题目的“题眼”。在现代汉语中，“告别”有三个方面的释义：一是辞别，辞行；一是离别，离开；一是特指和死者最后诀别，以示哀悼。也就是说，“告别”既可以作动词来理解，也可以作名词来理解。在构思时，我们可以想，与谁告别？告别什么？告别的原因是什么？告别的过程是怎样的？告别的结果是什么样的？……如此打开思路，自是不一而足。

## 立意图解

| 立意 | 解说 |
| --- | --- |
| 一次难忘的告别 | 暑假实践活动是在一个小山村里进行的，在那里，“我”看到了贫困—没有电视，没有MP3，没有手机；“我”还看到了营养不良的人们、落后的观念……这一切，给了“我”的心灵深深的震撼，让“我”深受教育。在与小山村告别时，“我”暗下决心：一定要多学些知识，长大了为改变小山村面貌而努力。 |
| 与张老师告别 | 张老师因为工作调动，要离开学校。这天，校园里尽是人，有家长，有同学，还有别的老师，大家都紧紧地拉着张老师的手，依依话别，都舍不得让张老师走。张老师也留下了感动的泪……通过这样的告别场景，生动、具体地写出张老师的高贵品质以及她在人们心目中的地位。 |
| 告别童年 | “我”现在已长大，已是少年了，那童年于“我”也是一去不复返了。在这个时候，想想自己的童年，回忆一下童年的岁月，与童年告一下别，自是有好多内容可以写，既可以表达自己对于童年的留恋之情，也可以表达自己对于未来的信心。 |
| 告别自卑 | “我”以前是一个非常自卑的孩子，做什么事都畏畏缩缩，不敢向前。可是突然有一天，一个机会让“我”重新认识了自己，获得了勇气和信心，“我”不再自卑了。—当然，对于这样以写变化为主要内容的文章，考生在具体写时，要特别交代好变化前后的表现，以及变化的原因，不能让读者对变化感到太突兀。 |
| 告别老屋 | 由于城区改造，“我”生活了十多年的老屋面临着拆迁。在这样的一刻，回首在老屋里发生的事，以及邻居之间的事，一方面可以以小见大地表现祖国建设的巨大变化，另一方面也可以表现对邻里情的珍惜。 |
| 告别不应悲伤 | “海内存知己，天涯若比邻”，好朋友要转学走了，这个时候的告别，不应悲伤，而应该带着祝福的心情；告别了前一阵的阴霾心情，心里变得阳光起来，这样的告别，不应悲伤……通过这样的论述，将自己关于告别的观点鲜明地表达出来。 |

## 欣赏点作文

# 与缺点告别

南京考生

我有两个缺点：不认真和固执。它们给我带来了不少的麻烦。

> 开门见山，概括文章的主要内容。

考试时，由于不认真，我经常急急忙忙地写完试卷就上交，也不记得检查，结果不是忘了写小数点，就是忘了约分。

> 总说自己如何不认真。

有一次，班里进行了一次数学测验，最后一道大题，是20分，其实那道题也并不怎么难。我一看题，拿起笔来就写，我算得挺快，但单位写错了，本来该写成“吨”，可我写成了“千克”。就因为写错了这个单位，我与满分擦肩而过。我可真后悔呀。

> 列举数学测验的例子，具体说明自己如何不认真。

我的另一个缺点就是固执。一次，语文老师提出问题让我回答，我自信满满地回答后，老师说不对，并说出了正确答案。可我还是认为我的答案是正确的，就在书上自作聪明地写上了我的“答案”。

> 先总说固执的缺点，然后具体地说自己如何固执。

**名人名言**

> 忘了自己的缺点，就产生骄傲自满。
> ——德谟克利特

因为固执，有一次我得到了教训。一次测验中，居然有上次老师提问我的那道题，我毫不犹豫地写上了我的“答案”。老师批完卷子后，把我叫到了办公室，然后严厉地对我说：“跟你说过多少遍了，你这样做不对，你怎么还写同样的答案？”我不服气地顶嘴道：“我就是认为这样是正确的。”老师为了让我相信，拿出了书，指着答案说：“你看，这下认错了吧。”我一看书上的答案与我说的不同，只好低下头来。

> 交代固执的后果。

这样的事情发生了好几回，都给我带来了惨痛的教训。我以后一定要改掉这些缺点，与它们告别，不让同样的事情再发生。

> 顺理成章地表达与缺点告别的决心，照应题目。

### 看点解读

**1.文章充实，内容具体** 作者写了自己的两个缺点：不认真和固执。如何不认真？如何固执？这些缺点给自己带来了什么样的麻烦？作者通过叙述具体的事件进行了详细说明，并点明了与缺点告别的原因。文章内容充实而具体。

**2.逻辑清晰，感受鲜明** 在具体地写单个缺点时，作者都采用了先概括后具体的写法。另外，在叙述的过程中，作者不忘强调自己的感受，真实而生动。

### 满分思路

- **开头**：总说缺点，引出下文。
- **中间**：详写缺点，突出给自己带来的麻烦。
  - 1.“我”考试时不认真，与满分擦肩而过。
  - 2.“我”的答案不正确，还固执地写在书上。
  - 3.“我”下次考试时还是写自己认为对的答案，受到老师的批评。
- **结尾**：照应题目，表达与缺点告别的决心。

## 告别童年

南京考生

童年像初结的蜜桃，甜蜜美好；童年像艳丽的蝴蝶，无忧无虑；童年像一条小溪，清澈无瑕；童年像儿时常常抱起的糖果罐，珍藏着美好的回忆。

> 采用四个比喻句构成排比，突出童年的美好。最后一句自然引出下文的叙述。

儿时的村庄宁静祥和，古朴秀丽，有一条小河从山上流下，清澈、甘甜。听老人说这是天上的神女化作清泉来救济百姓。我对这条河充满了深深的敬意。

> 通过传说，强调小河的神秘与美好。

小时候，我常和爷爷坐在院中，听爷爷讲那抗战的故事：“我们和八路军为了掩护村民……”我在旁边认真地倾听，渐渐进入了梦乡。看我睡着了，爷爷就会把我抱起来，轻轻地放在床上，为我扇风。

夜晚，我经常和小伙伴一起玩耍。月光照在河上，瞬间就成了一条明亮的玉带，好像神女活过来一样。提着小灯笼的萤火虫出现了，我们就在溪边追着萤火虫玩耍。

> 景色描写，突出乡间生活的美好。

后来，我离开了故乡，来到了城里。

现在我已经13岁了，告别了甜蜜美好、无忧无虑的童年，来到了最美的少年。小升初的军号已吹响，钢枪正需擦亮。战场即将开启，我要告别不愉快，告别痛苦，告别幼稚，

> 总结童年的特点。

告别天真，告别最美好的童年。我要点燃自己的青春，点燃自己的热血，让汗水书写辉煌，让青春不留遗憾，为梦想再拼搏一次。

> 表达自己告别童年的心绪，积极乐观，昂扬向上。

我已告别甜蜜美好、无忧无虑的童年，不能再在树下听故事，再在溪边与萤火虫追逐，但一个结束便是另一个开始，而这个开始便是我青春的怒放！

> 告别既是结束，也是开始，感悟非同一般。

## 看点解读

**1.感受深刻** 人不能永远活在童年里。告别童年，是自然规律，也是成长的必然。作者在这篇文章里，真切而形象地写出了自己告别童年的感受。小小年龄，能意识到“一个结束便是另一个开始，而这个开始便是我青春的怒放”，非常难得，增加了文章的深度。

**2.语言优美** 文章恰当地采用了比喻、排比等修辞手法，语言生动优美，描写精彩有趣，为我们展现了童年生活的美好，也表达了对于童年的真切感受，让人深有同感。

## 满分思路

**开头：** 比喻、排比开篇，总述童年印象。

**中间：** 回忆童年时光，和童年告别。

1.回忆儿时村庄里的小河。

2.回忆“我”听爷爷讲抗战故事的情景。

3.回忆“我”和小伙伴们一起玩耍的情景。

4.面临毕业，告别童年。

**结尾：** 表达独特感受，升华主旨。

## 小考真题

题目：为自己喝彩

要求：每个生命都是精彩的。我们每一个人都有自己的长处，都有许多闪光点，都有让自己骄傲的经历……请以“为自己喝彩”为题写一篇作文。注意语句通顺，事例具体，感情真挚，字数不少于400个。

——2016年浙江嘉兴卷

## 审题指导

这是一道“记事”+“抒情”命题作文。题目的中心词（题眼）是“喝彩”，即兴奋地、纵情地、大声地叫好。文章的写作对象是“自己”，这就告诉我们，文章重点要写一件自己为自己感到骄傲和自豪的事。这件事情的选择首先要得当，符合本次习作的主题，是自己的长处、自己的闪光点；其次要注意选材的角度要小，主题要深，要能表达出为自己喝彩的原因。比如为自己战胜了一直以来不曾战胜的困难而喝彩，为自己取得了优异的成绩而喝彩，为自己战胜了强大的对手而喝彩等。

## 立意图解

| 立意 | 解说 |
| --- | --- |
| 为自己战胜胆小喝彩 | 为自己战胜胆小的毛病而喝彩，如敢独自一个人睡觉了，敢上讲台演讲了。 |
| 为自己成绩喝彩 | 为自己考试取得了优异的成绩而喝彩，如期末考试获得全班第一名。 |
| 为自己改掉坏习惯喝彩 | 为自己改掉了坏习惯而喝彩，如改正了乱扔垃圾的坏习惯，改掉了拖延的坏习惯。 |
| 为自己出色的表现喝彩 | 为自己表演出色而喝彩，如“六一”汇演成为最佳演员。 |
| 为自己的勇气喝彩 | 为自己的惊人举动而喝彩，如鼓起勇气帮助被欺负的同学。 |

## 欣赏点作文

# 为自己喝彩

嘉兴考生

泱泱华夏，悠悠历史，我们为之骄傲的中华文明如长江黄河一样源远流长。不知从什么时候开始，我爱上了唐诗宋词。

> 开门见山，点出爱上唐诗宋词。

我爱的唐诗宋词开启了我的童年。我在蹒跚学步、牙牙学语的时候，便用稚嫩的童声，和妈妈学背“锄禾日当午”。在去幼儿园的路上，在傍晚散步的街道旁……一首首脍炙人口的唐诗便深深地烙印在我儿时的记忆中了。

> 段首用中心句开头，让读者迅速抓住主要内容。

我爱的唐诗宋词描绘了我们的生活。看，那“白毛浮绿水，红掌拨清波”的白鹅正向我们游来。一个“路人借问遥招手，怕得鱼惊不应人”的蓬头稚子正坐在岸边垂钓呢！还有那“梅子金黄杏子肥，麦花雪白菜花稀”的田园风情，都让我们感受到了浓郁的生活气息。

> 用诗词描写生活景象，自然贴切。

我爱的唐诗宋词寄托了游子对母亲的深切思念和对家乡的无限眷恋。孟郊的《游子吟》用朴素无华的语言歌颂了伟大的母爱，成为千古传诵的母爱绝唱。还有“月是故乡明”“低头思故乡”等，不都表达了浓浓的思乡之情吗？

> 从思想情感方面赞美唐诗宋词，意义一层比一层深。

我爱的唐诗宋词语言精练，含义深刻。一首诗就是一幅优美的画，一个动人的故事，一个美丽的传说，也是一句历经推敲的至理名言。如果我们能把古诗中的佳句巧妙地嵌入文章中，那一定有画龙点睛之妙，为作品增光添彩！

> **新新好词·文化**
> 附庸风雅　古为今用
> 源远流长　雅俗共赏

唐诗宋词，给了我们美的享受和艺术的熏陶，给了我们无限遐想的空间和奋发向上的精神。我爱唐诗宋词，我为爱上唐诗宋词而喝彩！

> 总结全文并点题。

### 看点解读

**1.选材新颖，主题明确** 本文是一篇语言精美的散文。小作者选择了“我爱唐诗宋词”这一内容，新颖别致，这是在小学生作文中很少见的。文章围绕“我爱唐诗宋词”，从多侧面叙述，赞美了唐诗宋词的文化美、艺术美。

**2.层次清晰，结构严谨** 文章主体部分呈并列段一字排开，从开启童年、描绘生活、寄托情思、语言精练等多个侧面来赞唐诗宋词，写出唐诗宋词多层次的美，是典型的“总分总”式结构。首尾呼应，结构紧凑。

## 满分思路

**开头：**开门见山地点出“我”爱上了唐诗宋词的主题。

**中间：**从多个侧面写自己对唐诗宋词的爱。

1. “我”爱的唐诗宋词开启了“我”的童年。
2. “我”爱的唐诗宋词描绘了我们的生活。
3. “我”爱的唐诗宋词寄托了游子的思念。
4. “我”爱的唐诗宋词语言精练，含义深刻。

**结尾：**点题——“我”为爱上唐诗宋词而喝彩！

# 为自己喝彩

嘉兴考生

踏过如歌的岁月，行过似水的流年，蓦然回首，才发现我们已经长大，回忆的影子也随着时间的变迁而模糊。但是，那次为自己的喝彩仍是记忆犹新。

那个夜晚，风呼呼地吹过树梢，让人胆战心惊。

> 环境描写，制造恐怖的氛围，烘托“我”的恐惧心理。

“什么！你让我去给奶奶送一件衣服？天这么黑，怎么过去呀！”屋里传来了我的喊声。原来，妈妈让我给奶奶送衣服去。妈妈明知道我怕黑，奶奶又住得很远……但是，怕奶奶着凉，我只能硬着头皮去了。刚走出家门没多久，我就看见了一个拿着灯笼的“鬼”，他还在向我招手呢！瞬间，我就感觉周围的空气都凝固了，让人喘不过气来。

> 逼真地描写所见情景，凸显恐惧。

“怎么办，怎么办……”我在心里一遍遍地问自己，“难道只能待在这里等鬼来把我捉走吗？不！我要做点儿什么！”

> **新新好词·胆怯**
> 害怕 恐惧 畏惧 畏缩 胆小怕事 惊恐万状

我从地上捡起一块石头，用力向它砸去，只听“叮”的一声，石头弹了回来。我疑惑极了：“这声音怎么这么像我用石头扔路灯的声音，不会……”我壮着胆子走了过去，不出我所料，“鬼”就是那盏熟悉的路灯……我为自己的勇敢喝彩。我继续前行，心情逐渐平静下来，我才觉得刚才真是太可笑了！心情轻松，路也仿佛被压缩了，不一会儿，奶奶就来接应我了。

> 投石问路，弄清“鬼”的真相。动作和心理描写细致。

很快我就完成了任务，这还是我第一次走这么远的夜路。我在心中一直为自己刚才的勇敢而喝彩，为自己克服了“心鬼”而喝彩。

每个人的生活都像一个舞台，而你自己的舞台上，只有你在演，也只有你为这部戏喝彩。

首尾照应，为自己喝彩。结构完整，浑然一体。

看点解读

**1.叙事清楚，主题明确** 为自己喝彩，为自己战胜了内心的害怕而喝彩。本文的小作者通过走夜路去给奶奶送衣服这件平凡而又真实的小事，来表现自己战胜恐惧的过程，反映了自己的“勇敢”，主题明确。

**2.刻画细腻，心理真实** 小作者将自己的心理活动刻画得细腻而丰满，体现了从“怕”到“不怕”的心历路程，凸显了为自己喝彩的意义所在。

## 满分思路

**开头：** 点出“为自己的喝彩”，引出下文。

**中间：** 具体写“我”战胜恐惧，为自己喝彩的过程。
- 1. 妈妈让“我”去给奶奶送衣服，“我”硬着头皮出了门。
- 2.“我”发现“鬼”，投石问路，弄清“鬼”的真相。
- 3.“我”完成了送衣服的任务，为自己刚才的勇敢而喝彩。

**结尾：** 重申“为自己喝彩”，升华主旨。

## 小考真题

题目：以“________的启示”为题目写一篇作文。

要求：在题目的横线上填上适当的词语，将题目补充完整；情感真挚，恰当地运用各种描写手法；500字左右。

——2014年吉林松原卷

## 审题指导

写好前空式的半命题作文，首先要善于填空，因为填空的内容，就是文章所要重点写作的内容。如诗词给我的启示，可写自己沉浸在诗词中，不断感悟到人生的真谛；吃零食的启示，可写自己对零食的认识，它只能成为我们生活中的“零食”，而不能成为“正食”，因为它对人的作用过于小……在具体的写作中，要把握以下几点：

**1.善于拟题**

补出一个创新的标题，需要打破思维定式，既要以小见大，也要准确、鲜明。如有的考生拟成“吃大饼油条的启示”，有的拟成“‘游戏迷’给我的启示”等，总之，要从小处入手，从标题上达到吸引人的目的。

**2.写身边事**

写自己熟悉的人、身边的事，从生活中领悟人生的道理，比空洞的说教更令人信服。如有的考生写自己学单车的过程，从中感悟到恒心与毅力的可贵。有的考生写从名言中获得的启示，写出了自己的理解，很有深度。

**3.详写细节**

从试题来看，一般多写人或事，因此，要对事情进行细腻的描写，对人物进行深刻的刻画，多用描写手法。如写自己学单车，要写出自己学骑车时的神态、心理活动，描写得越细腻，就越能表现主题。

## 立意图解

| 立意 | 解说 |
| --- | --- |
| 名言给“我”的启示 | 从名人名言中“我”感悟到做事需要坚持不懈的精神和顽强的信念。 |
| 畅游于历史书中给“我”的启示 | “我”从历史书中感受先人们对学习持之以恒的决心。 |
| 沉溺于网络给自己的启示 | 写出带给自己和家人的伤痛，感悟亲情的可贵。 |
| 厨房中的启示 | 要学会自立、自强，做一名乖巧懂事的孩子。 |
| 夜望星空给自己的启示 | 感悟到时间的可贵，要学会珍惜时间。 |

## 欣赏点作文

### 骑自行车的启示

松原考生

生活总是很有趣味，总是让人获得很多人生的体验和感悟。这不，我就从学骑自行车这件事情中得到了启示，明白了一个道理。

> 开门见山，语言简练，设置悬念。

每当我看见那些骑自行车的人时，我就羡慕不已。为什么他们会骑，并且能享受骑车的乐趣，我却不能？我的心中一下冒出了一个想法：我也要学骑自行车。

点出“我”学骑车的事情。

我用姐姐的单车练习，刚坐上去，没掌握平衡，我一下摔了下来。我便站起来继续骑，自行车像没头苍蝇一样东倒西歪。“啊——”一声尖叫，我又从车上摔了下来。我非常愤怒，心想：炎炎夏日，别人早去乘凉了，我还在这儿学骑车，学不会真不甘心。

**新新好词·骑车**

人仰马翻　全神贯注
稳稳当当　摇摇晃晃
东拐西拐　东倒西歪

我极不情愿地站起来，跨上车，踮起左脚尖，右脚踩着脚蹬，眼睛向前看着，双手紧紧地抓住车把……然而，现实总是不尽如人意，一不留神，“扑通”一声，我这次摔了个四脚朝天。心中这个气啊！干脆一屁股坐在地上，不起来了：哼，都摔这么多次了，疼死我了，我再也不骑自行车了！

动作描写，形象生动地写出学车的情景。

心理描写，承上启下。

我转身要走时，耳边传来姐姐的声音：“这么点儿事就要放弃了呀，需不需要我帮忙？”

听姐姐这么说，我更不甘心了：“我才不需要呢！谁说我放弃了，我只是休息一下。”说罢，我又练了起来，可因为平衡掌握得不好，总是摔在地上。最后，我还是去找姐姐，恳求她教教我。

**新新好句·骑车**

车轮碾过树叶，沙沙作响，回头，那落日黄昏，飘飞落叶！

终于，在姐姐的帮助下，我学会了骑自行车。现在想来，以前的每一次摔跤，其实都没有白摔；每一次流的汗水，都没有白流。

世上无难事，只怕有心人。从这一件事情中，我终于明白了这样一个道理：只要我们坚持不懈，不向困难低头，有战胜困难的勇气和力量，就可以笑对挫折。

点明领悟的道理，升华主旨。

**看点解读**

**1. 细节描写，神态逼真** 描写“我”学骑车时，多次摔跤，特别是站、跨、踮、踩、蹬、抓等动词，把作者不服输的神态描写得非常逼真。

**2.心理刻画，凸显个性** 文章多处运用心理描写，开始学骑车时，要像别人一样享受骑车的乐趣的心理；炎炎夏日，自己劳累而他人轻松的心理对比；准备放弃时的心理描写以及学会骑车后的感悟。心理活动贯穿全文，写出了心理变化的过程。

## 满分思路

**开头**：开门见山，点出“我”要骑自行车的事情。

**中间**：具体写自己学骑车的过程。

1.“我”也想像其他人一样骑车，于是拿姐姐的自行车开始练习。

2.练习了一段时间后，“我”始终学不会，于是想要放弃。

3.听了姐姐的话，“我”又坚持练习，最后在姐姐的帮助下终于学会了骑车。

**结尾**：点明从学车一事中领悟的道理，照应开头。

# “书”的启示

松原考生

它是一本书，一本没有字的书，却处处彰显学问；看不到作者的名字，然而，我们每个人都是它的作者。这本书，我们称它为“生活”。我们就在这“生活”的书中获得启示，不断成长。

> 运用比喻修辞，诠释标题。

某年某月某日，我陪着母亲一起闲逛商场，看着母亲兴致勃勃地千挑万选，我百无聊赖地四处张望。一件衣服上的附件吸引了我，那是一块蓝色的电子手表啊！是我一直向往的蓝色手表啊！我爱不释手地把玩着、观赏着。可是，一不小心，手表竟掉落到地上。趁没人注意，我竟然鬼使神差地将这块表顺手放进了自己的口袋里，然后装作若无其事的样子，帮母亲挑选衣服。

> **新新好词·成长**
> 幼稚天真　成熟挫折
> 朝气蓬勃　亭亭玉立
> 含苞待放　茁壮成长

> 交代事件的起因。

我催着母亲赶紧买好衣服，回到家中，关上房门，我将表戴在手上，对着镜子和窗户，心情愉悦。可是，心里有一个声音在说：这个行为太可耻，是偷窃。我顿时就像霜打的茄子，垂头丧气的，一个人在房间里走来走去。母亲打开门，看到我一副心不在焉的样子，自言自语道：“这孩子怎么了？怎么老是心神不宁的样子，是不是生病啦！”她伸手摸摸我的额头，我连忙伸手准备拦住母亲的手，却一下暴露了手上的表。“这表哪儿来的？”看着母亲严肃的眼神，我只好把事情原原本本地说了出来。

> 心理描写和神态描写，表现出“我”内心的挣扎。

> **新新好句·成长**
> 成长的过程是开心还是痛苦，是高兴还是难过……需要我们认真体会。

最后，我被母亲带着去了商场。回来的路上，母亲语重心长地对我说：“孩子，一个人的人品很重要。不是自己的东西坚决不能拿。如果你喜欢什么东西，要靠自己的努力去获得，不劳而获终究会害人的！”

母亲的话，让“我”获得人生的启示。

每次想起这件事情，我的脸都会微微地发烧。生活时刻提醒我，给予我做人的道理，我从中获得启示，不断成长。

照应开头，升华主题。

**看点解读**

**1.语言质朴，生活性强** 本文语言质朴，娓娓而谈，不造作，不矫情，这得力于小作者对生活的细致观察、深刻体会，符合考题的要求。

**2.多种描写，符合实际** 文章综合运用神态、心理和语言描写，句句点睛。如小作者在家“暗喜”的动作和神情的描写及心里的挣扎，都符合当时的实际情况，活灵活现。

**满分思路**

**开头：**点明所要写的“书”的内涵，引出下文。

**中间：**具体写“我”一次犯错的经历。

1.“我”陪母亲逛街时，顺手捡走了一块“我”一直渴望拥有的表。

2.回到家中，“我”始终心神不定，后被母亲发现手表，并向她说了事情的原委。

3.“我”被母亲带回了商场，母亲的话让“我”明白了人生的道理。

**结尾：**抒发感受，升华主题。

## 小考真题

话题：感受生活

生活就像万花筒，有人经常埋怨学习辛苦，生活不如意；有人享受生活，感恩生活。生活中发生的事，有的使人有所感悟，有的使人受到启发。回忆你生活中曾经经历的事，或者你所见到的给了你启发的事，选一件写下来。注意把事情的经过写具体，写出自己的感悟或启发；题目自拟；不少于400字。

——2010年江苏盐城卷

## 审题指导

本次作文为记事作文，选择生活中让你有所感触、感动、感悟的一件事作为写作内容。一般来说，作文可以写以下内容：感受着什么？是怎样感受的？感受的意义何在，即有什么感悟或启发。命题者已经提示，你的感悟可以是生活不如意，也可以是享受生活、感恩生活。在技巧上，可以写情感类的作文，感受亲情、友情、师生情，感受爱心，也可以结合自己经历写励志类的作文；既可以关注身边小事，也可以书写国家大事、社会热点。

## 立意图解

| 立意 | 解说 | |
|---|---|---|
| 生活告诉了你什么 | 感受亲情 | 妈妈的唠叨，享受无私的母爱。 |
| | | 爸爸的严厉，感受伟大的父爱。 |
| | 感受友情 | 朋友一个鼓励的眼神，温馨、天长地久。 |
| | 感受爱心 | 秃脑袋的爷爷帮助邻居，小区和谐。 |
| | | 小妹妹为灾区捐献零花钱，展现人间大爱。 |
| | 感受智慧和力量 | 跆拳道比赛，明白跌倒后的站立才是成功。 |
| | | 学骑自行车，悟出战胜自我就是成功。 |
| | | 参观蓝甲蟹，明白示弱保护自己是智慧。 |
| | 感受生活的不如意 | 小山似的作业，感悟到学习之艰辛。 |

## 欣赏点作文

### 爱的铃声

盐城考生

寒假里，北风呼啸，漫天的雪花纷纷扬扬。大街上，看不见一个人，只有呼啸的狂风和鹅毛大雪。冷，裹挟着万物。

> 环境描写突出天气寒冷恶劣，为下文妈妈冒雪回家之难作铺垫。

我从睡梦中醒来时，父母已经上班去了。

我无心地写着作业，偶尔拨动着发丝，心里本来已经很烦了，再加上妈妈打来的一个又一个电话，我的心更是乱成了一团麻。“丁零零……”唉，又来了！我一个箭步冲了上去，毫不客气地抓起话筒：

> 描写心理，突出自己很烦，设下悬念，又为下文拔电话线作铺垫。

“妈，你就别再打了！”

“你早饭吃过了吗？”

“哎呀，吃过了，吃过了！”

“琴弹过了吗？”

“哎呀，弹过了弹过了!妈你就别再唠叨了，该做的都做了！没事就别打电话，我很烦的！没事了，拜拜!”

> 一问一答，简短的语言，让读者听出了妈妈的细心，“我”的烦躁，以及对妈妈的不理解。

我毫不客气地挂了电话，转身捧起了我爱不释手的《草房子》。我一下子就被里面的主人公打动了，和他一起哭，一起笑，达到了忘我的境界。

“丁零零”，电话又响起来了。我心中的怒火在瞬间燃烧，电话机一闪一闪的灯光，与窗外洁白的积雪比起来，很是刺眼。

> 心理描写和环境描写相结合，烘托了小作者烦躁的心理。

“喂!妈，没事别打电话！再见！”

“嗨！谁说的，有事！作业做好了吗？书看过了吗？”

一连串的问题像大量的汽油涌入我的心房，我的怒火再一次燃烧起来，我什么也没说就挂了电话。

> 比喻形象，写出对妈妈来电的烦躁、愤怒。

一气之下，我果断地拔了电话线。好了，这下终于可以静下心来看书了。我仿佛驾着船在知识的海洋里破浪前行，竟忘了电话的那头。

“咚咚咚咚”，大冷天的，谁在敲门呀？我穿着拖鞋来到门口，把门打开。

> 设下悬念，吸引人。

天哪！门外竟……站着……妈妈！我一脸惊讶地看着她，不知所措。平日里衣冠楚楚的妈妈，今天怎么成了这副样子？头发凌乱，围巾互相交织着，肩上有散落的雪花，漆黑的皮鞋上还沾着黄泥巴，上气不接下气，一副狼狈不堪的样子。我想笑，但却笑不出声来。

> 感叹号、省略号的使用，写出了妈妈意想不到地出现，“我”惊讶、不知所措的表情，以至于说话不连贯。

“囡囡，你没事吧？”焦急中带着几分担忧。

“当然没事啦!”

“那就好，我打了十多个电话都没打通!”

“哦。”我怔住了，一时无语。

“不说了。我还得赶个会呢。再见!”还是妈妈打破了

**新新好词·烦躁**

坐立不安　局促不安
心烦意乱　心乱如麻
忐忑不安　方寸大乱

沉默。

空气中弥漫着一股暖暖的气流，我的心也暖暖的……

“再见!”我眼睛里布了一层薄薄的泪水，妈妈却早像一阵风般飘走了。

正如罗曼·罗兰说的那样：母爱是一种巨大的火焰。是的,母亲的火焰熊熊燃烧着，她愿意牺牲自己，但绝不愿放弃自己的孩子。

> 环境烘托表心情，幸福之感溢于言表，“我”被妈妈的关爱深深地触动了。

> 引用名言赞美母爱，点明中心，言简意赅。

### 看点解读

**1.先抑后扬巧行文** 开篇一句“心里本来已经很烦了，再加上妈妈打来的一个又一个的电话，我的心更是乱成了一团麻”给读者留下悬念，吸引着读者继续往下看。接着是妈妈来电关切询问，烦，迅速挂断；妈妈再次来电，怒，拔断电话线。情节一压再压，最后喷薄而出的刹那就更加感人，妈妈回家看望，深深地触动了小作者，用名言表达对母爱的赞美。一环套一环，环环相扣。

**2.环境烘托，心理描写细腻** 本文出彩的另一方面是：随着情节发展，环境描写烘托着不同的心情。文章开头描写天气的寒冷，对塑造母亲形象起到了反衬作用；“电话机一闪一闪的灯光，与窗外洁白的积雪比起来，很是刺眼”，烘托了“我”听到电话响的烦躁心情。当妈妈出现，“空气中弥漫着一股暖暖的气流”，烘托了“我”被母爱包围的幸福之感。“我”的前后心理形成对比，让人感受到了小作者的成长、懂事明理。

### 满分思路

**开头：**环境描写，为下文作铺垫。

**中间：**具体叙述“我”和妈妈之间“打电话”的事件。
- 1.“我”独自在家，妈妈时不时打电话来，让“我”烦躁不已，一气之下拔了电话线。
- 2.电话打不通，妈妈担心“我”有事，急匆匆地跑回家来看“我”，“我”深受感动。

**结尾：**引用名言，表达对母爱的理解，点明中心。